만암 평전

曼庵

김택근

시인이며 작가, 언론인이다. 전북 정읍에서 자랐고, 동국대 국문학과를 졸업했다. 1983년 박두진 시인의 추천으로 《현대문학》에 〈門〉〈胎〉〈針〉 등을 발표하여 등단했다. 독특한 문체로 여러 장르의 글을 쓰고 있다. 경향신문 문화부장, 종합편집장, 경향닷컴 사장, 논설위원 등을 역임했다. 《성철 평전》《용성 평전》《천재들의 스승-석전 박한영》을 지었다. 《김대중 자서전》을 집필했고, 《김대중 평전-새벽》을 펴냈다. 그 외에도 《뿔난 그리움》《사람의 길-도법 스님 생명평화 순례기》《강아지똥별-가장 낮은 곳에서 별이 된 사람 권정생 이야기》《벌거벗은 수박 도둑》 칼럼집 《김택근의 묵언》 등이 있다.

만암 평전

1판 1쇄 인쇄 2025년 3월 4일
1판 1쇄 발행 2025년 3월 14일

지은이	김택근
발행인	원명
대표	남배현
기획	모지희
책임편집	박석동
경영지원	허선아
디자인	동경작업실
펴낸곳	(주)조계종출판사
등록	2007년 4월 27일 (제2007-000078호)
주소	서울시 종로구 삼봉로 81 두산위브파빌리온 1308호
전화	02-720-6107
전송	02-733-6708
이메일	jogyebooks@naver.com
구입문의	불교전문서점 향전(www.jbbook.co.kr) 02-2031-2070

ISBN 979-11-5580-250-2 (03220)

ⓒ 김택근, 2025
ⓒ 사진, 백양사, 2025

조계종출판사 지혜와 자비의 눈으로 세상을 바라봅니다.

만암 평전 曼庵

김택근 지음

조계종
출판사

圓同太虛하여 모자람도 남음도 없고
色空不二하여 늘거나 줄지 아니하며
無親無疎하여 객관과 주관으로 구별할 수 없고
善惡俱空하여 원통함과 화목함이 한 가지이다
이로써 불교는 절대평등이요 모두의 것이다

　　　　　만암종헌

만암종헌曼庵宗憲 대종사

(1876~1957)

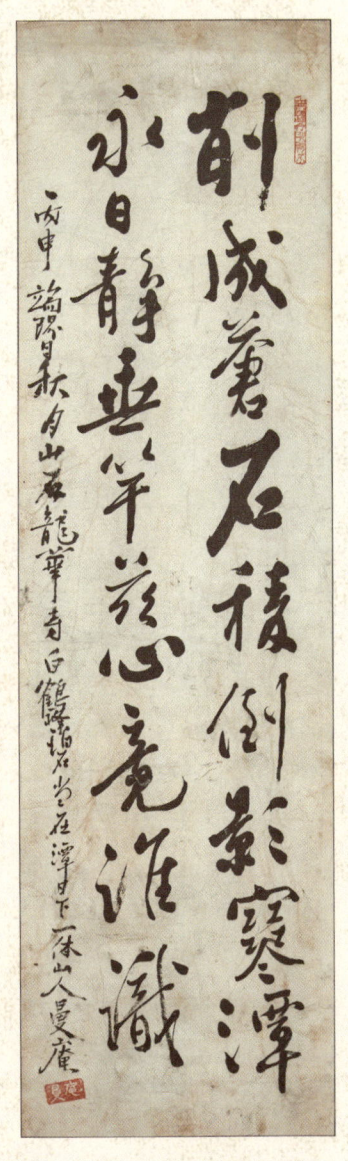

1956년 단오날에 쓴 만암 스님의 글씨

만암 스님이 소장했던 태극기

1937년 6월 16일 백양사에서 제자들과 찍은 사진으로
맨 앞에 두 스님은 박한영 스님(왼쪽)과 만암 스님(오른쪽)이다. (동아일보 촬영)
왼쪽은 만암 스님 소장 지도로 백양사의 옛 이름 '정토사'가 표기되어 있다.

〈백양사불사리탑비명병서〉(탁본)는 만암 스님이 글을 짓고 추사 김정희의 글자를 낱낱이 집자하여 만든 탑비이다.

만암 스님이 쓰시던 물건들
찻물 끓이는 주전자와 안경

만암 스님의 제자들(1937)

만암 스님의 제자들(1937)

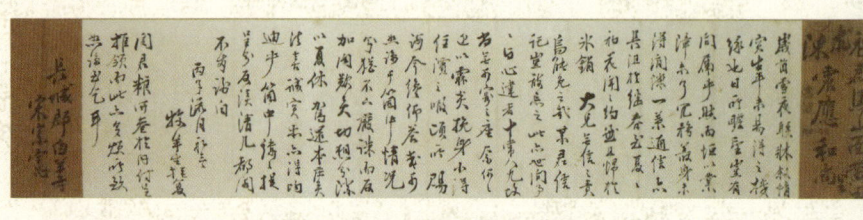

만암 스님의 친필 편지

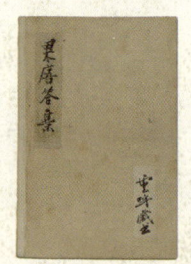

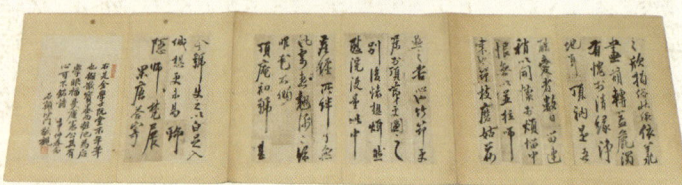

만암 스님이 보관해오던 추사 김정희의 문집 《과오답집》 표지와 내용.
말미에는 추사의 글 옆에 박한영 스님이 만암 스님에게 전하는 글이 함께 있다.

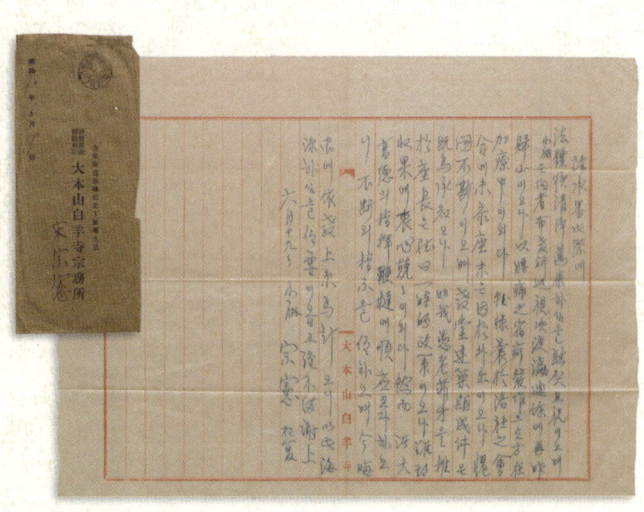

만암 스님이 통도사 극락암의 경봉 스님에게 보낸 편지

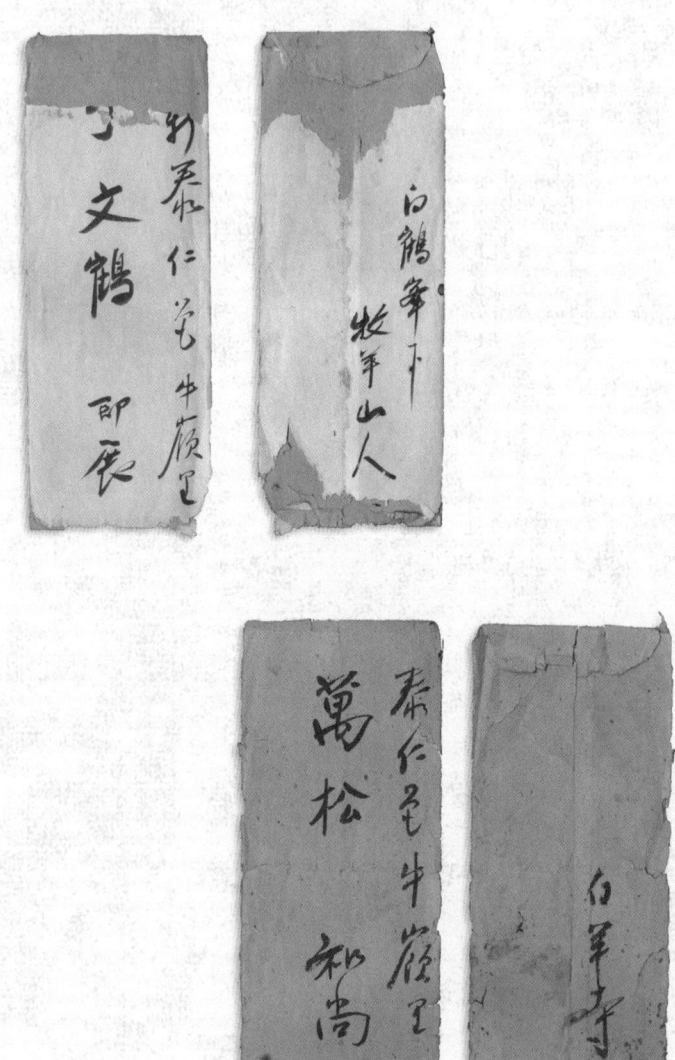

만암 스님의 글씨를 볼 수 있는 편지 봉투 및 편지글

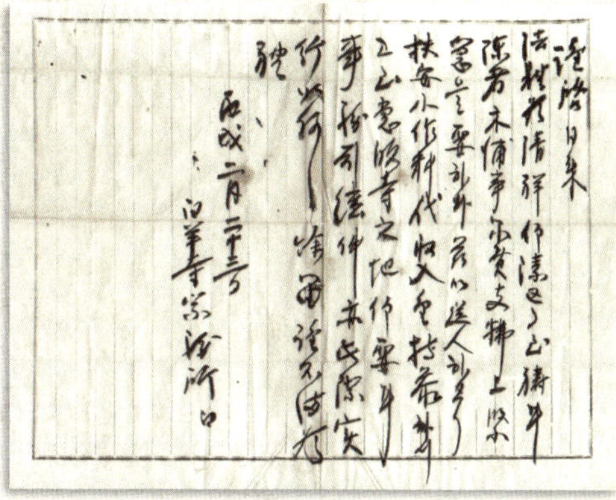

【一】

證據ノ事
一、私儀持佛ニ付遠々山狩ニ而
澤芳木伐候ニ付御支拂上納
當暮皆受払杁入候ニ付人夫ヲ以
扶持米伐林代又ハ金ヲ持参等
上山惠明寺之地伐拂差支
事ニ付可然仲ヶ村ノ原ヘ
行可申ニ付一統御證文仕候
依而

正戊二月三十三日　原澤ヨリ宗源所ヘ

【二】

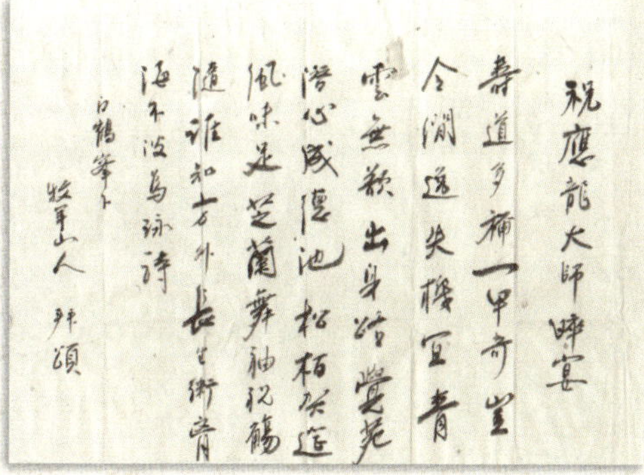

祝應龍大師晬宴

壽道多禰一甲奇堂
今開適逢矢橋呈青
雲無數出身咨覺若
潜心感隱池松柏茂
風味足芝蘭舞袖稅鶴
誰知弌千升長生衛青
海千波烏詠詩

白龍筆下
牧羊人　拝頌

【三】

肅詢寧注
伏候清祥渾節均迪景行
頌々耶に坂間也
椿堂寶甲川滿庭近天也
竹柏新衣齊染川奉獻束
海奉臨始三冠蓋堂門川鏡
星百山頌記川々圍當趣笑也
雲天弘佐甚川莫仲寸弁川奉
行上程少榮詩一頼水菲儀一封
芹湯罘辰芹將川姜辰所行
等清　福安中
庚辰臘月念三日
牧羊人　謹書

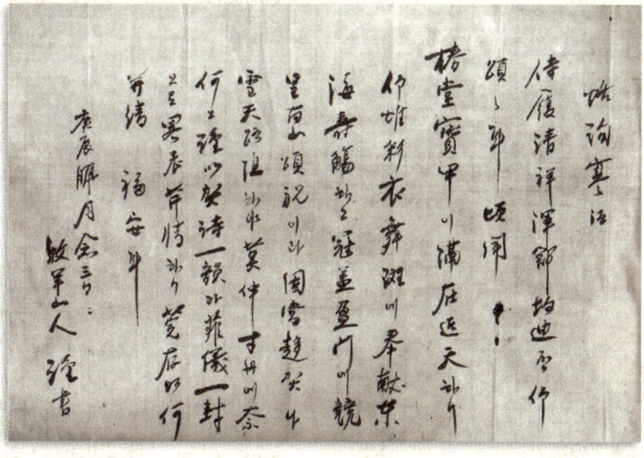

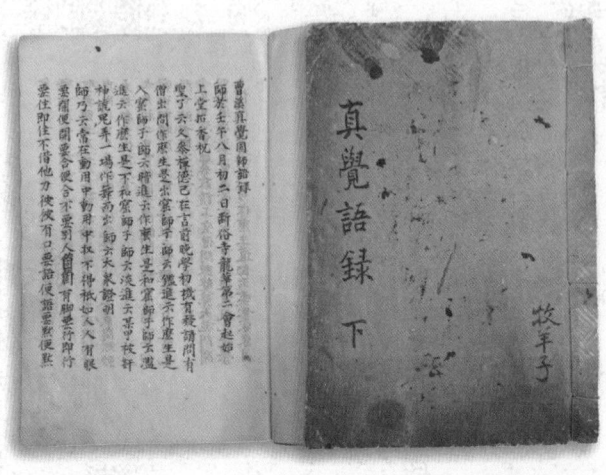

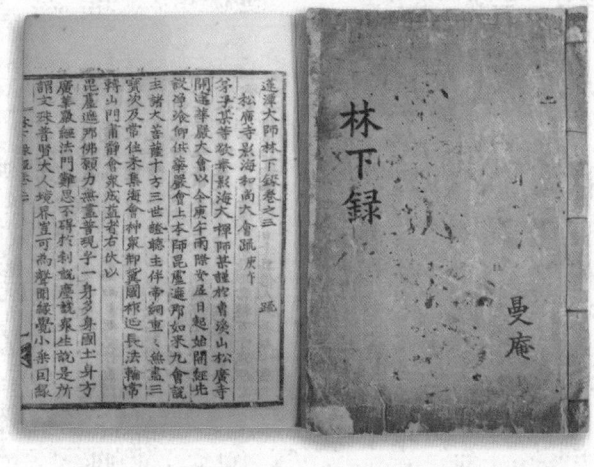

만암 스님이 필사한 《진각어록眞覺語錄》(위)
만암 스님이 소장했던 《연담대사임하록蓮潭大師林下錄》(아래)

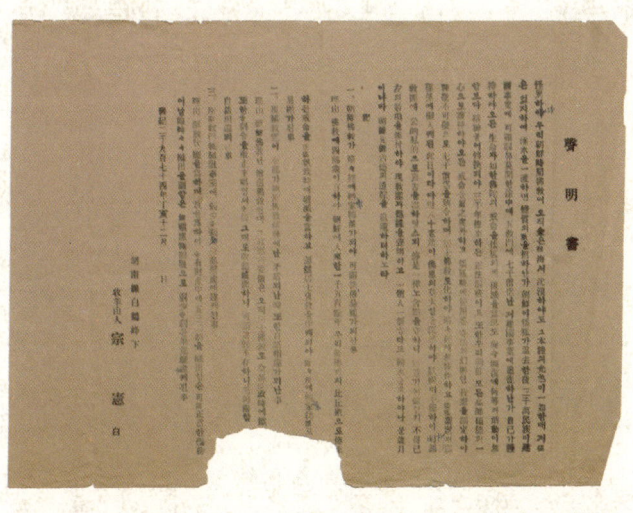

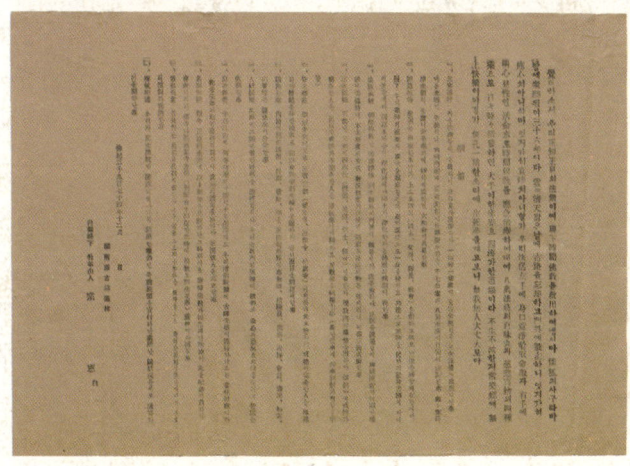

1947년 12월에 작성된 만암 스님 명의의 성명서와 강령.
해방 후 불교 혁신에 대한 내용을 담고 있다.

만암 스님이 백양사 주지 재직 시절인 1917년에 조성한 괘불

만암 스님이
정광학원 교장에게 기증한
금동관음보살좌상

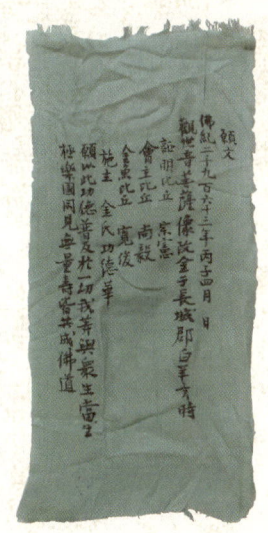

비단에 쓰여진 축원문(1936)
'증명비구 종헌'이라는 글이 보인다.

백양사 만암 스님의 운구 행렬(1957)

만암 스님 다비 당시 모습(1957)

만암대종사 사리탑

만암대종사 사리탑비

발간사

한줄기 빛과도 같은 불교의 희망등

만암종헌曼庵宗憲 대종사께서는 늘 강조하시기를 "수행자는 수행자답게 수행하고 일체 대중은 교화와 포교, 보살행에 앞장서야 한다"고 하셨습니다. 그러한 정신으로 수행과 교화, 전법 그리고 보살행에 일생을 매진하신 만암 큰스님의 행장과 가르침을 담아낸 《만암 평전》의 출간을 종도들과 함께 두 손 모아 경하드립니다.

만암 대종사께서 이 땅에 재세할 당시는 우리 민족에게는 가장 힘겹고 어지러움이 가득한 시련의 시기였습니다. 격변하는 세계 속에서 봉건적 조선왕조의 틀을 벗어나지 못한 구한말의 쇠태와 일제강점기로 인한 왜색불교의 상흔과 혼란, 그리고 이어진 대한민국의 독립과 한국전쟁 등으로 혼미스럽고 구부러진 현실 앞에 버리고 정돈해야 할 것들이 산적해 있었습니다. 그 시대에 우리 불교는 물론 민족에게 들이닥친 난관과 역경은 지난했고 고난의 여정은 끝없이 이어졌습니다.

누구누구 가릴 것 없이 우리 민족 전체가 겪은 대혼란기에 당시의 불교 공동체 전체를 온몸과 온 마음으로 짊어졌어야 할 만암 대종사의 한걸음 한걸음은 당차고도 선기禪氣 어린 빛을 발했으나 그야말로 살얼음을 걷는 듯 위태로웠을 것입니다. 그럼에도 그 위의와 가르침만큼은 결코 꺾이는 법이 없었습니다. 대종사의 행보는 항상 정도正道만을 지향했기에 쉼 없이 등불처럼 타올랐고 그러한 걸음은 매사 부처님의 가르침에서 한 치의 벗어남이 없었습니다.

온 세상 그 어디에도 희망이 없을 것 같았던 암울한 시대, 만암 대종사께서는 한줄기 희망의 빛이었습니다. 그 당시에 실참하신 쉼 없는 보살행은 지금의 '대한불교 조계종'이 국민과 불자들로부터 존경받고 신뢰받는 수행 공동체로서 여여如如하게 존속해 나갈 수 있는 밑거름이 되었습니다. 일제강점기의 잔재를 정화하고 불교 전통의 교육을 전승하기 위해 전국 방방곡곡을 누비며 교학에 진력했으며 고불총림 백양사를 재건하여 반선반농半禪半農의 가르침을 실천하셨고 교화승과 수행승의 구별없이 함께 화합해 정진할 것을 주창하셨습니다.

왜색불교 정화 과정에서 표출된 비구 대처의 갈등과 분열에 대한 해법으로 치유와 상생하는 합리적 제도의 정착을 통한 화합과 점진적 정화의 길을 제시하였던 것입니다.

대한불교조계종의 종정을 역임하신 대종사께선 대중들에게 '참된 승려'가 될 것을 말하기 전에 본인이 솔선수범함으로써 수행자의 귀감이 되셨습니다. 그러한 실참을 바탕으로 대중들에게는 "참다운 승려가 되어야 한다. 제대로 된 승려가 되기 전에는 부처를 말하지 말라!"고 강설하셨고, '사람다움'으로써 완전한 인격人格을 갖출 것을 거듭 말씀하셨습니다. 대종사께선 한국전쟁과 불교의 분규라는 격동기에도 고불총림 등 수행을 중심으로 한 산중불교 전통의 진면목을 완벽하게 복원하면서도 현실 속에서는 사회와 함께 호흡하고 공생하면서 항상 사회적 약자를 보살피기 위한 보살행의 구현을 실천하셨습니다. 수행자 한 사람 한 사람이 대중 속으로 뛰어들어 사회를 계몽하고 중생의 아픔을 보듬는 보살행, 그것이야말로 참다운 실천가이자 원력가의 현신으로 사부대중을 화합과 자비 공동체로 견인한 깨달음의 가르침이었습니다.

만암 대종사의 한걸음 한걸음은 21세기의 오늘날에도 승가의 표준이 되고 존경의 사표가 되기에 부족함이 없습니다. 늦은

감이 없지 않지만 시절 인연이 도래하여 만암종헌 대종사의 숭고한 행장과 가르침을 결집한《만암 평전》을 출간하여 세상에 내놓게 되었으니 무량한 환희의 마음으로 봉숭奉崇합니다. 이 평전의 완성을 위해 각고의 노력을 기울이신 김택근 작가님의 노고에 각별히 감사드립니다.《만암 평전》을 부처님께 공양 올리며 대종사님의 가르침과 자비의 정신이 종단은 물론 대한민국 사회 곳곳에 스며들기를 간절히 기원합니다.

대한불교조계종 총무원장
진우 합장

추천의 글
가장 가난했지만 가장 자비로웠던 보살

만암종헌曼庵宗憲 큰스님의 일생을 한마디로 요약하면 '자비慈悲', 바로 그것이었습니다. 큰스님의 삶은 '자비 실천의 여정'이었습니다. 큰스님께서 재세할 당시 우리 역사는 격변기의 조선 말기와 구한말 그리고, 일제강점기에 이어 한국전쟁에 이르기까지 5,000년 역사 이래 가장 어렵고도 궁핍한, 어두운 터널을 관통했던 고난의 100년을 거쳐야만 했습니다.

큰스님의 삶이 '자비'라는 한 단어로 축약할 수 있는 까닭은 고난스러운 삶의 궤적 하나하나는 물론이요 일체의 발자취와 불사가 가난한 민초들과 대중의 요익을 향했기 때문입니다. 큰스님의 한걸음 한걸음은 사하촌 민초들과 끼니를 거를 정도로 궁핍하여 교육조차 받을 수 없는 시대의 난민들과 일제강점기라는 시대적 아픔으로 절집에 생겨난 대처승, 수행과 정진에만 애쓰는 청정 대중 등의 일체 어려움과 고통을 치유하면서도 출가 수행자로서의 위의를 올곧게 지킬 수 있도록 하는 데 집약되었습니다.

식량이 떨어질 즈음인 춘궁기가 되면 백양사白羊寺 사하촌에 살고 있는 민초들이 절에서 노동 품을 팔 수 있도록 도량의 연못 정비를 핑계로 일부러 일거리를 만들어 주셨고, 일제에 병탄 당한 조선의 현실을 보시곤 '사학'을 건립해 도제와 인재 양성에 진력하기도 하셨습니다. 그러한 큰스님의 대원력은 이제는 호남 제일도량 중 하나로 거듭난 백양사를 비롯한 대한민국을 대표하는 사학으로 자리 잡은 동국대학교와 호남을 대표하는 중등사학인 정광학원 등 곳곳에 깊이 각인되어 오늘에 이르고 있습니다.

큰스님께서 원적에 드신 지 이제 70여 년을 앞두고 있습니다. 백양사 대중들과 만암 큰스님의 문도들은 더 늦기 전에 큰스님의 위없는 가르침과 행장을 발굴하고 결집한 《만암 평전》의 출간을 발원하게 되었습니다.

평전 집필을 맡은 김택근 작가님은 김대중 대통령을 비롯한 일제강점기 당시 바람 앞에 등불과도 같았던 민족의 독립운동을 주도하신 용성 큰스님, 평생 수행과 청정의 삶을 실천하셨던 성철 큰스님 등의 평전을 집필하셨습니다. 작가님의 각고의 노력과 깊은 사유를 통해 만암 큰스님의 가르침과 수행, 어지러웠던 시기에 불교 전체의 화합과 정화를 위한 노력을 평전으로 담아 결집했으니 그 의미가 더욱 크다고 생각합니다.

평전을 통해 사부대중은 물론 세간의 더 많은 이들이 만암 큰스님의 실천적 삶과 지혜를 함께 공유해 한국불교와 대한민국 공동체에 희망의 등불을 밝힐 수 있을 것이라는 기대감을 갖게 됩니다. 만암 큰스님은 부연해 설명할 필요 없이 시대를 앞서간 '선구자'였습니다. 일제강점기라는 국난의 시대에 빚어진 '대처승'이라는 아픔까지도 원만회향을 위한 길로 인례하여 자비화慈悲花를 피워내고자 노력하셨고 그로 인한 깊은 생채기를 치유하여 갈등의 골을 최소한으로 줄여 내려 온 힘을 기울이셨습니다.

역사적 기록을 통해 알고 있듯이 간악한 일제는 조선 정통의 청정 비구승 제도를 뒤흔들기 위해 대처승 제도를 정착하게 강제하였고 조선 독립 이후 이 문제는 불교계 전체를 혼란과 갈등의 구렁으로 몰아넣을 만큼 크나큰 난제였습니다. 큰스님께서는 대처승들이 제자를 둘 수 없도록 하는 동시에 그들이 절집에서 생을 원만하게 마무리 할 수 있도록 자비롭고 원융한 '지혜의 길'을 제시하셨습니다. 그러한 노력에도 큰스님의 정화운동은 올곧게 실현되지 못하였고 그로 인한 그늘과 상처도 깊었으니 큰스님의 고충 또한 매우 컸으리라 짐작됩니다.

만암 큰스님의 발자취에는 '선구자'와 함께 '원력가'라는 말이 항상 동행합니다. 큰스님께서는 "노동의 과정을 통해 선 수행과 승풍 진작, 수행자의 위의를 정립함으로써 '반선반농半禪半農'의 가르침을 완성할 수 있다"는 가르침을 솔선하여 설파하셨습니다. 이는 오늘을 살아가는 수행자들에게도 지침이 될 만한 '수행과 계행의 기준'이라 할 수 있을 것입니다.

앞서 살펴본 바와 같이 큰스님의 평생 동안 삶 그 자체는 수행과 자비, 원융화합, 인재 양성이란 말로 정리할 만큼 매사 솔선하였고 치열하게 사유하였고 결단하여 실행하였으니 그러한 선지식善知識의 지혜로움은 수행자의 위의에 표준이 될 만큼 위대하고도 지극하셨다고 할 수 있습니다.

큰스님께서 원적에 드신 지 벌써 반세기가 훌쩍 넘은 시기에 출간되는 《만암 평전》이 사부대중은 물론 보다 많은 국민들에게도 함께 전달되고 읽혀 이 시대에 새로운 희망의 꽃을 피울 수 있기를 발원합니다. 가장 가난했지만 가장 많은 이들에게 가장 아름답고 지혜로운 자비의 빛을 나누셨던 만암 큰스님의 일체 행적에 귀의합니다.《만암 평전》을 부처님 전에 공양 올리며 삼배를 드립니다.

대한불교조계종 제18교구 본사

백양사 주지 무공

차례

발간사 | 한줄기 빛과도 같은 불교의 희망등 _ 진우 29
추천의 글 | 가장 가난했지만 가장 자비로웠던 보살 _ 무공 33

제1장 | 북한산 봉우리가 울었다

조상을 바꿀 수 있는가 44
법맥이 곧 혈맥 50
포연 속의 최고 지도자 '만암 교정' 57
진정한 정화의 길 63
폭력이 폭력을 부르다 72
탄허의 탄식 82
만암이 옳았다, 만암을 중흥조로! 88
마지막 죽비 94

제2장 | 인연은 박하고 인간사 참혹했노라

어머니 손을 잡고 산문을 넘다 102
넓고 평탄했던 스승 취운 110
백양사의 큰 스승 환응 116
작지만 큰 절 구암사 123

추사가 지은 호를 받다 129
연담의 영정을 가져오다 133
으뜸 도량 운문암 강석에 앉아 140
나라는 기울고 만암은 일어서다 146

제3장 | 맑은 거울은 앞뒤가 없다
이것이 무엇인가 154
물외암에서 깨닫다 160
학명이 깨달음을 만져주다 164
해동율맥을 잇다 171
백양사에 세운 금강계단 180
중도를 설파하다 185

제4장 | 임제종통을 지킨 남녘의 선승
백양사 스님들 "부처를 팔지 말라" 192
백용성과 박한영의 죽비 203
만암 '선우공제회' 깃발을 들다 211

제5장 | 아름다운 절에 천년의 하늘을 담다
백양사를 다시 거룩한 백양사로 220

도의 스님 영각을 짓다 230
　　다시 솟아오른 운문암 235
　　부처님 진신사리를 모시다 242
　　남도 제일의 풍광 쌍계루 250

제6장 | 가장 가난했던 자비 보살
　　동물들도 만암 곁을 맴돌아 260
　　중이 되기 전에는 부처를 말하지 말라 267
　　노동은 또 다른 선이다 273
　　반선반농 운동을 최초로 펼치다 279

제7장 | 인재 불사가 곧 항일
　　광성의숙에 중도 하차는 없다 288
　　최초의 근대불교학교 명진 296
　　흔들렸던 불교학교 303
　　3.1만세혁명과 저항운동의 기수들 309
　　인재 불사의 꽃, 만암을 교장으로 317
　　정신문화의 요람, 중앙불전을 세우다 324
　　최후를 책임지는 인문학의 왕국 331
　　정광학원을 세우다 338

| 제8장 | **오래된 새 길, 고불총림**
고불의 길을 따라 부처님처럼 346
고불총림은 또 다른 영산회 356

| 제9장 | **대웅전을 태우려면 나도 태우시오**
구름도 숲도 울었다 368
제자 서옹 376
손상좌 수산 387

| 제10장 | **당우들이 소복을 입다**
열반 398

글을 마치며 | 부처의 길에서 멀어진 이들은
만암 스님이 무서웠을 것이다 406

부록 410
만암종헌 대종사 연보 450
참고 문헌 459

제1장 북한산 봉우리가 울었다

曼庵

조상을
바꿀 수 있는가

 조계종 종정 만암이 북한산을 오른다. 1954년 초가을, 추석을 지난 지 20여 일이 됐지만 볕이 따가웠다. 산길은 오를수록 가파르다. 세수 79세, 숨이 차고 온몸이 땀에 젖었다. 종정은 말이 없었다. 그저 무겁게, 무겁게 산을 오르고 있다. 동행했던 스님과 시자들이 쉬어가자고 했다. 스님 넷이서 나무 그늘에 몸을 부렸다. 가쁜 숨만 내쉴 뿐 누구도 말이 없었다.

 눈을 드니 노적봉露積峰이 보였다. 북한산은 불토佛土였다. 승가봉, 문수봉, 보현봉, 나한봉, 월출봉 등 봉우리마다 불교에서 따온 이름들이 붙어있다. 그중에서도 원효봉元曉峰과 의상봉義湘峰이 우뚝하다. 한국불교사에 쌍벽을 이루는 두 선사의 불빛(佛光)이 흘러내리고 있다. 둥글고 원만하게 생긴 원효봉은 원융무애하게 삶을 꾸렸던 원효를 닮았고, 정갈하게 치솟은 의상봉은 빈틈없이 살았던 의상을 닮았다. 만암은 그런 봉우리들을 바로 쳐다볼 수 없다. 새삼 불토를 걷고 있음이 두렵다.

종정 만암은 북한산에 머물렀던 고려 말 선승을 찾아가고 있다. 조계종 종조宗祖인 태고보우太古普愚선사를 뵙기 위해 산을 오르고 있다. 한국전쟁으로 북한산에 있던 모든 절집이 불에 탔다. 전쟁이 멈췄지만 절터에서는 검은 재가 흩날렸다. 그럼에도 계절은 찾아와서 살아남은 것들을 보듬었다. 나무들은 잎을 피워 올렸고, 가을로 들어서자 그 잎에 단풍이 들기 시작했다. 대서문, 중성문을 지났다. 야무진 옛 모습은 간데없고 이름마저 희미했다.

그날 일을 생각하면 아직도 몸이 떨린다. 정신이 아득하다. 소위 개혁을 해서 불교계를 정화하겠다는 승려들이 종조를 바꾸자고 했다. 함께 불교를 바로 세워보자는 도반과 후학들의 입에서는 나올 수 없는 망언이었다. 1910년 한일합병조약 이후 일제가 한국불교를 일본불교에 종속시키려 할 때도 선승들은 임제종臨濟宗을 내세워 이를 막았다. 백양사 출신 스님들과 남녘의 사찰들이 분연히 일어났다. 그리고 순천 송광사에서 총회를 열고 임제종을 세우기로 결정했다. 조선의 선종

禪宗이 태고보우 이래로 임제종 계통이었기에 종명을 그리 정했다. 이러한 법맥이 조선 승려의 맥박 속에 살아 펄떡이고 있는데 어찌 이를 부정할 수 있다는 말인가.

지난 9월 28일 선학원禪學院에서 전국비구승대회가 열렸다. 종단의 실권을 쥐고 있는 대처승을 내치고 본연의 전통불교로 돌아가자고 했다. 그 자리에 만암도 참석했다. 사찰에서 왜색불교를 몰아내고 청정도량을 만드는 것은 종정 만암의 숙원이었다. 해방 후 불교계의 최대 과제는 식민 잔재의 청산과 불교의 전통을 바로 세우는 것이었다. 불교 내의 반불교적 요소들을 척결하여 교단을 정화하는 것이었다. 그것이 종정 만암에게 주어진 소명이라 여기고 있었다. 절집에서 빌어먹은 밥값을 하는 것이라 여겼다.

전국비구승대회에서 종헌을 통과시키고 도제 양성 방안 등을 토의했다. 이어서 9월 30일 임시종회가 열렸다. 여기서 종단 간부들을 선출했고, 만암은 종정에 다시 추대되었다. 그런데 이날 새 종헌에 무도한 조항이 들어있었다. 바로 종조를 바꾸자는 것이었다. 태고국사太古國師 보우普愚(1301~1382)를 끌어내리고 보조국사普照國師 지눌知訥(1158~1210)을 추켜세웠다. 이미 예견하고는 있었지만 이에 대해서 누구도 이의를 제기하지 않았다. 종정 만암은 이미 그 부당함을 누차 지적했다. 그럼에도 종정 만암 편에서 사자후를 토하는 비구는 없었다.

환부역조換父易祖, 저들은 아버지와 조상을 바꾸고 있음이었다. 종조를 바꿀 타당한 이유가 있다면 몰라도, 그것은 대처승들을 내치기 위한 수단에 불과했다. 대처 측이 종조로 태고를 모셨다고 하니 비구 측은 이에 대응해서 보조를 내세웠다.

"정화운동에 공감한다. 다른 것들은 양보할 수 있다. 하지만 종조를 바꾸는 것은 용납할 수 없다. 이는 환부역조이다."

만암은 홀로 일어나 그 부당함을 내외에 알렸다. 그리고 종정직을 내던졌다. 그 파장은 심산유곡의 사찰에까지 퍼져나갔다. 만암의 포효에 뜻있는 선승들이 고개를 끄덕였다. 마지막으로 조계종 종조 태고보우선사를 찾아가 이런 사정을 고하고 종정으로서 이를 지키지 못했음을 참회하기로 했다.

태고보우선사. 13세에 출가하여 37세에 깨달음을 얻었다. 그 후 삼각산 중흥사重興寺에 머물며 보임을 했다. 중흥사는 조선시대 김시습이 세조의 왕위 찬탈에 분개하여 출가했던 사찰이고, 추사 김정희와 다산 정약용 등 많은 문인들이 이곳에서 시를 짓기도 했다. 보우는 46세에 중국 연경燕京을 거쳐 호주湖州 하무산霞霧山으로 석옥청공石屋淸珙선사를 찾아갔다. 임제臨濟의 제17대 법손인 석옥은 보우가 큰 그릇임을 알고 가사를 주어 법통을 잇게 했다.

"늙은 중이 오늘에야 다리를 뻗고 잘 수 있게 되었구나. 이 가사는 오늘의 것이지만 법은 영축산에서 흘러나와 지금에

ⓒ단양 흥화사

종조를 바꾼 것을 비판하며
종정직을 사임하고
태고선사 부도탑을 찾았다.
앞줄 오른쪽이 만암 스님.

이르렀다. 전하노니 부디 끊어지지 않게 하라."

　연경으로 돌아오니 원나라 천자天子가 선사를 초청하여 금란가사와 침향, 불자拂子를 선물했다. 1348년 봄에 귀국했다. 보우는 절에 머물지 않고 가평 소설산小雪山에서 농사를 지었다. 공민왕이 사람을 보내 제자가 되겠다고 청했다. 왕이 법을 묻자 보우는 왕도는 불교 신앙에 있지 않고 밝은 정치에 있다고 하였다. 보우는 1356년 왕사로 책봉되었고, 임제종의 백장청규百丈淸規로써 승단의 기강을 바로잡으려 했다. 1382년 다시 소설산에 돌아와 12월 17일 입적했다. 임금이 슬퍼하여 원증圓證이라는 시호를 추증했다. 삼각산 중흥사 서쪽 봉우리에 부도탑과 탑비를 세웠다.

보우가 주석했던 중흥사는 아주 오래전에 허물어져 겨우 주춧돌만 남아있었다. 또 서쪽 언덕에 있었던 태고암 또한 흔적도 없고 오로지 태고의 부도만이 서 있었다. 만암은 그 부도 앞에서 목 놓아 울었다. 노적봉이 그 광경을 지켜보았다. 나무들이 울었고, 마침내 북한산 봉우리들이 울었다.

만암의 호곡號哭 소식은 빠르게 산을 내려왔다. 불도들은 하던 일을 멈추고 북한산을 바라보았다. 권력을 등에 업고 정화운동을 밀어붙이던 실세들은 서로의 얼굴을 쳐다봤다. 자신의 행적을 돌아보며 두 손을 모으는 승려도 있었다. 하지만 멈추지 않았다. 오히려 서로를 독려했다. 학자들을 동원하여 만암의 질타를 방어했다. 그러나 속이 훤히 보였다. 사자상승師資相承의 법맥은 준엄했으니 저들은 사실을 왜곡하여 가풍을 어지럽힐 뿐이었다.

법맥이 곧
혈맥

만암은 사자상승의 법맥을 무시하고 해괴한 설들을 유포하는 자들을 향해 죽비를 들었다. 더욱이 선방에서 수행을 했다는 승려들이 자신의 계보를 가볍게 여기는 무도함은 도저히 용서할 수 없었다. 스승을 섬기고 제자를 키워 법맥을 잇는 것은 임제종 법손들이 지켜야 할 당연한 도리가 아닌가.

   부처의 제자 중 아난은 다문제일多聞第一이었다. 아난의 사형은 가섭이다. 하지만 법맥으로는 가섭의 제자이다. 아난이 부처가 세상에 있을 때에는 도를 얻지 못하다가 부처가 열반 후에 비로소 깨달음을 얻어 사형인 가섭으로부터 법을 전해 받았기 때문이다. 이로서 부처는 아난의 득도사일 뿐이고, 법

스승은 가섭이다. 이것이 법을 이은 시초이다.

가섭과 아난은 계를 받은 것으로는 형제이지만 법을 이은 것으로는 부자父子가 된다. 이처럼 불법을 전승하는 것은 '마음으로써 마음에 전하는 것(以心傳心)'이 생명이다.

서쪽에서 건너온 달마達磨에게 혜가慧可 스님이 물었다.

"이 법은 어떤 문자와 교전으로 배우고 익힙니까?"

달마가 대답했다.

"마음으로써 마음으로 전하며 문자를 세우지 않는다."

오조홍인五祖弘忍 스님도 누구나 인정했던 수제자 신수神秀를 제치고 혜능慧能에게 법을 전했다. 신수는 많이 알고 있었지만 문자승을 벗어나지 못했다. 반면에 혜능은 뜰에서 장작 패고 방아를 찧으면서도 도를 이뤘다. 홍인은 깊은 밤에 혜능을 불러 아무도 몰래 발우와 가사를 전했다. 홍인이 육조가 된 혜능에게 말했다.

"이 법은 가섭존자에게 부족咐囑하여 거듭거듭 서로 전해 주어 달마대사에 이르러 중국에 오고, 혜가대사를 얻어 대를 이어서 나에게 이르렀다. 지금 너에게 부족하노니 단절치 않게 하라."

이심전심은 마음으로 비밀한 뜻을 전함이니 그것은 무엇을 숨겨서 전한다는 뜻이 아니다. 그 뜻이 하도 깊어서 전해 주는 사람과 받는 사람 이외에는 아무도 모른다는 뜻이다. 그러므로 이는 법을 전해주고 법을 전해 받는 당사자 사이에서만 결정되는 일이요, 제3자의 개입은 있을 수 없다. 이를 '혈맥을 서로 이어받음(血脈相承)'이라 일컫는다. 그렇게 아버지의 피를 아들이 이어받듯이 부처의 법이 제자에게 흘러갔다. 그러므로 법맥은 그 누구도 변경할 수 없는 것이다.

한국의 법맥은 신라 도의국사道義國師에서 비롯되었다. 하지만 중간에 그 맥이 끊겼다. 그 후 고려 말 태고보우가 원나라에 가서 임제종의 법맥을 전해 받았다. 그런 전통은 불교계가 오랫동안 이견 없이 받아들였다.

하지만 몇몇 승려와 학자가 주동이 되어 조계종 종조를 갑자기 태고에서 보조로 바꿨다. 납득할만한 근거가 없었다. 한국 승려들은 임제와 태고의 법손이며 이는 검증된 법맥이었다. 법맥을 기록한 것으로 가장 오래된 《종봉영당기鐘峯影堂記》와 《서산행적초西山行蹟草》를 보더라도 임제에서 비롯된 법을 태고 스님이 이어받아 '임제태고종통臨濟太古宗統'이 세워졌다고 기록하고 있다.

석옥에게 가사를 받아 돌아온 태고는 환암혼수幻庵混修(1320~1392)에게 법을 전했다.

임제 … 석옥―태고―환암―구곡龜谷―벽계碧溪―벽송碧松―부용浮蓉

제1장 | 북한산 봉우리가 울었다

부용영관芙蓉靈觀(1484~1571)은 서산西山(청허)과 부휴浮休를 제자로 두었고, 서산은 사명四溟과 소요逍遙, 편양鞭羊에게 법을 전했다. 고승대덕의 비문과 행록 등에도 서산과 부휴가 임제로부터 시작된 태고종통임을 밝히고 있다. 휴정비休靜碑, 대흥사 청허비淸虛碑, 전주 송광사개창비松廣寺開創碑, 부휴비浮休碑, 벽암비碧巖碑, 사명집四溟集, 남원 승연사기勝蓮寺記, 대은암기大隱庵記, 취운비翠雲碑, 조계산 송광사사적비松廣寺寺蹟碑, 백암비栢菴碑, 벽송집碧松集, 연담비蓮潭碑 등 열거해보면 헤아릴 수 없을 정도이다.

달마는 서천西天(인도)에서 동토東土(중국)로 법을 전하였으니 동토의 초조가 되며, 태고는 중국에서 해동으로 등불을 전하였으니 해동의 종조가 된다고 한결같이 증언하고 있다. 그럼에도 이를 뒤집고 종조를 바꾸려고 했으니 '임제보조종통臨濟普照宗統'을 주장한 불교학자 이불화李佛化가 대표적이다. 태고 대신 보조지눌을 종통으로 내세운 것이다. 하지만 이불화의 주장은 여러 군데 허점이 있었다. 그중에서도 염향사법拈香嗣法(개당 설법을 할 때 법 스승에게 향을 사르고 대중 앞에서 법통을 선언하는 것)으로 보조가 대혜종고大慧宗杲(1089~1163) 스님의 법을 이었다는 주장은 황당하기 이를 데 없다. 대혜는 중국 송나라 때 임제선을 수행하여 깨달음을 얻었고 어록《서장書狀》을 남겼다. 보조는 대혜어록《서장》을 읽다가 깨달음을 얻었

만암이 모셨던
도의국사 위패

고 그 후 정혜결사定慧結社 운동을 통해 고려의 불교를 개혁했다. 보조가 대혜가 남긴 글을 읽고 깨달았다는 기록은 있으나 대혜에게 염향사법을 했다는 기록은 어느 문헌에도 나오지 않는다. 보조 스스로도 대혜의 법제자라 말한 적이 없다. 그럼에도 이불화는 보조가 대혜의 법제자라 우겼다. 후세에 새겨진 송광사사적비에도 보조는 스승 없이 오직 도만을 따랐고 불도징, 구마라습, 배도, 지공 등과 같은 부류라고 새겨져 있다. 《단경》을 스승으로, 《서장》을 벗으로 삼았을 뿐, 보조에게는 사법사嗣法師가 없었다. 이와 같은 주장에 성철 스님은 《한국불교의 법맥》에서 이불화의 주장을 터무니없다며 크게 꾸짖었다.

"이처럼 보조 자신은 물론 그의 법손들이나 뒷날의 역사가 들도 보조를 두고 대혜의 법제자라고 일컫는 이는 한 사람도 없는데, 팔백 년이 지난 오늘에 와서 이불화 씨가 허설을 거짓 조작하여 대혜를 보조의 법사로 만들려고 온갖 노력을 다하고 있지만, 그 이론은 성립할 수 없을 뿐만 아니라 오히려 학자로서의 자살행위를 면치 못할 것이다."

또 다른 불교학자 이종익李鍾益은 '법신종승설法身宗承說'을 주장했다. 이는 더욱 해괴했다. 보조가 《단경》과 《대혜어록》을 읽다가 조계와 대혜의 심법心法을 발견하고 그 마음을 전했으니, 보조가 육신 조계와 육신 대혜를 사승한 것이 아니라, 법신의 심법을 스승으로 하여 종승한 것이 명백하다는 것이다. 이심전심이란 굳이 만나서 전법하는 것이 아니라 책 속에서 마음으로 전해 받을 수 있다는 주장이었다. 어떻게든 보조가 종통임을 가정해놓고 짜맞추기 하는 것에 불과했다. 불조의 혜명을 잇는 인가와 전법은 문중의 생명선임에도 이종익은 "이심전심을 꼭 만나서 전해야 하느냐"고 둘러댔다. 한술 더 떠서 "한 교조가 한 종조가 되는 것은 독창적이고 혁명적이다"고 주장했다. 성철은 이에 대해서도 호통을 쳤다.

"이종익 씨는 궁여지책으로 법신상속설法身相續說을 주장하지만 이는 천고미문의 법을 파괴한 논설이다. 법신은 일체에 편만遍滿하여 개개가 평등구족함으로 어느 특정 법신을 사승師承한다는 것은 불법상으로 절대로 용인될 수 없는 것이다. 이와 같은 망론은 외도의 견해이다."

한국불교가 태고법계임은 분명하다. 하지만 사상적으로는 보조의 영향을 많이 받고 있다. 그렇다고 사실을 왜곡할 수는 없는 일이다. 오로지 보조의 종조 추대를 목적으로 사실을 왜곡하고 허위 주장을 펴는 것은 실로 통탄할 일이었다.

"그렇다고 교외별전이며 이심전심인 불법 전승의 생명선을 끊을 수는 없는 노릇이다. … 그냥 보조사상이 뛰어나서, 단지 보조가 좋아서, 오로지 보조를 연구해서 보조종통설을 붙들고 있다면 또 다른 업을 짓는 것이 아니겠는가."

김택근, 《성철평전》

포연 속의 최고 지도자
'만암 교정'

만암은 1951년 6월 조선불교 제3대 교정敎正(종정)에 추대되었다. 제1대 석전한영石顚漢永(1870~1948) 스님, 제2대 한암중원漢巖重遠(1876~1951) 스님의 뒤를 이었다. 석전과 한암은 당시 모든 불도들이 그 앞에서 합장하는 청정비구였다. 두 스님에 이어 교정으로 추대됐음은 당시 만암의 불교계 위상이 어땠는지를 엿볼 수 있다. 앞선 두 교정의 생을 더듬어본다.

 석전 박한영은 백양사와 구암사 선원에서 수학하고 천하의 강백으로 우뚝 솟아올랐다. 비록 중앙불교전문학교 학장직을 만암보다 늦게 지냈지만 만암과 더불어 인재양성에 매진했던 교육의 선구자였다. 백양사에서 광성의숙廣成義塾을 세웠을 때는 박한영이 초대 숙장(교장)을, 만암이 숙감(교감)을 지냈다. 만암과 박한영은 이른바 근대 불교 교육계의 쌍두마차였다. 또한 독립지사였고 불교를 바로 세운 개혁운동가였다. 박한영은 유학과 노장사상은 물론 서양학문에도 조예가 깊어 당대에 여론 형성을 주도했다. 사물의 이치에 밝아서 물음에 막힘이 없었다. 당대의 천재들도 박한영 앞에서는 손을 모았다. 이광수, 최남선, 정인보, 홍명희, 변영만 등이 그들이다. 또 김동리, 이병기, 조지훈, 서정주, 신석정, 김달진 등 문인들도 박한영의 가르침을 받았다.

"석전 사師를 만나매, 도대체 모르는 것이 없을 만큼 박식했다. 나는 누구에게도 물어볼 것이 없는데, 석전 선생에게는 물어볼 것이 있었다." (최남선)

해방이 되고 새 교헌에 따라 새 교정을 추대할 때도 이론이 없었다. 오욕의 세월을 씻어내고 청정승단으로 거듭나야 하는 한국불교의 최고지도자로 손색이 없었다. 선과 교를 통달했으며 어떤 경우에도 이름을 팔지 않았고 자신에게 엄격했다. 또 사회가 인정하는 학식과 인품을 지니고 있었다. 주석하고 있던 내장사 벽련암에서 종정 추대장을 받았다. 해방된 나라의 첫 교정이었다. 박한영은 1948년 4월 8일 봄볕이 따사로운 날 육신의 옷을 벗었다.

ⓒ대한불교조계종

27년 동안
오대산 상원사에 머물며
산문 밖을 나오지 않았던
한암중원 스님

　박한영이 떠나자 조선불교 총무원은 일제강점기에 종정을 지낸 바 있던 방한암을 교정으로 추대했다. 박한영이 입적한 지 두 달 만인 6월이었다. 한암은 선불교의 중흥조 경허 스님의 제자이다. 한암은 1925년 서울 봉은사 조실로 있을 때 세속에 물들어가는 불교계를 질타하며 오대산으로 떠났다.
　"차라리 천고千古에 자취를 감춘 학이 될지언정 삼춘三春에 말 잘하는 앵무새의 재주는 배우지 않겠노라."
　그 후 열반할 때까지 27년 동안 오대산 상원사에 머물며 산문 밖을 나오지 않았다. 한암은 앉은 채로 열반했다. 한국전쟁 당시에 홀로 상원사를 지켜낸 일화가 전해 내려오고 있다.

북한 게릴라군의 거점이 될 수 있다는 이유로 국군이 절마다 불을 질렀다. 월정사를 불태우고 군인들이 상원사로 몰려왔다. 이에 한암은 가사를 갖추어 입고 법당에 들어가 불상 앞에 정좌했다. 그리고 태연하게 군인들을 맞았다. 한암이 인솔자인 장교에게 말했다.

"이제 불을 지르시오."

머뭇거리는 장교에게 일갈했다.

"어찌 내말을 깨닫지 못하는 거요. 그대가 장군의 부하라면 나는 불제자, 곧 부처님의 부하요. 그대가 장군의 명령을 따르듯이 나는 부처님의 명령을 따라야 한다는 것을."

군인들이 감히 불을 지르지 못했다. 결국 문짝만을 떼내서 소각하고 돌아갔다. 한암은 1951년 3월 22일 좌선하는 자세로 열반에 들었다. 한암은 1929년 선교양종의 교정, 1935년 조선불교 선종의 종정, 1941년 조선불교조계종 초대 종정, 1948년에는 조선불교 제2대 교정을 역임했다.

다시 한국불교는 교정을 추대해야 했다. 이번에는 모두가 백양사의 만암을 떠올렸다. 만암은 계정혜戒定慧 삼학三學에 능통했고, 중창불사를 통해 백양사를 으뜸 선불장選佛場으로 조성했다. 청정비구의 길을 빈틈없이 걸었고, 끊임없는 이타행利他行으로 대중들은 만암을 자비보살이라고 칭했다.

"중이 되기 전에는 부처를 말하지 말라."

말이 무거웠고, 행이 곧았다. 만암은 최고 지도자인 교정직을 거듭 고사했지만 시간이 지날수록 세론世論이 단단하게 뭉쳐져서 백양사 일주문을 넘어왔다. 위기의 불교를 구해낼 선사는 만암뿐이라며 교정직을 맡아달라 간청했다. 1951년 6월 마침내 만암이 교정직을 받아들였다. 한국전쟁은 끝나지 않았고 불교계 현안은 산더미처럼 쌓여 있었다. 만암은 교정직을 수락하겠다고 총무원에 편지를 보내 알렸다. 그리고 정중하게 조건을 달았다.

저는 불가의 병든 잎과 같은 인생으로 세월을 헛되이 보내며 나이 팔순이 되면서 정신이 맑지 못하고 기가 산란하여 붙어있는 숨을 겨우 지탱하고 있을 뿐입니다. 그런데 뜻밖에 분에 넘치는 여러분의 외람된 추천을 받으니 꿈만 같습니다. 즉시 사퇴하고자 했으나 전쟁 중에 종단 행정이 여의치 않아 다음 집회까지만 재임하기로 약속하였습니다. 이를 잘 헤아리고 살펴 지덕을 겸비한 인물을 신임 교정에 추천하여 위신이 추락하는 일이 없도록 하십시오. 그리고 어리석고 못난 사람의 실속 없는 헛된 명성은 하루라도 빨리 잊어주십시오.

또 한마디로 번거롭게 말하는 것은 일본에게 빼앗긴 승규僧規를 해방 후에도 그대로 답습해온 것은 우리 고승대덕이

1,600여 년 동안 여실히 여래의 정법을 받들어 지닌 성실한 노력을 돌이켜볼 때에 어찌 외람되고 한심스러우며 억울하고 통분할 일이 아닙니까? 간곡히 참고하여 천추에 유감이 없도록 선처해주시기를 간절히 희망합니다.

만암은 전쟁이 끝나지 않은 상황에서 교단의 사정이 엄중함으로 일단 교정을 맡겠지만 하루빨리 다른 인물을 추대하라는 간곡한 부탁을 했다. 하지만 백양사 문중으로서는 일대 경사가 아닐 수 없었다. 한국전쟁으로 사암寺庵이 불타버렸고, 모두 하루하루가 궁핍했지만 만암이 교정의 불자拂子를 치켜드는 모습을 상상하면 기운이 솟았다. 환희심이 백양사를 감쌌다.

진정한
정화의 길

1952년 봄, 비구승들은 교정 만암에게 사찰 몇 개만이라도 수행승들에게 제공해달라고 건의했다. 만암은 이를 수용하고 실무진에게 적극 검토하라 지시했다. 만암은 이와 함께 평소에 설파했던 정화 방안도 살펴보라고 당부했다.

   만암의 구상은 무엇인가. 만암은 당시 대처승 문제를 순리대로 풀어가자고 호소했다. 대처승을 당장 절에서 쫓아내는 것보다는 그들과 함께 살아가되 점차 대처승이 들어설 자리를 없애자고 주장했다. 부처님을 섬긴 사람을 하루아침에 산문 밖으로 내친다면 더 큰 문제가 발생할 것이라며 점진적인 퇴출을 주장했다. 종성宗成 스님의 글을 통해 실상을 살펴본다.

"우리 한국불교의 정화운동이 실질적으로 기치를 내세우고 시작한 것은 해방 후 만암 스님께서 백양사에서 호남고불총림을 만들기 시작하면서부터 비록 부분적으로나마 시작된 것 같다. 설령 그것이 시기적으로 봐서 큰 성과를 못 얻었다 하더라도 그 나름대로의 뚜렷한 기치와 방안을 내세웠던 것이다.

또한 흔히 백양사를 무슨 대처승의 본영인 것처럼 오인도 하였지만 사실 알고 보면 만암 스님의 고불총림이 만들어지면서 백양사에는 법당 좌우편에 호법중護法衆(대처승), 정법중正法衆(비구승) 이렇게 과시할 만큼 표지까지 붙여놓아 그 구분이 눈에 보이도록 엄격하였다. 그러면 만암 스님의 정화 이념의 방안에 있어서 그 핵심 내용은 대략 어떤 것이었던가.

우리나라 불교가 조선의 사태불법을 거쳐 일제시의 암흑기를 겪는 동안 부지불식간에 세속주의 일로로 치닫게 되어 해방 당시 한국불교 승려의 구九할 정도가 세속(대처)화되었다는 것이다. 그런 상황은 비단 어느 문중에만 한한 것이 아니라, 거의 한국불교 전체에 긍한 일이다. 상황이 이렇게 되고 보니 만일 정화를 극단적으로 하게 되면 승려의 구할 정도는 절집에서 몰아내야 한다는 결론이 서게 된다. 그러면 종단이 일시적으로 마비 상태가 초래될 가능성이 있다는 것이다.

실지 말 그대로 청정비구만을 가려내자면 아마 몇 분이 안

될 지경이었을 것이다. 만암 스님께서는 이러한 심각한 사정을 감안하여 이미 세속화된 어쩔 수 없는 대다수 사람들을 일괄 그냥 무조건 쫓아내자는 것보다도 그네들도 어쨌든 이제껏 절집에서 교육을 받고 살아왔으니, 그렇다고 해서 그네들을 정법승(비구)과 같이 대우하자는 것이 아니라 가급적이면 그네들을 적재적소에 효율적으로 잘 구제하여 좀 달리 대처하자는 것이다. 그것도 시한부로 하자는 것이다. 그리고 그것은 위에서도 말한 바와 같이 일시적인 방편인 것이지 영원히 그네들을 정법승으로 대접하여 제도화하자는 것은 절대 아니다. 그것은 대자대비 문중의 자비 발로의 일단이라 할 수도 있을 것이다."

종성 〈월간 법회〉 11·12월호

만암은 이미 백양사 고불총림에서 시도했던 정법중과 호법중을 두자고 했다. 그리고 승단과 사찰 관리는 청정비구가 담당하고 대처승 존재는 현실로 받아들이자고 제안했다. 다만 대처승은 상좌를 두지 못하게 해서 사찰에서 점차 대처승이 자연 도태되도록 하자는 것이었다.

1952년 가을 통도사에서 열린 정기 교무회의는 교정 만암의 의견을 수용하기로 결의했다. 이듬해 4월 개최된 교단의 법규위원회에서 이에 대한 구체적인 논의가 있었다.

오늘날 종단의 근간이 형성된
1954년 선학원에서 열린
제1차 비구승대표자대회

제1장 | 북한산 봉우리가 울었다

"통도사에서 열린 종회에 준하는 회의에서 송만암 스님은 직접 회의를 주재하면서 사암寺庵은 독신승에게 맡기자고 제의했으며 지금까지 주지를 맡고 있는 교화승은 기득권을 인정하도록 하고 상좌를 두지 않도록 한다면 교단 내의 대처승은 당대에 그칠 것이라고 제의했다."

강석주·박경훈《불교근세백년》

이러한 제안에 불교계가 일단 수긍했지만 정작 이를 실행하겠다고 나서는 사찰은 없었다. 1953년 6월 만암은 불교계 현안인 비구와 대처승의 갈등을 원만하게 해결할 것을 촉구했다. 또 '조선불교' 종명과 교헌을 폐지하고 종명을 '대한불교조계종'으로 하는 종헌을 채택하라 일렀다. 이는 왜색불교를 떨쳐내고 전통불교로 회귀하려는 조치였다. 아울러 사부대중의 단결과 종단의 화합을 당부했다.

전국의 법려가 그 수가 5천에 불과하고 신남신녀는 무려 수백만이라고 하나 아직 유기적인 조직이 되어있지 않으니, 금후 상호 긴밀한 유대를 맺도록 주선하려니와 우선 법려만이라도 일치단합하여 이 난관을 타개해 나가야 되겠나이다. 요즘 칭종稱宗 입헌立憲을 계기로 분종렬파分宗裂派를 주장하는 법려가 있다 하나 우리 불교의 전통과 종풍으로 보아 아직은 이런 분열의 단계에까지는 이르지 아니하였으니 좀 신중히 하여 더욱 단결하여주기를 간절히 희구하는 바입니다.

제13회 정기중앙교무회 선시宣示, 1953년 6월 20일

이에 따라 '조계종'이 출범했다. 초대 종정에는 만암이 추대되었다. 백양사 금강계단에서 만암의 계를 받은 제자 묵담 스님이 시를 지어 올렸다.

불문에 들어와 이미 묘년妙年이 되었네
영원히 세속의 진연塵煙을 벗어났구려
둥근 삿갓은 소나무 끝에 걸어두고
열 자 지팡이는 땅 위에 꽂아놓았지
청고淸高하기는 연못에 달을 보는 것 같고
중후하기는 태산이 하늘을 대한 듯하구려
무슨 운물雲物을 인연하여 맘대로 가고 머무는고
생각 가운데 색상色相은 이전 이후에도 없으리

入到佛門已妙年 永脫世塵又俗煙
一團笠子掛松首 十尺柱筇植地邊
淸如方潭好看月 重若泰山黙對天
緣何雲物任留去 念裡色相空後前

묵담 〈부찬한국불교조계종종정만암대종사附贊韓國佛敎曹溪宗宗正曼庵大宗師〉

만암은 불교정화에 누구보다 적극적이었다. 대처승이 사찰을 장악하는 사태를 누구보다 안타까워했다. 청정비구들이 모여 부처님을 섬기는 총림을 세우고 싶었다. 만암의 불교정화 원력이 얼마나 깊었는지 가늠할 수 있는 일화(1953년 4월 통도사 회의)를 김광식이 발굴하여 소개하고 있다.

만암은 자신의 구상인 불교정화를 기하는 몇 가지 대안을 지시하였다. 그는 비구승에게 사찰 배려, 대처승에게 법맥 단절 등이었다. 그런데 이 통도사 회의의 내용을 전하는 1차 자료가 없기에 그 구체적인 내용은 파악하기 힘들다. 당시 그 통도사 회의에 객으로 참석한 백운은 그날의 정황을 다음과 같이 회고했다.

"통도사에 가보니 교정인 만암 스님, 효봉 스님, 경봉 스님이 계셨고 신태영 장군이 왔어요. 그때 만암 스님이 그러시더라구요. '중이 되어가지고 처자식을 기르는 것은 도무지 맞지 않다. 지금껏 처자식을 기르면서 절을 지켜준 공로는 있으나 처자와 함께 살려는 사람은 나가 살기를 바란다'는 뜻을 말씀하셨어요. 범어사에 있는 동산 스님이 본산급 절 두 개를 주면 수도승을 가르치겠다는 의견을 깔아뭉개고 묵살한 것은 용납할 수 없다고 하셨어요. … 최원종이 '누가 절을 줄라고 합니까?' 하니, 만암 스님이 '중을 땡땡이로 만들어야 하겠느냐'면서 본산급 절 두 개를 주라고 지시했어요. 그러니 최원종은 '저는 입장이 곤란하니 빠지겠습니다'고 하였어요. 그러니 대번에 만암 스님은 '그러려면 총무부장 내놔라'고 말씀하셨습니다.

아따! 만암 스님이 호령하니깐 무섭대요. 만암 스님에게 꼼짝 못해요. 그러니 최원종은 '좌우지간 상의는 해보겠습니다'고 결론을 내렸어요. 그러니 만암 종정은 '준비를 해라, 총무부장에 대한 종정의 지시이다'고 단안을 내렸어요."

즉 만암은 본산급 사찰 두 개를 비구승에게 배려할 것을 지시하였다. 통도사 회의 후, 종단에서는 1954년 4월에 불국사에서 관련 회의를 개최하여 비구승에게 사찰 18개를 제공한다고 결정하였다.

김광식 〈만암종헌대종사의 생애와 역사적 위상 주제발표-만암 불교정화의 재인식〉

만암의 불교정화 의지는 이처럼 매서웠다. 정작 구체적인 지침이 나오자 큰 사찰들이 머뭇거렸다. 고승들도 예외가 아니었다. 자신들이 사찰을 선뜻 수도선원으로 내주려 하지 않았다. 만암만이 애를 태우고 있었다.

만암의 서릿발 같은 다그침에 비구승들의 요구를 수용하기로 했다. 1954년 4월 불국사에서 종회를 열고 동화사, 직지사, 보문사, 신륵사, 월정사 등 18개 사찰을 수행승들에게 내

주도록 했다. 하지만 이번에는 비구승들이 이를 거부했다. 삼보사찰이나 교구 본사가 하나도 포함되지 않았다는 이유에서였다.

만암이 적극 추진했던 '비구승이 수도하는 사찰'은 결국 확보하지 못했다. 비구와 대처 측은 이해를 저울질하며 네 탓 공방만 벌이고 있었다. 그리고 만암이 우려했던 일들이 벌어지고 말았다. 바로 비구와 대처의 갈등에 권력이 개입하고 나선 것이다. 이로써 종교가 권력의 손을 타게 되었다. 또 양측은 그간 서로 공감했던 '정화'라는 큰 틀의 명분마저 팽개치고 노골적으로 종권다툼을 벌이기 시작했다.

폭력이
 폭력을 부르다

1954년 5월 감리교 신자였던 대통령 이승만李承晩은 느닷없이 '불교정화 유시(담화)'를 발표했다. 정전협정을 맺고 한국전쟁이 포성을 멈춘 지 얼마 되지 않은 시점이었다.

"일인日人 중의 생활을 모범해서 우리나라 불도佛道에 위반되게 행한 자는 이후부터 친일자親日者로 인정받을 수밖에 없으니 가정 가지고 사는 중들은 다 사찰에서 나가서 살 것이며, 우리 불도를 숭상하는 중들만을 정부에서 도로 내주는 전답을 개척하여 지지해 가도록 할 것이니 이 의도를 깨닫고 시행하기를 지시하는 바이다."

국가권력이 종교문제에 노골적으로 개입했다. 헌법에 명시

된 정교분리를 위반했다. 이승만은 여기서 그치지 않았다. 이후 1년 6개월 사이에 무려 여섯 차례나 정화 유시를 발표했다. 그렇다면 왜 이승만은 불교를 꼭 찍어 정화하라고 했을까. 거기에는 여러 설이 있다. 우선 이승만이 어떤 사찰을 방문했는데 대처승 부인이 기저귀를 빨아서 널고 있는 모습을 보고 충격을 받아 대처승을 몰아내야겠다고 결심을 했다는 설이 당시에 가장 많이 유포되어 있었다. 또 불교계 일각에서 먼저 정화를 건의해와 담화를 발표했다는 설도 있다.

하지만 이승만의 담화는 정권 차원의 치밀한 기획 아래 이뤄졌다고 봐야 한다. 실정失政과 비리를 감추려 국민들의 시선을 다른 데로 돌리려는 저의가 있었다. 당시 이승만 정권과 자유당은 종신 집권을 획책하여 '사사오입四捨五入 개헌'이란 폭거를 저질렀고, 이로 인해 큰 위기에 직면해 있었다. 국민 여론이 극도로 나빠지자 국면전환을 위해 전전긍긍하고 있었다. 이에 비구와 대처가 대치하고 있는 불교계를 겨냥하여 여론몰이를 했다는 것이다.

어느 시대건, 어느 집단이건 내부가 결속해 있지 않으면 권력의 손을 타게 되어있다. 이승만 정권은 '불교정화'를 빌미로 자신들의 불의를 감추려 했다. 대처승이 종권을 움켜쥐게 된 배경과 청정 승단을 이룩하려는 비구승들의 막후 노력은 살피지 않고 불교계를 매도하기 시작했다.

1953년 11월 이승만 대통령은 경국사를 방문했다.

이러한 이승만의 노골적인 간섭은 미군정시대 기독교 우위 종교정책 때문에 가능했다. 미군정은 공개적으로 기독교 편을 들었다. 일본 패망 이후 일본 종교단체들이 남기고 간 많은 재산을 적산敵産으로 분류했고, 대부분을 기독교계에 불하해주었다. 심지어 사찰이 있었던 땅도 교회에 넘겨주었다. 군종 장교제 실시, 성탄절 공휴일 지정, 종교 방송 독점 등 '기독교 특혜'가 넘쳐났다. 미군정의 이러한 지원은 결과적으로 개신교계 성장의 밑거름이 되었다.

"미육군 태평양방면군(AFPAC) 총사령관 맥아더는 메시아 콤플렉스에 빠져있는 인물로서 태평양전쟁 후 일본 점령 자체를 '기독교의 이상을 구체적으로 실현하기 위한 것'이라고 말했다. 이러한 맥아더의 종교관은 한국에서도 그대로 반영되었다. 그리하여 1947년 10월 9일 미국의 군정 장관 대리 헬멕은 초대 교황청 사절 환영식에서 '건국은 그리스도의 정신을 기초로 하여야 한다'는 요지의 연설을 하기에 이른다."

이중표 〈목담대종사의 생애와 사상〉

미군정의 편향된 정책으로 이승만은 불교를 희생양으로 삼는 데 주저함이 없었다. 이승만의 담화가 발표되자 곧바로 비구승들이 움직이기 시작했다. 1954년 6월 불교정화추진 발기회와 교단정화운동 추진준비위원회를 결성했다. 이어서 8월 24일 전국 비구승 대표자 회의를 개최하여 정화추진위원을 선출했다. 다시 9월 27일 선학원에서 비구승대회를 열어 새로운 종헌을 제정하고 결의 사항을 발표했다. 비구승들은 '대처승 승적 제거' '대처승은 호법중으로 할 것' '교권은 비구승에게 환원할 것' 등을 결의했다.

이에 대처승들은 삼보사찰인 통도사, 해인사, 송광사를 비구승에게 수도 공간으로 내주겠다고 양보 의사를 밝혔다. 그러면서도 호법중으로 불리는 것은 단호히 거부했다. 대처승더러 행정이나 허드렛일을 하면서 수행승의 뒤치다꺼리나 하라는 것이냐며 결코 받아들일 수 없다고 했다. 비록 처를 거느렸어도 부처를 섬긴 이들에게 비승非僧 취급은 견디기 힘든 모욕이었다. 어쩌면 자신들의 삶을 송두리째 부정당하는 일이었다.

그러자 10월 11일 동산東山(1890~1965), 청담靑潭(1902~1971), 월하月下(1915~2003) 스님 등이 비구승을 대표하여 경무대로 이승만을 찾아갔다. 이들은 불교정화를 촉구하는 더 강력한 조치를 취해달라고 요구했다. 이에 이승만은 다시 '왜식 종교관 버리라'는 제목의 2차 담화를 발표했다. 더 자세하고 강력하게 밀어붙였다. 종교가 권력에게 기대면 우선은 자신들이 원하는 바는 챙길지 몰라도 나중에는 결국 권력에 예속되었다. 권력은 대가 없이 움직이지 않는다. 아무리 명분이 좋아도 권력에 기대어 세속의 논리로 종교 문제를 해결하면 더 큰 문제가 발생하는 법이다. 이는 '위없는 가르침'을 설파한 부처의 뜻이 아니었다.

돌아보면 불교는 유독 왕실과 가까웠다. 대덕, 강백이라는 불교계 지도자들은 '불교의 명운은 왕실의 권력 향배에 달려 있다'고 공언했다. 왕실의 환심을 사서 궁궐을 드나들며 권력을 맛보고 재물을 탐했다. 그럴수록 중생은 불교를 떠나갔다. 승려들의 욕심이 결국 불교의 위상 추락으로 이어졌다. 해방 이후 불교가 분규에 휩싸인 것도 문제지만 내부의 일로 권력의 손을 탔음은 더 큰 문제였다.

이승만 정권이 자신들의 뒷배임을 확인한 비구 측은 11월 5일 종권 및 종무를 넘겨달라며 태고사(현 조계사)로 진입했다.

이때부터 비구와 대처 측은 폭력을 동원했다. 불교사에 씻을 수 없는 과오를 범했으니 바로 '절 뺏기 싸움'이었다. 권력은 이를 방관했고, 나아가 폭력을 부추겼다. 수적으로 열세였던 비구 측은 깡패들을 동원하는 일도 주저하지 않았다.

"취처승이 다수가 되었던 역사 배경과 현실이 있었고 이 문제를 풀어나가는 것도 불교계의 과제로 국가권력이 개입할 성격이 아니었지만, 이승만 정권은 개입 차원을 넘어 적극 주도하려고 했던 것이 1년 반 사이에 여러 차례 내놓은 이른바 '정화 유시'로 증명되는 것이다. 그뿐 아니라 한때 '거지 왕'이라고 불리던 김춘삼이 자서전 《왕초:거지왕 김춘삼의 인생이야기》에서 밝혔듯이, 대통령이 그를 불러 직접 "불교 분규 해결을 하라"고 지시했으며 그 지시에 따라 급조된 위장 승려들이 전국 사찰 폭력 분규에 개입했던 사실을 부정하기 어렵다. 문제를 더욱 심각하게 만든 것은, 이때에 승려가 된 폭력배들이 형식상 '정화'가 마무리된 뒤에도 떠나지 않고 폭력을 휘두르며 1990년대 말까지 폭력의 일상화를 조성했다는 것이다."

이병두 〈이승만정권의 정화 유시〉

"대통령의 유시를 믿고 비구승들은 물리적인 충돌도 서슴지 않았다. 시정의 폭력배와 거리의 깡패들까지 동원했다. 권력의 비호 아래 정화란 이름으로 폭력을 끌어들인 것이다.

태고사를 차지하려는 비구와 대처 간의 물리적 충돌로 불교의 위상은 추락했다. 비구승들이 진입하여 사찰 현판을 '조계사曹溪寺'로 달면 다시 대처승들이 몰려와 현판을 '태고사太古寺'로 바꿔 달았다. 결국 비구와 대처승들은 곳곳에서 유혈 충돌을 빚었다. 폭력배들이 법당에 난입했다. 경내에 유혈이 낭자했다. 유혈 충돌 후 양측은 법정 다툼에 들어갔다. 종교가 사법부의 판결에 의지해야 했다. 신도들은 한숨을 쉬고, 일반인들은 혀를 찼다.

사찰마다 부처님을 속인 업이 산처럼 쌓였는데 불교계는 참회 대신 주먹을 움켜쥐었다. 절만 뺏으려 들었다. 어디 부처님 법에 '폭력'이 있었던가. 쫓겨난 대처승들의 저주가 일주문에 수북한데 어찌 경내가 평화로울 것인가. 내 탓은 않고 남

1954년 기존 태고사였던 간판을 떼고, 그 자리에 조계사 간판을 붙이는 비구승.

탓만 하는 승단에 어찌 자비가 스며들 것인가."

김택근 《성철 평전》

    불교정화가 급기야 사회문제로 번졌다. 만암이 우려한 대로 흘러갔다. 세몰이식 사찰 점거는 더 큰 부작용을 몰고 왔다. '급조된 승려'는 이후 두고두고 한국불교의 발목을 잡았다. 여기서 비구 측은 대처 측과 차별을 두기 위해 보조종조설을 주장하였다. 이 소식을 들은 만암은 곧바로 바랑을 쌌다. 백양사로 돌아갔다.

    거듭되는 이승만의 담화에 힘을 얻은 비구승들은 12월 10일 조계사에서 전국비구승대회를 열었다. 대회를 마친 비구승들은 눈발을 헤치며 경무대를 향해 가두시위를 벌였다. 권력을 등에 업은 비구승 측은 거칠 것이 없었다. 이승만은 1955년 8월 4일 '왜색승려는 물러가라'는 7차 담화를 발표했다. 최고 지도자가 특정 종교 내부 문제에 이렇게 집착하며 물고 늘어진 경우는 일찍이 없었다. 실로 해괴했다. 이 담화를 기다렸다는 듯 비구 측에서 8월 12일 전국승려대회를 개최했다. 여기에는 아예 문교·내무 장관이 참석했다. 이날 비구승들은 새로운 종정으로 설석우薛石友 스님을 선출하고 종헌도 개정했다. 이후 비구 측은 전국의 수많은 사찰들을 속속 접수했다. 폭력배들이 날뛰었고, 사찰에는 유혈이 낭자했다. 대처승들은 비구 측 한쪽만의 승려집회는 무효라며 소송을 제기했고, 법원은 1956년 6월 15일 대처승의 손을 들어주었다. 법원은 불교정화대책회의 결의가 감독관청의 부당한 간섭으로 헌법에 보장된 종교의 자유를 침해했다고 판단했다.

이에 만암은 종정으로 복권되었다. 백양사에서 후학들과 수행에 매진하던 만암에게 법정의 결정대로 다시 종정에 복귀해달라는 요청이 쏟아졌다. 그래도 응하지 않자 백양사로 스님들이 몰려왔다. 아침에 사람을 물리면 저녁에는 다른 사람이 기다리고 있었다. 결국 만암은 종정의 자격으로 중앙종회를 소집했다.

작년 11월 제14회 중앙종회 후 불행히도 우리 태고太古의 문손은 미증유의 수난 밑에 1년이 가깝도록 신교信敎 자유의 보장을 받지 못하고 있는데 다행히도 국법의 공정한 재결裁決 하에 또다시 오늘 제덕諸德과 함께 일당一堂에 모여 종문의 만기萬機를 재론케 됨은 참으로 희흔喜欣을 금할 길 없습니다.

돌아보건대 과거 일 년간은 불리한 환경 속에서 종문의 모든 기능이 휴면과 함께 종단의 질서 및 종정宗政이 문란하여진 것은 실로 통탄을 금할 수 없는데 이제 모든 조건이 우리로 하여금 화쟁和諍의 문호를 활짝 개방하도록 주선하고 있습니다. 원래 우리 한국의 불교는 려말麗末 조선조朝鮮朝에 교리와 승단 조직으로 보아 선교禪教와 이사理事 양문兩門이 판연辦然히 별개別開되어 각기 수행과 교화로써 국가의 비업조業에 익찬翼贊하여 왔던 것입니다.

때마침 분단된 국토의 통일을 앞두고 전민족의 대동단결이 요청되는 바 우리는 각기 순교殉教의 대의大義에 입각하여 대사일번大死一番의 정신으로써 허심탄회하게 화동和同의 길로 발맞추어 매진하기를 바랍니다. 이리하여 이사 양문을 통해 운귀북雲歸北, 수류동水流東의 본연 자태로 하루속히 돌아가기를 지도지도至禱至禱하옵니다. 화동에 관한 노납의 사안私案은 일찍 작년 종회에 제안한 바 있는데 지금도 그 제안에 변함이 없으니 충분히 참고하여도 무방하리라 봅니다.

서기 1956년 6월 29일 불교조계종 종정 송만암

만암은 고려 말과 조선시대에 선과 교, 이판과 사판이 공존하며 수행과 교화를 맡아 국가에 큰일을 해왔음을 강조했다. 만암은 자신의 제안이 틀리지 않았음을 재천명하면서 '순교의 큰 뜻에 입각'하여 화합의 길로 나서자고 호소했다. 화쟁을 바라는 서원이 얼마나 크고 간절한지를 알 수 있다. 유언과도 같은 당부였다.

탄허의 탄식

한암 스님과 제자 탄허呑虛(1913~1983) 스님도 단계적인 정화를 주장했다. 탄허는 학승으로 《화엄경》을 최초로 완역했고 화엄사상의 대종장으로 추앙받았다. 또한 정확한 예언으로 불자들은 물론이고 일반인들을 놀라게 했다. 4.19혁명 발발, 베트남전쟁에서 미국의 패배, 중국 마오쩌둥의 사망, 박정희의 금속에 의한 참변 등을 예언했고 그때마다 적중했다. 1979년 10.26사태 이후 '3김(김대중·김영삼·김종필)'이 각축을 벌일 때도 아직은 3김의 시간이 아니라며 제3의 인물(전두환)이 집권할 것이라 단언했다.

탄허는 인류에게 닥칠 재앙도 알려줬다. 세계적으로 전쟁이 계속 일어날 것이고, 해일과 지진이 빈발하며, 불 기운이 북극으로 들어가 빙산이 빠르게 녹을 것이라 했다. 또 23도 7분쯤 기울어진 지구의 축이 바로 서면서 전혀 다른 후천세계가 펼쳐질 것이라고 했다. 탄허의 예지력은 높고 깊은 화엄학의 식견에서 퍼올린 것이라고 한다.

그러한 당대 최고의 학승 탄허도 비구승의 자질을 높여 교육 계몽을 통해서 대처승이 생기지 않도록 하자고 제안했다. 정화의 목적에는 찬성하지만 정화의 방식에는 동의하지 않았다. 특히 폭력을 동원한 행위에는 결단코 반대했다. 이는 스승인 한암 스님의 정화 방법을 계승하고 있음이었다. 하지만 이러한 선각자들의 주장을 불교계 실세들은 받아들이지 않았다.

"입적하시기 전 불교 안에서 정화 논의가 있었을 때, 한암 스님은 대처승을 인정해서 본사를 할애해주고, 교육을 통해 점진적으로 대처승을 줄여 나가자는 단계적인 온건안을 제시하셨다. 즉 비구의 자질을 높이며 교육 계몽을 통해, 더 이상 대처승이 늘어나지 않는 상황에서 점진적으로 바꾸어 나가면 된다는 것이다."

자현《탄허의 예언과 그 불꽃같은 생애》

탄허는 청담과 같은 급진적인 스님들과는 의견이 달랐다. 종단 수뇌부로부터 '종단시비 수습대책 전권대표'로 추천받았지만 이내 사퇴해버렸다.

"청담 스님이 급진개혁자였다면, 탄허 스님은 중도개혁자였다고나 할까! 탄허 스님과 같은 경우는 단순히 '누가 절을 차지하느냐'보다는, '사찰의 진정한 주인은 누구인가?'라는 보다 본질적인 문제에 초점을 맞추고 있다. 이를 위해서는 교육 불사가 가장 시급한 문제라고 지적하고 있는 것이다."

자현 《탄허의 예언과 그 불꽃같은 생애》

탄허는 사찰 점령 자체가 목적이 되어서는 안 된다는 지극히 당연한 논리를 펼치고 있다. 사찰을 되찾았다면 그 도량에는 청정한 사람들이 모여들어 깨끗한 도량을 만들어야 한다고 했다. 정화의 목적이 옳다고 과정을 소홀히 하면 극심한 부작용을 낳게 될 것은 불 보듯 뻔했다. 탄허는 예언가답게 앞을 내다보고 있었다. 그리고 우여곡절 끝에 정화가 끝난 1978년에 이런 탄식을 내뱉었다.

"44년 전 우리들이 출가할 당시 그때 30본사의 주지스님들을 보면 우리들보다 훨씬 낫구나 하는 것을 느꼈어요. 그런데 15년 후인 해방 직후에 보니까 승려들의 수준이 좀 떨어졌다 하는 것을 느낄 수 있었어요. 그 후 정화 직후에는 승려들의 질적 저하가 눈에 완연히 보이더군요. 이것이 문제입니다. 날이 갈수록 산으로 들어오는 승려들의 질이 떨어지고 있어요. 공부하기 위해서 오는 것이 아니라 이익을 따라 오는 것 같아요.

특히 정화 직후에 무식한 놈들을 정화 과정에서 싸운 공로만 가지고 공부도 제대로 시킬 틈도 없이 주지로 내보냈어요. 그러니 그 주지가 다시 상좌를 두고 자꾸 새끼를 치니까, 애초에 무식한 놈이 상좌를 가르칠 수 없으니 계속 질이 떨어질 수밖에…

정화 후 청담 스님하고 같이 앉아서 의논하기를, 대처승하고 싸움은 일단 끝내고 자체 정화를 해야 한다, 그러기 위해서는 전국의 교구본사 단위로 총림을 만들어 승려를 재교육시켜서 내보내야 한다고 했어요. 그런데 그만 그것이 안 되었어요. 그래가지고 갑자기 종단 질서가 무너지고, 미처 중물이 안 든 놈이 내가 주지다 하고 전국 중요 절을 차지하고 앉게

정화운동을 둘러싼
비구 측 승려들의
궐기대회

되어 큰 혼란이 생겼습니다."

탄허《부처님이 계신다면》

이러한 탄허의 진단은 한국불교가 나아갈 바람직한 방향을 제시하고 있다고 보여진다. 내부에서 교육을 통해 승려의 자질을 높여 한국불교가 대처승의 수렁에서 벗어나야 한다고 믿었다.

"물리력에 의지했던 정화는 유형적인 사찰을 얻는 것에 성공했지만, 불교의 정신을 무너트리는 결과를 초래했던 것이다. 탄허 스님은 문제를 되돌릴 수 없다는 것을 잘 알고 계셨다. 다만 문제의 근원이 무엇이며, 이를 어떠한 방향으로 전환해야 회복되는지에 대해서 언급하였던 것이다. 이와 같은 문제의식으로 인하여, 탄허 스님의 오대산 귀환은 자연스럽게 공부 모임인 오대산 수도원의 시작으로 연결되기에 이른다."

자현《탄허의 예언과 그 불꽃같은 생애》

탄허는 오랫동안 함께했던 대처승들을 일거에 내칠 수 없고, 또 그렇게 내쳐서도 안 된다는 것을 잘 알고 있었다. 그래서 월정사에 오대산 수도원을 마련했다. 공부를 통해 근본 교리를 터득하고 이를 통해 월정사를 정화하겠다는 것이다. 물리력을 동원하지 않고, 공부 모임을 통해 모두가 공감하는 방안을 도출해보자는 것이었다. 교육 불사만이 불교와 국가의 미래를 밝혀줄 수 있다고 생각했다. 실제로 오대산 수도원에서 모아진 지혜로 월정사가 화합을 깨뜨리지 않고 청정도량으로 거듭날 수 있었다.

만암이 옳았다,
만암을 중흥조로!

정화운동을 둘러싼 비구-대처승의 다툼은 한국불교 현대사에 가장 수치스러운 사건이었다. 폭력이 난무하고 법정 소송이 끊이지 않았다. 양측 모두 지울 수 없는 상처를 입었고 갈등은 지금까지도 계속되고 있다. 당연히 폭력은 폭력을 불러왔다. 피할 수 없는 업보였다. 사찰마다 폭력의 후유증에 휘청거렸다. 대처승을 내쫓은 폭력배들은 이제 내부로 눈을 돌렸다. 절집은 들어와보니 살만했다. 삭발하고 승복만 입으면 신분 세탁이 가능했다. 차츰 승려들을 겁박하며 주인 행세를 하기 시작했다. 이때 승려가 된 폭력배들은 정화가 형식상 마무리 된 뒤에도 떠나지 않고 폭력을 휘둘렀다.

1954년 이승만의 유시로 촉발된 '갈등의 폭력화'와 '법정 다툼의 일상화'라는 비정상적인 현상이 그 뒤로 불교계 전반에 수십 년을 이어오고 있다. 폭력 사태는 고비를 넘겼지만 모든 문제를 법으로 해결하려는 법정 싸움은 관행으로 굳어져서 여러 종단과 사찰들이 법률 소송에 휘말렸고, 이로 인해 막대한 삼보정재를 낭비하고 있다. 폭력을 끌어들인 대가였다.

종교 문제를 세속의 법에 의존하는 것 자체가 있을 수 없는 수치였다. 내부에서 자성의 목소리가 튀어나왔다. 세인들의 시선도 따가웠다. 훗날 비구와 대처 측이 화해를 하자며 대한불교화동위원회를 탄생시켰다.

"우리 자신이 지난날의 모든 것을 참회하고 이 뼈저린 체험을 살려 뜻깊은 역사를 창조하여야 한다."

1965년 화동위원회 구성원들은 4개 항의 약정서에 합의했다. 그중 가장 눈에 띄는 것은 종조를 도의국사로 하고 태고보우국사의 제종포섭을 거쳐 만암 대종사를 중흥조로 한다는 것이었다. 비구와 대처승 모두 이제 세상에 없는 만암을 찾고 있었다. 이는 만암이 옳았음을 나중에야 깨달은 것이다. 비록 역사에 가정은 없지만 만암이 제시한 자비의 길을 걸었다면 한국불교는 전혀 다른 모습을 했을 것이다.

지리한 법정 싸움 끝에 1970년 태고종이 종단을 창립하고 조계종단과 결별함으로써 16년간의 분규는 막을 내리게 된

1962년 1월 22일 불교정화운동 당시 비구 대처 양측의 회동 장면

다. 자비와 인내를 미덕으로 여긴 불교가 폭력과 법정 시비에 휘말린 흑역사였다. 지금도 그 후유증을 앓고 있다. 비구 측이 사찰을 확보했지만 이제 내부에서 종권 다툼이 일어났다. 이질적인 세력에 의해서 종권이 좌지우지되자 비구 승단 내의 정화가 시급해졌다. 대처승을 내치는 정화운동에 앞장섰던 청담 스님이 돌연 조계종 탈종을 선언했다.

"과거 대처승과 싸울 때는 명분이나 섰지만 정화 이후 비구 승단은 권모술수와 문중 파벌, 종권 싸움으로 수행풍토가 무너져 무법천지가 되었다."

정화운동의 핵심 인물이 정화운동의 실패를 자인한 셈이다. 이는 상징적인 의미가 있었다. 만암은 이런 부작용을 일찍이 예견했다. 만약에 만암의 주장을 받아들였다면 조계종은 오래 전에 대처승 문제를 해결했을지도 모른다. 자비 문중의 무자비가 불러온 업보였다.

"정화운동을 긍정적으로 평가하는 측의 입장은 이 운동의 결과로 일제 잔재가 청산되었고 그에 따라 승단의 위상이 높아졌다고 한다. 하지만 이들도 정화운동의 이념과 지향하는 바는 정당하였지만 실행 방법에 있어서 정치권의 개입이 있었다는 사실과 폭력이 사용되었다는 점, 그리고 법정 송사로 인하여 불교계의 재산이 탕진되어 불교계 위상을 실추시켰다는 점 등은 한계로 지적한다.

반면에 '정화운동'을 비판하는 견해는 비구승들이 이승만 정권과 결탁하여 일본불교 잔재 청산이라는 미명 아래 폭력적인 방법을 동원하여 종권을 탈취하였다는 입장이다."

김순석《백 년 동안 한국불교에 어떤 일이 있었을까?》

불교정화를 둘러싼 종단 안팎의 갈등은 아직도 진행형이다. 문제만 생기면 권력에 기대려는 구습을 완전히 청산하지 못하고 있다. 또 적폐를 일소한다며 '정화운동'을 되풀이하고 있다. 이러한 분규 과정에서 사찰 재산이 줄어들고 승려들의 자질이 현저하게 저하되었다.

"이 기간 동안 한국불교는 동산과 부동산 및 무형문화에 이르기까지 거의 잃을 수 있는 모든 것을 잃어버렸다. 이는 일제강점기 이후 한국불교가 전체 국가재산의 약 5%를 점하던 것의 대다수를 유실하면서 몰락했다는 것을 의미한다. … 즉 목적은 정당했지만 수단에 문제가 있었다는 말이다. 마치 구한말 일본의 힘을 빌려 조선을 개화하고 강하게 하려고 했던 개화파의 오류를 한국불교계는 범하고 말았던 것이다."

자현《탄허의 예언과 그 불꽃같은 생애》

 조계종을 떠난 승려들 중에는 대처승 아닌 청정 비구들이 많았다. 그들은 정화 방법이 옳지 않았다며 조계종과 결별한 것이다. 묵담 스님 경우는 안타까움 그 자체이다. 계율을 목숨보다 중히 여긴 청정한 비구임에도 불구하고 묵담은 조계종을 거부하고 태고종에 합류했다.

 대처승을 두둔하고 비호하기 위해서가 아니라 조계종이 고불총림의 이념에서 벗어났기 때문이었다. 정화운동을 주도하는 무리가 전통 불교사상을 저버렸다고 판단했기에 조계종을 떠난 것이다. 또 본인은 지계제일의 율사이면서도 대처승 중에 많은 인재들이 있음을 지적하고 대처를 무조건 내칠 경우에는 앞으로 불교계가 인재난에 봉착할 것이라고 탄식했다. 당시 이승만의 유시를 받들어 비구승을 비호하던 문교부장관에게 보낸 묵담의 서한이 절절하면서도 울림이 있다.

 "먼저 불법의 혜명을 등등상속燈燈相續하는 법통은 외관을 위장하는 형태나 호적처자 유무와 같은 형식에 있는 것이 아니고 대아大我를 확충하여 중생을 제도할 법기를 성만한 사람에게 있다. 그런 까닭에 대처승이니 독신승이니 하는 따위의 구분보다는 어느 쪽이든 대비행원大悲行願의 불타정신을 체득하고 삼보를 호지하고 이타도생의 대중불교를 실천할 사람이면 아끼고 키우고 또 추존해야 한다. 만약 그렇지 못한 사람이면 대처, 독신을 막론하고 종문에서 배척하는 것이 진정한 불교정화라고 확신한다.

또 세간 일부에서는 처자 있는 승려면 파계승, 독신 승려면 지계승인 것처럼 그릇된 견해를 갖는 경향이 있고, 또 비구라는 말을 남용하고 있다. 만약 대처승이 파계승이라면 비구 250계는 고사하고 십중금계十重禁戒 중 탐진치 삼독을 끊지 못한 자 또한 파계이니 독신승이라는 일면만을 들고 청정 비구로 자처하는 자는 무간지옥에 떨어지고 외람스러운 증상만增上慢이다. 따라서 대처니 독신이니 하는 표준을 들고 승려 자격을 운위하는 것도 군맹群盲의 평상評象 이상으로 어리석은 일이다."

묵담《태고종사》

마지막 죽비

종정직을 내던지고 백양사에 돌아온 만암에게 연일 나쁜 소식이 날아들었다. 종권을 둘러싸고 크고 작은 싸움이 벌어지고 있다는 것이었다. 자비 문중에 폭력이 들이닥치다니 기가 막혔다. 사태가 이렇듯 심각할 줄은 몰랐지만 만암이 예상했던 일들이 벌어지고 있었다.

　만암의 기도 속에 자꾸 한국불교가 들어왔다. 그때마다 경내를 돌며 학바위를 바라보았다. 건강도 예전 같지 않았다. 참선을 거르지는 않았지만 힘이 들었다. 아마도 마음이 먼저 상해서 몸을 허무는 것 같았다. 그럼에도 그대로 있을 수는 없었다. 다시 죽비를 들기로 했다.

설을 맞아 대중의 세배를 받고 마음을 가다듬었다. 초나흗날 서울 쪽으로 고쳐 앉은 뒤 한국불교를 향해 붓을 들었다. 마지막 죽비를 들었다. 〈대한불교 문제에 대한 제언〉을 발표했다.

근간 대한불교의 소식을 듣거나 혹 실정을 살펴보면 좋은 일은 없고 오히려 몹시 우려되는 일이 많기에 부득이 여기에 제언하노라.

우리 한국의 역사상에 있어서 불교의 무량한 자비와 청정한 광명과 진정한 용력으로 우리 민족을 함양하였기에 우리 민족은 찬란한 문화를 건설하였던 것이다. 저 신라와 고려의 역사가 이를 증명함이 아니겠는가. 지금에 우리 민족정기를 바로잡고 위대한 문화를 창출하여 세계 평화에 기여할 수 있는 것은 또한 대한불교의 사명이라 아니할 수 없다.

이럼에도 불구하고 대한불교의 현실은 멸망의 깊은 구덩이에서 신음하고 있을 뿐만 아니라, 다사다난한 우리 국가 사회도 또한 어지러우니 어찌 슬프고 분함을 금할 수 있겠는가. 우리 불교는 수백 년 이래 이판사판理判事判의 제도가 있어 이판은 교리 연구와 참선 염불로 수행에 전심하였고, 사판은 가람 수호에 전력을 다하여 종단을 운영하였다.

이같이 이판사판은 자기의 책임을 완수하는 동시에 상부

상조하였고 역사상 최악의 수난기에도 삼보를 보존 유지해왔었다. 8.15해방 후에는 국가 사회의 실정에 순응하여 우리 불교 교단은 사회사업에 치중하였고 토지개혁 실시로 인하여 사재寺財는 사찰 유지도 불가능한 곤경에 빠지게 되었다.

더욱이 6.25동란에는 사찰이 산중에 있기 때문에 재난의 피해가 가장 많아 전소된 가람도 많거니와 대부분 파괴되었음은 불행한 일이 아닐 수 없다. 이로 인하여 각 사에 부설된 교리연구 기관은 경영난으로 전폐되었고 수선修禪 도량도 동래·부산 일우一隅에 근존僅存하는 비운에 봉착하게 되매 많은 수행승은 불안한 가운데 사방으로 흩어져 방황하게 되었다.

이때를 즈음하여 이 대통령의 유시가 나오게 되었다. 이 기회에 소위 비구 등이 궐기하여 태고선사를 종조로 숭앙하는 독신승과 대처승을 배척하는 동시에 한국 승려는 모두 태고선사의 문손임에도 불구하고 종조 태고선사를 하루아침에 말살하고 보조국사로 바꾸어놓았으니 이에 전국 불교는 분규紛糾하게 됨을 면할 수 없게 되었다.

이 분규에 있어서 문교 내무 양 당국에서는 소위 보조파 비구들을 비합법적 일방적으로 후원하여 합법적인 종래의 종단 영도권과 전 재산을 강압적으로 인계시켰다. 이같이 해서 한국불교의 운영을 장악하게 되었다.

그러나 비구 수는 200명이요 비구니 수는 400여 명이었다.

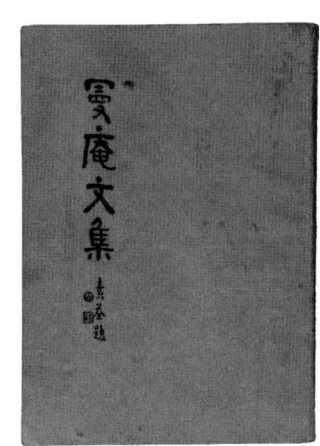

《만암문집》에는
〈대한불교 문제에 대한 제언〉 외에도
종단 시사와 법어 등이 다양하게
수록되어 있다.

그리고 종단 운영과 각 사찰의 주지로서의 자격을 갖춘 자는 극소수였다. 그런데 전국 사찰 수는 1,700개나 됨으로 어떻게 그 운영을 감당하겠는가. 그 결과 종단은 경제적으로 위기에 봉착하였고, 또한 비구들은 수양이 부족한 탓으로 각종 불미한 일이 자주 발생하게 되었다. 그뿐만 아니라 소위 비구는 수도하여 불조의 혜명을 계승하는 중대한 책임이 있음에도 불구하고 이같이 주도권 장악에만 정신을 쏟으니 어느 겨를에 수도할 수 있겠는가. 이러다 보니 우리 종단은 멸망하게 되고, 또한 불조 혜명의 단절을 면할 수 없게 되었다.

오호라! 비통함이 이보다 어찌 심하겠는가. 이제 어떻게 하면 우리 불교를 살릴 수 있으며 또 종단을 부흥시킬 수 있을까.

첫째, 종조를 바꿔서는 아니 된다. 소위 인심을 선도하는 종교인으로서 환부역조하면 종교적으로 신앙을 혼란시키는 것이요, 도의적으로 대의명분을 말살시키는 것이라, 결국 우리 민족정기까지도 혼란시키는 부실한 점이 없지 아니할 것이다. 환부역조란 도저히 있을 수 없는 일이요 절대로 있어서도 아니 될 것이다.

둘째로 수행승에 수도할 수 있는 적당한 사원을 주어서 스스로 수행에 전념하도록 해야 한다. 그리고 종단은 주로 수행승이 운영하도록 하고 중요 사찰은 수행승이 주지가 되도록 함이 가可하다고 생각한다. 그리고 각 사원의 운영에 있어서는 가급적이면 자치적으로 해결함이 마땅하리라 생각한다.

이것은 우리 불교 교단의 전통적인 미풍일 뿐만 아니라, 목하目下 민주주의 사조에도 어긋남이 없으리라 본다. 그리고 모든 기업체의 운영과 포교사업에 있어서는 주로 교화승이 담당하게 하여야 한다. 이같이 각기 적재적소에 개성을 발휘하는 동시에 상부상조하여 소위 승단화합을 이루어야 한다. 그리하여 수도 도량, 즉 승려 양성기관 확립으로 수행승이 육속陸續 배출된다면 사찰 정화는 꾀하지 아니하여도 순리적으로 자연히 성취될 것이다. 또한 수행승과 교화승이 일심동체가 되어 종단 운영을 꾀한다면 우리 불교는 질서 정연히 향상 발전하게 될 것이다.

이에 우리 불교는 국가 사회에 복전福田이 되는 동시에 세계 문화에도 공헌하는 바가 지대하리라 본다. 위에서 언급한 수행승은 독신으로 수도하는 승려를, 교화승은 대처하고 신앙 교화하는 승려를 통칭한다.

1956년 2월 15일, 일휴산인一休山人 쓰다

제2장 인연은 박하고 인간사 참혹했노라

曼庵

어머니 손을 잡고
산문을 넘다

송종헌宋宗憲은 1876년 1월 17일 전북 고창읍 중거리中巨里(현재 읍내리)에서 태어났다. 아버지 송의환宋義煥, 어머니 김해金海 김씨金氏 사이의 4남이었다. 1870년대에는 훗날 한국불교계를 이끌어갈 거목들이 태어났다. 1870년 박한영, 1871년 송만공, 1872년 김구하, 1873년 진진응, 1876년 방한암, 1879년 한용운 스님이 차례로 세상에 모습을 드러냈다.

그해 겨울은 눈이 귀했다. 봄이 왔어도 몹시 가물었다. 조선 왕 고종은 수시로 기우제를 지내라고 명했다. 삼각산, 목멱산, 한강에서 비를 달라고 빌었다. 왕이 직접 사직단과 종묘에서 기우제를 지내기도 했다. 고을마다 수령들이 축문을 지어 하늘에 바쳤다. 그러다 더러는 민폐를 끼치기도 했다. 절에서 소를 잡고 술을 마시며 기생을 끼고 노는 자도 있었다. 하지만 전라감사 정범조鄭範朝만은 홀로 여러 산을 찾아다니며 기도를 올렸다. 무등산에서 기우제를 지낼 때는 불처럼 뜨거운 햇살 아래 머리가 땅에 닿도록 절하며 울부짖었다. 그러자 갑자기 구름과 안개가 일면서 가는 빗줄기가 내렸다고 한다. 지극한 정성이 하늘을 움직였다는 소문이 한동안 남녘을 떠돌았다.

중거리는 고창읍성을 끼고 있는 중심가였다. 종헌이 태어났을 때 이웃마을에는 훗날 판소리의 아버지로 추앙받는 신재효申在孝(1812~1884)가 살고 있었다. 종헌이 태어났을 때 신재효는 65세의 천석꾼으로 읍내에서 으뜸가는 부자였다. 소리꾼들을 후원하고 판소리 이론을 정립한 명창이었다. 1876년 그해 가뭄으로 흉년이 들자 신재효는 곳간을 열어 구휼미를 풀었고, 이를 가상히 여겨 조정에서 통정대부通政大夫의 품계를 내렸다.

또 그해 경복궁에 불이 났다. 왕은 거처를 창덕궁으로 옮겨야 했다. 왕궁이 불에 타자 백성들 사이에 불길한 소문이 돌았다. 일본 군함이 다시 강화도에 나타났다. 1년 전 운양호사건을 일으켜 강화도와 영종도를 무참하게 짓밟았던 일본이 다시 무력시위를 하자 조선 조정은 물론 백성들까지 크게 동요했다. 결국 1876년 2월 26일 조선은 일본의 강압적 요구를 수용하여 국제적으로 유례가 없는 불평등조약을 맺었다. 바로 '강화도조약江華島條約'이다. 조선은 항구를 열어주었고, 조선에 사는 일본인은 죄를 지어도 조선의 법으로 처벌받지 않게 되었다. 이로써 조선 앞바다는 강대국의 군함들이 총칼을 번득이며 무력시위를 벌였고, 반도는 수탈 각축장으로 변해버렸다. 종헌이 태어난 그해 산하는 목이 말랐고, 왕실은 허둥거렸고, 백성들은 굶주렸다.

아버지는 종헌이 네 살 때 세상을 떠났다. 홀어머니 품에서 자라 여덟 살에 글방에 나아가 어리석음을 깨우치기 시작했다. 그러던 어느 날 어머니가 절에 가서 더 배우라고 했다. 종헌의 명이 짧다며 입산을 권유했다.

속세에 머물면 명이 짧다는 말은 어쩌면 구실이었을 것이다. 홀어미로서 자식들을 거둬 먹일 자신이 없었는지도 모른다. 그리고 자식들에게는 숨겼지만 어머니는 병을 앓고 있었다. 어쨌든 입을 줄여야 했다. 또 머리 좋은 자식이라야 절에서 시중을 들며 밥을 얻어먹을 수 있다고 판단했다. 여러 증언을 모아보면 어릴 적 종헌은 영특했다고 한다. 여기에 자식들을 불가에 귀의시키려는 어머니의 신심도 동진출가의 계기였을 것이다. 바로 네 살 많은 형 진섭璡燮도 훗날 불갑사佛甲寺 주지를 지냈음을 보면 이런 추리가 가능하다.

태몽도 예사롭지 않았다. 어머니 꿈에 스님이 나타나 흰 양을 품에 안겨주고 홀연 사라졌다. 그런 후에 태기가 있었고 종헌을 낳았다. 태몽 이야기는 흰 양(白羊)이 있는 절로 출가했기에 '잘 맞아떨어지는' 일화였지만 종헌은 떠벌이지 않았다. 그럼에도 주변 사람들은 모두 그렇게 알고 있었다.

종헌은 어머니의 간곡한 권유를 뿌리치지 못했다. 어머니 손을 잡고 백암산白巖山 백양사白羊寺에 들어섰다. 열 살 때인 1885년이었다. 어머니의 예상대로 종헌은 절집 생활을 잘했다. 어렸지만 시키는 일을 제대로 해냈다. 그럼에도 어머니와 고향집 생각을 어찌 떨칠 수 있었겠는가. 아직은 불가의 진면목을 모르는 아이였다. 부처님보다는 절 뒤로 보이는 백암산 백학바위를 향해 빌었다.

"집에 가고 싶어요. 어머니가 보고 싶어요. 제 소원을 들어주세요."

하늘을 보면 어머니와 식구들 얼굴이 떠올랐다. 하지만 집에 가겠다고 몰래 길을 나섰다가 자칫 길 위에서 굶어죽을 수도 있었다. 더욱이 종헌이 가장 무서워 한 것은 호랑이었다. 한밤중에 호랑이 울음이 들려오던 시절이었다. 호랑이는 상상만 해도 무서웠다. 산과 산으로 둘러싸인 산길을 걷는다면 언제라도 호랑이와 마주칠 수 있었다. 훗날 종헌은 호랑이가 무서워 길을 나설 수 없었다고 고백했다.

백양사를 품고 있는 백암산은 호남정맥 끝자락에 호남평

백양사의 옛 모습.
1885년 어머니 손을 잡고
백암산 백양사에 들었다.

제2장 | 인연은 박하고 인간사 참혹했노라

야를 마주하고 솟아있다. 위당爲堂 정인보鄭寅普(1893~1950)는 '호남의 산들은 빼어났건만 거드름스럽지 않고 바다에 가까워 어여쁘고 어여쁜데 백암산이 문득 우뚝하다'고 했다. 육당六堂 최남선崔南善(1890~1957)은 백암산을 소금강이라 부르며 그 풍광을 곧잘 금강산에 비유했다. 특히 백암(백학봉, 학바위)은 멀리서 봐도 대단한데 가까이 가서 보면 더욱 장관이라며 《심춘순례尋春巡禮》에서 상찬했다.

"이 천제등으로 올라가자면 가까워지는 대로 백암, 일명 학바위의 진용이 더욱 나타나기 시작하여 흰 맛, 맑은 맛, 날카로운 맛, 신령스러운 맛이 걸음걸음 금강산처럼 된다. 이쯤부터는 아닌 게 아니라 백암산도 웬만하다는 생각이 든다. 저 안에서 보기에는 한 뭉텅이 하얀 바위로만 알았더니, 그런 것이 아니라 각기 다른 여러 석순石筍이 집합된 것이었다. …

저 아래서는 희기만 했지 별수 없는 뭉툭한 돌 봉우리로 알았던 백암이 실상 크고 작고 들쭉날쭉한 일곱 봉우리가 무리 지어 서 있는 것임과 돌이 형명한 기운을 띠어 외금강에는 내리지 않을 만한 색태를 가졌음을 여기 와서야 알았다. 산을 구경하여 보면 멀리서 보는 모습이 나을 수도 있고, 가까이서 보는 모습이 나을 수도 있는데, 지금 이 백암은 다 가까이서 볼 것이요, 멀리서 바라보면서 헛되이 평가할 부류가 아님을 깨달았다."

이런 백암산의 빼어난 산세에 둘러싸여 백양사가 있었다. 항상 학바위가 경내를 내려다보며 신령스런 기운을 내려보냈다. 예로부터 백양사 일대는 조선팔경의 하나로 묵객들은 물론 백성들의 발길이 끊이지 않았다.
　"태백산맥이 지리산을 향해 뻗어내리다 중간에 용틀임하여 펼쳐낸 호남정맥의 끝에 자리하여 백두산의 힘과 정기가 모여 있는 곳이다. 그 정기가 어느 곳보다 크게 작용하여 예부터 최고의 선방이 있었다." (진우 스님)

　"절 입구에 이르니 누각이 서 있다. 유명한 쌍계루雙溪樓이다. 그 앞에서 산을 올려다보니 멀리, 아니 가깝게 백학봉이 금방이라도 내려설 듯 장엄하다. 학이 날개를 펴는 형상이라서 백학봉이라 부른다. 백학봉의 거대한 바위를 구름이 감싸 안고 있었다. 해 뜰 때는 온통 햇살이 바위를 물들여 금산金山으로 변한다더니 이렇듯 구름이 내려오니 백산白山으로 우뚝하다. 날이 개이고 물이 조신하게 흘러들어오면 다시 백학봉이 날개를 펴고 이 연못에 날아들 것이다.
　백두대간의 기운을 뒷산 백학봉이 받아서 날마다 백양사로 나르는 것처럼 보였다. 그래서 백학봉이 막 날개를 펼친 학의 모습을 하고 있는지도 모르겠다. 아마 주지스님마저 잠들면 학바위가 몰래 경내로 내려왔다가 새벽 도량석이 어둠을 가르면 다시 올라갈 것이다."

김택근 〈달빛 걸음으로 산사에 들다〉

 이렇듯 백양사가 백암산의 빼어난 산세 속에 안겨 있었지만 어린 종헌에게는 그런 경관이 눈에 들어오지 않았다. 어린 자식을 절집에 남기고 떠나가는 어머니의 뒷모습만 어른거렸다. 어머니를 따라 산문을 넘은 이듬해 어머니가 돌아가셨다. 속세의 인연이 끊어지고 이제 승려의 길만이 주어졌다. 어린 종헌에게 감당하기 어려운 시련이었다. 얼마나 황망하고 가슴이 아팠으면 75세 나이에, 그것도 동안거 중에 당시를 회상하는 글을 남겼을 것인가.

 어머니께서 돌아가시매 한없는 슬픔을 안았으니, 이 일을 어찌 이루 다 말하겠는가. 세상의 인연이 이미 박薄하고 입산한 지도 오래지 않았는데 또 이런 변을 당하게 되매 이는 바로 불문에 중이 되는 길밖에 없으니 문득 이 일을 당하여 인간 세상에 참혹한 일을 어찌 다 이르겠는가.

송종헌 〈자서 약력〉

넓고 평탄했던
스승 취운

백양사 절밥을 먹은 지 얼마 되지 않아 취운도진翠雲道珍 (1858~1922) 스님을 은사로 머리를 깎았다. 취운은 연담蓮潭 스님 문하였다. 취운으로부터 종헌을 법명으로 받았다. 종헌은 이후 속명을 한 번도 말하지 않았다. 그래서 아무도 속가의 이름을 알지 못한다. 취운은 종헌처럼 동진출가했다. 어릴 적에 어머니를 여의고 아홉 살에 백양사 산문을 넘었다. 경허警虛 스님을 은사로 출가하여 한양漢陽 스님을 17년 동안 시봉했다. 한양은 용주사로 출가했지만 얼마 지나지 않아 백양사로 옮겨 내전은 물론이요 외전까지 섭렵했다. 선과 교를 겸한 강백이었고, 범패의 대가였다고 전해진다.

"스님(한양)의 범궁梵宮 음악이 삼남지방까지 알려지자 코를 움켜잡고 흉내를 내며 본받으려 하는 이들이 길을 메우고 문지방이 닳아빠질 지경이었다."

범해 《동사열전東師列傳》

이로 미루어 구한말 백양사 내에서는 범패 의식도 행해졌을 것으로 추정된다. 취운은 이러한 스승에게서 경전을 익혔다.

종헌은 행자 시절 취운을 지극정성으로 모셨다. 어떤 일을 시켜도 한마디 불평도 하지 않았다. 생솔가지와 비자나무 가지를 아궁이에 넣고 불을 지피면 연기가 매워서 눈물을 철철 흘려야 했다. 열 살에 절에 들어왔지만 신심이 생겼다. 아궁이 앞에서 부지깽이로 부뚜막을 두드리며 염불을 하고 타오르는 불길을 바라보며 은사스님의 말씀을 새겼다. 힘든 일을 하면서도 고생이라 생각해본 적이 없었다. 취운은 그런 제자를 보면서 자신의 행자 시절을 떠올렸을 것이다. 그렇게 3년이 지나갔다. 마침내 1888년 이른 봄 행자 생활을 마치고 사미계를 받았다. 종헌은 훗날 '취운신사사은지탑翠雲禪師謝恩之塔'을 세워 다음과 같이 스승을 기렸다.

선사의 속성은 김씨, 이름은 도진, 취운은 그의 호이다. 철종 9년 무오년에 금성(나주)에서 태어나 어린 나이에 출가하여 임술년(1922)에 입적하시니 세수는 65세, 법랍은 54년이셨다. 그의 문도들이 추모하여 올해 봄에 산의 남쪽 기슭에 탑을 세우고 나에게 비명을 청하기에 다음과 같이 말한다.

    저 취운선사께서 비로소 강생하심이여
    금악錦嶽의 정령이 엉겨 태어난 것이요
    이갈이할 나이에 어미를 잃음이여
    하늘이 정녕 훌륭한 인물이 될 기회를 준 것이었네
    이에 친척 집에서 양육됨이여
    깨달음의 선한 종자를 기르셨고
    불난 집 같은 세간은 오래 머물 수 없음이여
    장성의 백양사로 찾아가셨네
    경허警虛 노덕께서 그의 삭발염의를 허락하심이여
    한양화상께서 제자로 받아주셨고
    17년 동안 더욱 열심히 받들고 모심이여
    의젓한 노덕께서 법기로 여기고 완성해주셨네
    아름다운 품성이 옥 개울 같음이여
    말할 때나 침묵할 때나 산처럼 진중하며
    가까이 다가가 보면 온정이 넘치고
    멀리서 바라보면 더욱 존경스러웠네
    그래서 겸손히 도모하고 자신을 낮춤이여

취운도진 선사 진영.
혜은 스님이 만암을
취운 스님에게 소개한 것은
은사 취운 스님을
신뢰했기 때문이다.
또 홀어머니의 근심을
덜어주기 위해
직접 동생을 챙기려는
마음이었을 것이다.

실천에 힘쓰고 실제로 행하셨네
바라지 않아도 공덕 때문에 밖에까지 알려짐이여
또 바라지 않아도 기특함 때문에 이름이 드러나셨으니
진실로 가히 '말없이 교화하고
가르치지 않지만 믿게 하는 자란
선사를 두고 한 말이 아니겠는가!'라고 하겠다

아, 짙푸른 하늘의 한 조각 구름이여
무심히 왔다가 또 흘러가셨으니

저 참된 성품의 자유자재함이여
사나운 말세의 운수에도 웃음을 지으셨네
이 문에 들어오거든 자세히 살펴보게나
한 조각 이 비석으로 그를 확인할 수 있으리라
불기 2962년 을해 3월

이재형 옮김 〈취운선사사은지탑〉 비문

    비문은 시서화詩書畵의 대가였던 염재念齋 송태회宋泰會(1872~1940)가 지었다. 송태회는 만암이 일러준 행장을 바탕으로 비문을 작성했을 터이니 취운의 면모가 비문 속에 그대로 들어있다. '말할 때나 침묵할 때나 산처럼 진중하며, 가까이 다가가 보면 온정이 넘치고'라는 표현으로 미뤄볼 때 인품이 중후하고 다정다감했던 것 같다. 또 겸손하고 무슨 일이든 말하면 실천에 옮겼다고 했다. 제자 종헌도 훗날 빈말은 추호도 하지 않고 '말이 곧 행동'이었으니 스승을 본받았음이었다. 취운과 종헌이 인연을 맺은 것은 속가의 형인 혜은 스님에서 비롯되었을 것이라는 흥미로운 분석이 있다. 매우 설득력이 있다.

  "만암 스님이 백양사로 출가한 것과 취운 스님과 사제 인연을 맺은 데에는 혜은오성慧恩悟性(1872~?) 스님의 영향이 컸을 것으로 보인다. 영광 불갑사 주지를 지내다 입적한 혜은 스님은 취운 스님에겐 상좌였으며, 만암 스님에겐 절집의 사형이자 속가의 셋째 형이었다. 속명이 진섭璡燮이었던 혜은 스님은 동생을 다른 스님에게 소개하지 않고 취운 스님을 은사로 출가하도록 했다. 이는 혜은 스님이 은사 취운 스님을 신뢰했음을 알 수 있다. 또 어린 아들을 절로 보낸 홀어머니의 근심을 덜어주기 위해 직접 동생을 챙기려는 마음이 있었을 것으로 추정된다."

이재형 〈만암대종사의 행장과 관계된 몇 가지 검토〉

종헌은 진영각眞影閣을 조성하고 고승들과 함께 스승 취운의 진영도 모셨다. 은사의 진영에 영찬影讚을 직접 지었다.

> 연기 사라지고 구름 걷힌 뒤에
> 밝은 달밤은 깊고 깊구나
> 붉고 푸른빛 어떤 빛인가
> 넓고 평탄한 고불古佛의 마음이라오
> 烟消雲去後 明月夜深深
> 丹壁何曾色 坦坦古佛心

만암 〈취운당영찬翠雲堂影贊〉

백양사의 큰 스승
환응

종헌은 산내 암자인 운문암雲門庵에서 후학을 가르치고 있던 환응幻應(1847~1929) 강백을 존숭했다. 스님의 얼굴에는 늘 인자한 미소가 감돌았다. 한 점의 욕심도 붙어있지 않아서 보기만 해도 눈이 환해졌다. 마침내 종헌에게도 배움의 기회가 주어졌다. 종헌은 속가에서 일찍 글을 읽었고, 백양사에서도 등잔불 밑에서 경을 읽어 스님들이 이를 기특하게 여겼다. 종헌은 환응 밑에서 사미과 등 경학의 기초를 4년 동안 익혔다.

  환응은 법호이고, 법명은 탄영坦泳이다. 14세에 선운사로 출가했다. 16세에 백양사 운문암에서 경담鏡潭 스님에게 내전을 배웠고, 19세에 경담서관율사鏡潭瑞寬律師에게 구족계를 받았다. 풍모가 당당하고 스스로 계율을 엄격하게 지켜서 누구도 가까이 다가가지 못했다. 자연 인근에 명망이 높았다. 환응은 백양사 운문암 강석講席에 앉은 후에는 25년 동안 산문 밖으로 나가지 않았다. 오로지 도제양성에만 전념했다. 세파에 조금도 물들지 않았다.

학인들이 전국에서 몰려와 제자 되기를 청했다. 환응은 남앞에 서기를 좋아하지 않았다. 언제나 말을 아끼며 모진 말을 하지 않았다. 30본말사법 시행 직후인 1912년 12월 64세의 나이로 첫 백양사 주지 소임을 맡았다. 환응은 극구 사양했지만 결국 대중의 청을 뿌리치지 못했다. 이때도 스님은 바깥출입을 하지 않았다. 환응은 하루 한 끼만 먹으며 수행에 몰두했다. 그에게 음식은 수행자의 몸을 지켜주는 약이었다.

노년에는 운문암 곁에 '우은난야愚隱蘭若'를 짓고 참선수행에 전념했다. 1929년 1월 7일 개최된 조선불교선교양종 승려대회에서 교정敎正으로 선임됐다. 당시 함께 교정으로 추대된 스님은 환응 외에 한영, 한암, 해담, 동선, 용허, 경운 등이다. 당대 최고의 선승들이었다.

말년에 고창 선운사에 머물던 환응은 1929년 3월 백양사를 찾아와 5일 동안 머물렀다. 운문암에도 들러 치열하게 공부했던 지난날을 반추했다. 그리고 불보살을 모신 전각들을 찾아가 엎드려 세연世緣이 다했음을 아뢰었다. 그로부터 20여

일 후 원적에 들었다.

박한영 스님도 환응 밑에서 경을 배웠다. 박한영은 스승을 잊지 않았고 고매한 인품과 빼어난 학덕을 기렸다.

"대사가 입산한 후 70년 동안 그림자가 세속에 물들지 않고 세상살이에 눈을 돌리지 않았으니, 아무도 산 밖에 나와서 다니는 것을 보지 못했다. 그리하기를 수십 년이 되었는데도 그 모습이 위풍당당하여 아무도 감히 범접하지 못했다. 그러나 막상 가까이 가보면 아주 온화하여 학인들을 차근차근 가르쳤다. 이는 마치 백 가지 조화로운 향기 속에 앉아 있는 것 같았다."

박한영 〈도솔사환응대사사리탑명병서〉

박한영은 1890년 백양사 산내 암자인 운문암에서 정진했다. 환응으로부터 《능엄경》《기신론》《금강경》《원각경》 등 사교를 배웠다. 만암은 이곳에서 박한영과 인연을 맺었다. 그 후 서로 강백으로서의 명성을 얻어 제방의 초청을 받아 강의를 했고, 함께 근대 불교 교육계를 이끌었다. 박한영은 환응 밑에서 수강했던 시절을 회상하며 시도 남겼다.

경인년庚寅年(1890) 봄도 저물어
운문암 찾아가 환응 스님 만났네

한여름《능엄경》을 읽느라

쌍계루에도 내려가지 않았네

박한영 〈비 속에 눈발 속에〉

환응이 출가했던 선운사로 돌아가 주석하고 있던 1926년 4월, 육당 최남선이 박한영과 함께 선운사를 찾아갔다. 그리고 고승 환응을 친견했던 당시의 감회를 여행기 《심춘순례》에 남겼다.

"환응이라는 율석律釋을 가졌음은 선운사가 작은 대로 큰 절인 한 이유가 될 것이다. 왜 그러냐 하면 순진한 의미에 있어서 불교인, '옛 중'의 똑바른 전형을 가진 유일한 사람, 정당한 요간料簡 위에 세운 금강처럼 단단한 믿음의 소유자—이 모든 것보다 80년 일생을 삼학三學 사위의四威儀 가운데로 똑바로 수행하여 나온 이로 환응율사는 실로 지금 우리 불교계가 가진 일대 의범儀範이다.

그의 증오證悟가 어떠한지, 그의 지혜로운 말씀이 얼마만한지는 다 나의 아는 바가 아니지마는, 중다운 중이라 하여 그보다 나은 이가 얼마나 있으며, 또 그렇지 않다 할 이가 누가 있을까. 그는 진실로 얼마 있으면 다 쓰러질 '옛날 중'이라는 귀여운 새벽별의 하나이다. 선운사를 찾아온 나의 무엇보다 큰 기대는 바로 말하면 다시 보기 어려운 이 옛날 중을 뵈어

두려 함이었다."

 환응은 팔순에 접어든 노승이었다. 그럼에도 주변을 깨끗이 정리하고 염주를 굴리며 단정하게 앉아있었다. 새벽과 저녁 예불을 빠뜨리지 않았고, 참선에 들 때나 간경을 할 때도 자세가 바르고 당당하여 뭇 선승들이 자신을 돌아보게 했다.
 당시 최남선은 민족대표 48인 중의 한 명으로 3.1운동에 참여하여 2년 8개월 동안 옥고를 치렀다. 신문사 사장과 논설위원을 지내며 문명을 떨쳤고, 그 기개가 하늘을 찔렀다. 그럼에도 최남선은 석전 박한영 스님을 늘 우러러 보았다. 박한영의 학문과 인품에 경의를 표했다.
 최남선은 그런 박한영의 스승이 환응이었다는 사실에 옷깃을 여미었을 것이다. 당대 최고의 지성이면서 항일 투사로 존경을 한 몸에 받고 있었지만 최남선은 조심스러웠을 것이다. 훗날 친일 행각으로 오점을 남겼지만 선운사를 찾았을 때는 그의 한마디가 천하를 호령했던 시절이었다. 최남선은 묻고 환응은 답했다. 최남선은 왜 불교가 이처럼 쇠락했고, 국권은 언제 회복될 것인지를 물었다. 환응은 차분하게 말했다.
 "모든 것이 불력佛力이요 인과因果이니까 함부로 추측하고 함부로 판단은 못합니다. 그러나 하루바삐 조선인의 숙선宿善들이 개발되기를 기다리는 마음은 잠시도 부리지 못합니다.

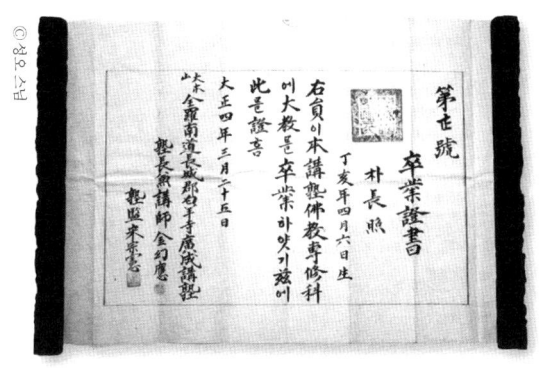

1915년 발행된 장조 스님의
광성강숙 졸업장에는
환응 스님이 숙장 겸 강사로 되어 있다.
이때 숙감은 만암이었다.

영웅호걸이 나야 일이 되는 것이 아닙니다. 만사가 업보니까 갸륵한 몇몇 개인의 능력으로 될 것이 아니라, 필경은 새로운 과보果報를 장만할 만한 조선인 전체의 업력業力이 쌓여야 할 것입니다."

최남선은 감격했다. 깊은 산사에 숨어 사는 환응이었지만 예상대로 대단한 통찰력을 지니고 있었다. 지금까지 그 누구에게도 들은 바 없는 탁견이었다. 깊이 탄복했다.

"마치 피히테의 〈독일 국민에게 고함〉을 읽는 느낌이었다. 불교는 불교로, 조선인은 조선인으로, 무엇보다 힘쓸 일이 업력 축적임을 모르고, 깍쟁이 같은 말들만 하는 것이 무엇보다 앞서는 요즈음의 일대 우환인 것이다.

정수定水가 저리 맑으면 지혜의 달이 절로 밝을 것이요, 계뢰戒雷가 저리 무서우면 자운慈雲이 또한 신기로울 것이다. 경문經文 그대로와 율례律例 그대로 일 점 일 획의 변통을 허락하지 않는 그의 신앙과 생활이 완고頑固하게 교니화膠泥化된 것이라면 혹시 그렇기도 하겠지만, 큰 반석 같은 안심입명安心立命은 흔히 이 속에서 좇아나오는 것이니, 이는 도리어 그의 장처長處이자 득점得點이라 할 것이다."

최남선《심춘순례》

만암은 이런 환응에게서 주지 자리와 강석을 물려받았다. 만암은 스승 환응을 극진하게 섬겼다. 모든 일을 의논하고 스승이 얘기하면 그대로 따랐다. 만암은 환응의 전강제자이다.

작지만 큰 절
구암사

종헌은 1891년 16세에 구암사龜巖寺 불교전문강원에 입학했다. 구암사 강원은 설유雪乳(1858~1903) 스님이 주석하며 그 이름을 날리고 있었다. 구암사는 전북 순창군 영구산靈龜山(현 도집산都集山)에 있다. 623년(백제 무왕 24)에 숭제崇濟 스님이 창건하였고, 1392년(조선 태조 1)에 각운覺雲 스님이 중창하였다. 거북을 닮은 바위가 절을 지키고 있어 구암사라 불렸다.

조선 후기의 대강백이었던 설파雪坡(1707~1791) 스님과 백파白坡(1767~1852) 스님이 강원을 열어 명성을 떨쳤다. 화엄학의 으뜸인 설파가 법석에 앉으면 대중이 천 명도 넘게 몰려들었다. 또 백파는 구암사를 강학의 중심지로 조성하고 화엄종주

華嚴宗主로서 위엄을 떨쳤다.

백파가 추사 김정희와 벌인 선 논쟁은 전국의 선방을 뒤흔들었으며 지금까지도 후학들이 당시의 치열했던 공방을 복기하며 논지論旨를 살펴보고 있다. 조선 후기 지성사를 장식한 일대 사건이었다. 백파는 사찰에 앉아서 추사의 공격에 의연하게 대처했으니 그곳이 바로 구암사였다.

'해동의 유마거사'라 불렸던 추사는 백파와 논쟁을 벌였지만 내심 백파를 높이 평가하고 있었다. 백파가 입적하자 비문을 지어달라는 문도들의 청을 받고 흔쾌하게 응했다. 지금 선운사에 서있는 '화엄종주華嚴宗主 백파대율사白坡大律師 대기대용지비大機大用之碑'가 그것이다.

"지난날 백파와 편지를 주고받으며 변론하고 논란을 벌였던 적이 있는데, 이는 세상 사람들과 더불어 함부로 의논하는 것과는 크게 다르다. 이에 대해서는 오직 백파와 나만이 아는 것이니 만 가지 방법으로 입에 단내가 나도록 말한다 해도 사람들이 알아듣지 못할 것이다. 어찌하면 스님께서 일어나 서로 마주앉아 크게 한번 웃을 수 있으리오. 지금 백파의 비를 세운다 하니 비석의 앞면에 만약 '대기대용大機大用' 한 구절을 크게 쓰지 않는다면 백파의 비라 할 수 없을 것이다."

육당 최남선은 석전 박한영 스님과 1929년 봄날 구암사를 찾아가 사찰의 내력과 가풍, 풍경 등을 비교적 자세하게 기록하여 남겨 놓았다.

"운문암(백양사)에 있던 근대의 대강사 백파긍선白坡亘璇이 이리로 강석을 옮겨 30여 년이나 진종眞宗을 설명해 밝힌 이후로 최근 강습이 없어지기 전까지는 나라 안에서 최고의 의학종장義學宗匠이 뒤를 대어 연단을 맡게 되니, 불법을 물으려는 학인이 사방에서 운집하여 오륙십 명씩 비빌 틈이 없고, 그 지류 여파가 해동의 전 불교계를 상시 윤택하게 했다.

이 때문에 순천 대승암大乘庵과 한가지로 절은 작아도 국내에 가장 멀리 들리는 명찰이 되고, 한참 당년에는 좌침명左枕溟 우백파右白坡라 하여 의리義理의 쌍용 쌍호가 되었던 것이다. 석전(박한영)은 실로 그 지혜의 등을 오랫동안 밝히는 마지막 소임을 맡아본 사람이다.

문기둥과 문미에 추사의 주련과 편액이 많이 붙어있는 것은 그가 백파와 더불어 깊은 교제가 있었던 여운이다. 조실에는 추사가 써서 기증한 '화엄종주華嚴宗主 백파대사白坡大師'란 편액이 지금도 걸려있으며, 법당에 단 '화장華藏' 두 글자는 추사 글씨 중에서도 득의작得意作이라고 이르는 것이라 한다. 구암사는 본래 화장대華藏臺라고 일컫던 곳이다.

기둥마다 붙인 위창葦滄(오세창)의 주련은 타향에서 오랜 지

구암사는 설파와 백파가 강원을 열어 명성을 떨쳤다.
종헌은 16세에 구암사 불교전문강원에 입학하여
설유의 가르침을 받아 세상을 보는 거시적인 안목을 키웠다.

인을 뵙는 듯 반갑기 그지없다. 그중에도 '감격하여 마음에 사무치면 말하지 않아도 점차 알겠지(漸知感慨太無謂). 단지 강산이 유정함을 깨닫는다면(但覺江山都有情)'이라 한 것은 내가 오거든 보라고 준비하였던 것 같다.

경내가 한껏 깨끗하고 기운이 맑아 한 점의 속된 기운이 없고, 실내외 없이 구중중한 것, 지저분한 것도 하나도 붙이지를 아니한 것은 이곳의 가풍과 아울러 지금 주인의 품격을 짐작할 것이다. 힘 있는 사람과 부유한 이의 구역질나는 글이나 글씨, 불교를 팔아 권력과 결탁하는 추악하고 괴이한 상설象設의 글씨는 약에 쓸래야 얻어 볼 수 없으며, 매달아놓은 것, 걸어놓은 것, 바닥에 놓은 것이 모두 법식을 제대로 아는 사람의 솜씨인 것은 과연 물건에 비춰진 임자의 얼굴이었다. 법당에도 내력 있는 미타상 한 분을 유리 갑 안에 모시고, 좌우에는 앞뒤로 모두 경장經藏을 새겨 협시를 삼아 벽을 그득하게 한 것 같음이 다 그 정성스런 마음의 일단을 엿볼 수 있는 일이었다. … 진영각에 설파·백파·설두·영산 등 삼학을 두루 갖춘 근대의 이름난 승려들이 어깨를 마주이어 네 벽에 둘러 있음은 이 절이 제 이름을 맞추어 조선 근대불교의 화장華藏이던 것을 무엇보다 분명히 증명하는 것이다."

최남선《심춘순례》

구암사와 백양사는 재 하나를 넘으면 갈 수 있는 이웃 절이다. 구암사는 백파 이후에는 대강백이 나타나지 않았다. 그러다 설유처명雪乳處明(1858~1903)이 강주로 있으면서 옛 명성을 되찾았다. 설유雪乳는 1895년 박한영에게 법맥과 강석을 물려주었다. 박한영은 구암사 강원이 설유 스님에 의해서 화장찰해華藏刹海의 문이 열렸다면서 스승의 학덕을 기렸다. 세수 46세에 돌연 몸을 벗어버리자 제자 박한영은 이를 슬퍼하며 눈물을 떨구었다.

"오호! 선사는 자애롭고 박식하거늘 오히려 향년을 누리지 못하고 일찍 세상을 떠났으니, 이는 다만 나와 같은 후생이 복이 적어서가 아니겠는가."

학명鶴鳴(1867~1929) 스님도 1890년 구암사 강원에서 설유에게 내전과 동양사상을 배웠다. 또 설유에게 구족계를 받았다. 설유는 조선말 박한영, 백학명, 송종헌 등 눈 밝은 제자들을 알아보고 그들을 불도의 세계로 깊숙이 안내했다.

종헌은 설유에게 《능엄경》《기신론》《금강》《원각경》 사교의 교리를 익혔다. 설유 스님은 강의는 물론이고 세상을 보는 안목도 뛰어났다. 학인들에게 불경만을 공부할 것이 아니라 천하서를 읽고 천하의 학자들과 교유하라고 일렀다. 종헌은 설유의 가르침을 받아 세상을 보는 거시적인 안목을 키웠다.

추사가 지은
호를 받다

종헌은 비범했다. 설유는 종헌의 됨됨이를 유심히 지켜보았다. 설유는 추사가 백파에게 보냈다는 두 개의 호(불가에서는 더 많은 호가 있다고 전해짐. 설두雪竇, 다륜茶輪, 환응幻應 등도 추사가 지었다는 설이 있음)를 지니고 있었다. 설유는 그걸 송종헌과 박한영에게 주었다. 바로 만암曼庵과 석전石顚이었다. 김정희는 백파에게 후대에 불법을 제대로 깨친 자가 나타나면 호를 나눠주라 했다고 전해진다. 서정주 시인은 만암과 석전이란 호를 송종헌과 박한영이 받게 된 내력을 이렇게 설명했다.

석전 스님의 칠대 법조인 백파 스님은 조선시대 전북 고창

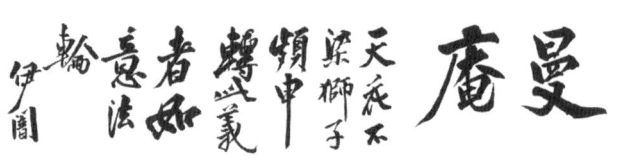

추사는 백파선사에게 석전, 만암 두 가지 호를 지어 써주며 후대 스님의 제자 가운데
불법의 진리를 깨친 자가 나오면 하나씩 나누어 주라고 하였다.
그중 유일하게 전하는 추사의 글씨이다. '이암伊闇'은 추사의 다른 호이다.

曼庵　　　(만암)
天花不染　하늘 꽃은 물들지 아니하니
獅子頻申　여래의 사자빈신삼매에 들어
轉此義者　이와 같이 법을 전하는 자는
如意法輪　법의 수레바퀴를 자유자재로 굴리리라

선운사의 대율사로서 어느 날 추사 김정희로부터 편지 한 통을 받고 열어보니, 거기에는 문안 인사와 아울러 석전, 만암이라는 두 개의 아호가 들어있었다. 그리고 '이 두 아호는 내가 짓기는 하였지만 썩 좋아 보이니 백파 스님 당신이 둘 다 가지시든지, 하나만 가지시고 다른 하나는 상좌나 제자 가운데 아무에게나 주시든지 자유로이 하옵소서' 하는 추사의 뜻이 쓰여 있었다. 추사와 백파는 한 시대의 인물들로서 백파가 좀 연장자이기는 했으나 서로 그 정신의 높이를 기리어 서신 왕복을 이어온 터였다. 따라서 비록 서로 찾아가 만난 일은 없었지만, 이런 아호를 선사하는 일은 자신의 아호를 백여 개 쓰던 추사의 취미로서는 당연한 일이었다.

그러나 이걸 받은 백파는 자기는 물론 상좌에게도 건네주지 않은 채 서랍에 넣어두었다가 그가 이 세상을 뜰 무렵에야 겨우 꺼내어 상좌의 제자들 앞에 펴 보이며 말했다.

"잘 들어라. 여기 적혀 있는 석전과 만암이라는 두 아호는 언젠가 추사가 내게 지어 보내며 '당신이 갖든지 제자나 상좌한테 나누어주든지 하라'고 한 것인데, 내 생각으로는 나도 너희도 적당한 임자가 아닌 것 같아서 지금까지 그대로 놓아둔 것이니, 이제부터는 너희가 맡아 대대로 전하면서 이것의 임자가 나타나기를 기다리도록 해라. 몇 백 년, 몇 천 년 뒤이건 또는 몇 만 년 뒤이건 꼭 알맞은 임자들이 나타날 것이니 잘 챙겨두어라."

그로부터 두 아호는 꽤나 오랜 세월을 선운사의 한 서랍 속에서 바른 임자들이 나타나기만을 기다리고 있었다. 그리고 백파 스님으로부터 칠대가 흘러 우리 큰스님 박한영이 나타나서 석전은 그의 차지가 되었고, 만암은 한동안 우리 불교의 대종정이기도 했던 송만암 큰스님의 것이 되었다. 왜냐하면 석전의 뜻은 돌같이 확실한 이마를 가진 사람이니 명석한 정신력을 의미하는 것이라서 대석학이었던 박한영 스님의 것이 되었고, 아름다운 절이라는 뜻의 만암은 사원 경영을 남달리

잘했던 그 스님의 차지가 되었다는 것이다.

서정주 《석전 박한영 한시집》

    종헌은 이후에 만암이란 아호로 많이 불렸다. 만암은 석전 박한영 스님에게도 수학했다고 한다. 하지만 이는 와전된 것이고, 만약 배웠다 해도 불과 몇 개월에 지나지 않았을 것이다. 석전이 설유로부터 강석을 이어받은 해가 1895년이고, 그해 만암은 해인사 강원에서 대교과大敎科를 수학했다는 기록이 있기 때문이다. 이로 미뤄서 석전은 봄에 개강했고, 만암은 초겨울쯤에 해인사로 옮겼다면 불과 몇 개월 동안만 구암사 강원에서 함께 지냈을 것이다. 그러므로 정식으로 문하에 들어 수강하지는 않은 것으로 보인다.

연담의 영정을
가져오다

만암은 태고보우 스님의 문손이며 연담유일蓮潭有一(1720~1799) 스님의 6대손이다. 백양사 법맥은 환성지안喚醒志安(1644~1729) 스님이 주석하면서 뚜렷한 사자상승師資相承이 이뤄졌다. 이어서 호암체정虎巖體淨(1687~1748) 스님을 거쳐 연담에 이르렀고, 마침내 연담 계보가 시작되었다. 그럼에도 백양사에 당연히 있어야 할 연담의 진영이 구암사 진영각에 봉안되어 있었다. 만암은 구암사 강원에 있을 때 틈틈이 진영각을 찾아갔다. 그리고 어떻게든 연담의 진영을 백양사로 모셔야겠다고 결심했다.

 연담의 법명은 유일有一이다. 18세에 법천사에 출가했고, 선과 교에 능통했다. 또 유교의 경전에 밝았고, 시문에도 뛰어났다. 동문수학한 설파 스님과는 서로를 경책하며 교리와 학문을 닦았다. 강석에 앉아 《화엄경》을 30여 년 동안 설했다. 늘 주위에 100여 명의 학인들이 따라다녔다.

"스님은 사람 됨됨이가 질박하고 정직하며 탁 트이고 소탈하여 비록 한 시대에 종주로서 추앙을 받는 몸이긴 하지만, 조금도 교만하게 굴거나 자신을 과시하는 법이 없었다. 그는 어려서부터 총명하고 영특함이 남보다 뛰어나 온갖 서적을 널리 읽었는데 한번 눈이 지나가기만 하면 다 기억할 정도였다."

범해 《동사열전》 김두재 옮김

스님은 오묘하거나 난해한 교리를 명쾌하게 풀어서 학인들을 지도했고, 어떤 특정한 법에 얽매이지 않았다. 덕이 재주보다 뛰어나고, 인품이 도를 손상시키지 않아 내외의 존경을 받았다.

장흥 보림사 삼성암에서 열반에 들었다. 세수 80세, 승랍 62년이었다. 연담의 부도는 법천사, 대둔사, 미황사에 세워졌다. 법천사에 출가를 했고, 대둔사와 미황사에서는 큰 법회를 열었기 때문이었다.

"대사의 비석은 두륜산에 세웠는데 비명은 수관거사水觀居士 이충익李忠翊이 지었다. 선법을 전수받은 제자가 42명이고 교법을 전수받은 제자는 33명이다. 스님의 진영은 두륜산과 백양사에 각각 봉안되어 있다. 정승 번암樊巖 채제공蔡濟恭과 교리校理 이담원李聃園이 스님의 진영 찬문을 지었다."

범해 《동사열전》

　《동사열전》에서 밝혔듯이 연담의 진영은 백양사에 있어야 했다. 하지만 백양사는 쇠락하고 구암사는 번듯했다. 백양사에 있어야 할 진영이 왜 구암사로 옮겨졌는지는 알 수가 없었다. 백양사와 구암사는 고개 하나를 사이에 두고 있어 형제 사찰이나 다름없었다. 서로가 허물없이 서로에게 법을 전해주고 재물도 나눠가졌다. 그런데 작지만 큰 일로 틈이 벌어졌다.

　연담이 천진암에 주석하고 있을 때였다. 그때 젊은 날의 연담과 같은 풍모를 가진 강백이 운문암에서 학인들에게 강론을 펼치고 있었다. 바로 백파 스님이었다. 백파는 연담처럼 선과 교에 모두 능통했고, 다양한 불서를 지었다. 특히 수행자들에게 요긴한 《선문수경禪門手鏡》을 펴내 주목을 끌었다.

　백파 또한 직계는 아니지만 연담의 제자였다. 청년기의 백파는 차오르는 상현달이었고 노년에 접어든 연담은 기우는 하현달이었다. 어느 봄날이었다. 해가 차츰 길어지고 공부하는 학인들의 하루도 그만큼 길어졌다. 모두 배가 고팠다. 학인들은 천진암 대밭에 몰려가 죽순을 따서 삶아 먹었다. 처음엔 연담도 젊은 학인들이 배가 고파 그럴 것이라 여겼다. 하지만 학인들의 발길이 잦아지고 그러다가는 천진암의 대나무가 남아나질 않을 기세였다. 연담은 학인들에게 대밭 출입을 금하라고 일렀다. 그럼에도 소용이 없었다. 결국 학인들을 불러 모아 주장자로 곤장을 때렸다. 이 소식을 들은 백파는 마냥 섭섭했다.

"연담 노사老師가 나를 때린 것이다."

백파는 차마 연담에게는 대들지 못하고 학인들을 데리고 구암사로 퇴거해버렸다. 이후 백양사와 구암사 문도들 사이에 틈이 벌어졌다고 전해진다.

만암은 연담의 영정을 백양사로 옮기겠다며 벼르고 있었다. 스무 살 무렵 겨울이었다. 고개 너머 백양사로 가는 날, 만암은 진영각에서 연담의 진영을 떼어내 행장行裝에 단단히 갈무리했다. 눈이 푸짐하게 내려 백암산은 어딜 봐도 하얀 눈밭이었다. 만암은 입김을 뿜으며 눈길을 재촉했다. 이때 체구가 건장한 스님이 뒤를 밟았다. 만암이 진영각에서 나오는 것을 보고 이상하게 여겨 들어가 보니 연담 스님 진영이 없어진 것을 발견한 것이었다. 이윽고 구암사 스님이 만암의 앞을 가로막았다. 두 사람은 절에서 멀지 않은 폭포 아래서 마주섰다. 이때의 광경들을 《만암문집》에서는 이렇게 묘사하고 있다.

"사師(만암)는 당시 직계조直系祖인 연담 노사의 진영이 구암

연담선사 진영.
만암은 연담의 영정을
백양사로 모시고 싶었다.
만암은 조상의 일이라면
가리지 않고
지극정성으로 받들었다.
훗날 철저히 법맥을 추적하여
진영각을 세우고
고불총림을 조성한 것도
이와 무관하지 않았다.

사의 영각에 봉안되어 있음을 달갑게 여기지 않고 언제든 기회가 있으면 백양사로 이안移安하고자 마음먹었다. 마침 기회를 얻은 사는 동同 진영을 단에서 내려 행장에 단단히 갈무리하여 백양사로 향하던 중 얼마 후에 발각되자 한 건부健夫가 사를 추적하여 마침내 절에서 멀지 아니한 폭포수가 있는 비탈길에서 두 사람이 마주치게 되었다."

체구가 큰 스님이 비탈길에서 앞을 가로막자 큰 산이 가로막는 것 같았다. 만암은 참으로 난감했다.

"스님, 영정을 내놓으시오."

"연담 스님 영정은 원래 백양사에 있었소. 제자리로 모셔가는 겁니다."

"운수납자에게 제자리가 어디 있다는 거요."

"법손이 법맥을 찾는 것은 당연한 도리올시다."

구암사 스님이 달려들어 행장을 잡아챘다. 만암도 만만치 않았다. 갯버들처럼 살집이 없었지만 혼신의 힘을 다해 행장을 붙들고 있었다. 자칫 영정이 손상할지도 몰랐다. 두 사람 모두 힘으로 해결해서는 안 되겠다고 여겼다. 이때 만암이 꾀를 냈다. 아랫도리를 걷어 올리고 맨살로 오래 버티는 사람이 영정을 가져가자고 제안을 했다.

그렇게 해서 두 젊은 스님은 눈밭에서 허벅지를 드러낸 채 꼼짝 않고 서 있었다. 폭포수까지 얼어붙어 사위는 고요했다. 이따금 바람이 불면 살집이 갈라지는 것처럼 아려왔다. 얼마나 지났을까. 구암사 스님이 크게 몸서리를 치더니 아랫도리를 내렸다.

"됐소. 내가 졌소."

구암사 스님은 아무런 일도 일어나지 않은 것처럼 돌아서서 왔던 길로 내려갔다. 만암 또한 맨살이 얼어 감각이 없었다. 이날의 승패는 간절함의 크기로 결정되었다. 만암은 진정 연담의 영정을 모셔가고 싶었다. 그리고 비록 백양사의 가람이 쇠락하여 초라하지만 언젠가는 중창불사를 해서 선사들을 제대로 모시고 싶었다.

만암은 조상의 일이라면 가리지 않고 지극정성으로 받들었다. 훗날 철저히 법맥을 추적하여 진영각을 세우고 고불총림을 조성한 것도 이와 무관치 않았다.

"이것이 연담 노사의 진영 쟁탈전인 동시에 양사兩寺의 문도가 확연히 다름을 입증한 것이다. 이같이 조상의 일이라면 물불을 가리지 않는 것이 사(만암)의 특출한 옹고집이었다. 그러기에 종단 분규의 중점이 되는 종조 문제에 관하여서도 사는 환부역조의 행위라고 큰소리로 질타하였던 것이다."

《만암문집》

"만암은 조사 모시는 전각을 세우고, 도의국사道義國師를 비롯한 여러 선사들의 위패를 모셨다. (연담의 영정을 모셔온) 일화를 통해 우리는 그가 우리 삶의 전통과 맥을 얼마나 중시했는지 짐작할 수 있다. 또 그것은 그가 조계종을 탈퇴한 이유까지도 짐작하고 이해할 수 있게 한다."

한승원 《주간불교》 제432호

으뜸 도량 운문암 강석에 앉아

만암은 1895년 20세에 해인사 강원에 들어 대교과大敎科를 수학했다. 그리고 1898년 23세 때 백양사로 돌아왔다. 제자의 공부 깊이를 확인한 환응 강백은 자신의 강석을 물려주었다. 만암은 운문암 강원에서 학인들을 가르쳤다. 13세에 운문암에서 경학의 기초를 배운 지 만 10년 만에 강석 위에 앉았다.

운문암은 백양사 산내 암자 중에서 가장 높은 곳에 있다. 1350년 각진국사覺眞國師가 창건했다고 전해지나 자세한 창건 기록은 확인할 수 없다. 또한 조선 전기 문헌에서도 그 명칭은 확인되지 않는다. 유형원이 편찬한 《동국여지지東國輿地志》를 보면 당시 운문암이 '미타사彌陀寺'로 불렸다는 기록이 나온다. 조선 후기에는 많은 문인과 스님들이 운문암을 찾았다. 그들이 남긴 글이 다수 전해지고 있다.

진묵震默(1562~1633) 스님도 임진왜란 전에 운문암에서 차를 달이는 다각茶角의 소임을 맡으며 머물렀다. 어느 날 백양사 대중의 꿈에 차 끓이는 스님을 조실로 모시라는 현몽이 있어 조실로 추대되었다고 한다. 진묵은 운문암을 떠나며 '내가 다시 올 때까지 운문암 불상을 도금하지 말라' 당부했고, 그래서 운문암 불상은 도금을 하지 않은 채 남아있었다고 전해진다.

진묵은 만경현萬頃縣(전북 김제시 만경읍)에서 태어나 7세에 완주 서봉산 봉서사鳳棲寺로 출가했다. 경을 읽으면 한번 눈이 스치기만 해도 줄줄 외워서 아무도 스승이 되어 가르칠 수 없었다고 한다. 불가에 있으면서 이적을 많이 일으켰고, 그래서 숱한 일화를 남겼다. 완주 송광사와 홍산鴻山 무량사에서 불상을 조성하고 진묵을 증명법사로 청하였는데 이때도 진묵은 불상에는 누구도 개금改金하지 말라고 일렀다.

백양사 선원인 운문암은 남쪽에서 으뜸가는 참선 도량이었다. '북마하연北摩訶衍 남운문암南雲門庵'이라 불렸고, 소문대로 선풍이 크게 일었다. 조선 후기에는 소요, 편양, 진묵, 연담 스님 등이 정진했다. 근세 이후에도 용성, 석전, 운봉, 전강, 고암, 서옹 스님 등이 선지를 밝혔다. 일제강점기에도 고승들이 줄

운문암 옛 모습.
만암은 23세에 백양사로 돌아와
운문암 강원에서 학인들을 가르쳤다.

제2장 | 인연은 박하고 인간사 참혹했노라

을 이어 수행했던 도량이다.

"운문암은 백양산의 복장腹藏이 되는 듯하며 운문암은 예전에 큰절 노릇을 하던 대암자大庵子라 영명사永明寺 같은 대본산보다도 훨씬 큰 사원이다. 이 운문암에서는 백파선사가 40년간을 계시면서 《기신론起信論》을 판각板刻하며 《선문귀감禪門龜鑑》《선문수경禪文手鏡》을 지으시고 염송전등拈頌傳燈에 대기대용을 부치는 선문禪文에 사기私記까지 지어내시던 곳이다. 그리고 경담화상鏡潭和尙도 40년간을 이곳에서 강講하셨으며 환응화상幻應和尙도 40년간을 이곳에서 주석 강설하시었으며 영호화상映湖和尙(박한영)도 이곳에서 개당보설開堂普說하여 강명講名을 천하에 떨쳤다고 한다."

김소하《불교》1929년 9월

만암은 1922년 운문암을 중수하고 선원을 열었다. 만암은 운문암의 맑은 기운과 빼어난 정취를 시로 읊었다.

> 진성眞性을 찾는 외길이 반공중半空中에 있으니
> 학의 묏부리 사이로 두 줄기 물 흐르도다
> 백초엔 향기 젖어 금빛 이슬 맺혔고
> 천산千山엔 시겁時劫을 벗어난 붉은 연기 서렸네
> 뜰에 가득한 솔잎은 한가한 살림살이요

1920년대 후반의
운문암 모습.
운문암은 백양사
산내 암자 중에서
가장 높은 곳에 있다.

책상에 쌓인 경전은 세번世煩을 잊을레라
사방의 아름다운 풍광 속됨이 없는데
얼마나 많은 내객來客이 속진俗塵의 괴로움을 씻었던가

尋眞一路半空遊 鶴岫中間雙水頭

百草滋香金露結 千山脫劫紫烟浮

滿庭松葉間家計 堆案蓮經忘世流

面面風光無俗化 幾多來客滌塵愁

또(又)

인간살이 오랫동안 경험해보니
험한 길 걸어봐야 무난히 밝은 세계 만난다오

눈은 공산에 쌓이고 나뭇잎 떨어지니

봄빛은 해 뜨는 골짜기 비춰 모든 꽃 싹이 트네

긴 세월에 뉘 환생하는 그림자 볼꼬

만세토록 불후의 명성 후세에 남는도다

자기를 위하고 남을 위함에 어떤 힘에 의지할고

오직 신념을 가지고 총력으로 도모하리라

人間踏罷百年裡 履險無難多得明

雪壓空山群木落 春榮陽谷衆花萌

千秋誰見還生影 萬世猶存不朽聲

利己利他仗何力 惟將信念作摠營

만암 〈운문암을 두고 지음〉

나라는 기울고
만암은 일어서다

강석에 앉았지만 만암은 더 배우고 싶었다. 1898년 바랑을 지고 남녘으로 향했다. 스승 환응이 물려준 강석에 앉아보았지만 아무래도 뭔가 부족했다. 경운원기擎雲元奇(1852~1936) 스님이 주석하고 있던 선암사 대승암 강원에서 《법화경》《선문염송》 등 수의과隨意科를 공부했다. 강원에서 가장 높은 과정이다.

강주 경운은 당시 대강백으로 명성을 떨치고 있었다. 강의를 듣기 위해 전국 각지에서 승려들이 모여들었다. 경운은 불교계 대표적인 명필이었고, 문장도 뛰어났다. 주변에서 모두 '하늘이 내린 솜씨'라며 감탄했다. 박한영 스님은 만암보다 몇

해 전에 이미 대승암 강원에서 대교과를 마친 바 있었다. 박한영은 대승암 강원에 처음 들어설 때 절 분위기와 풍광에 큰 감명을 받았다고 술회했다.

"승선교를 지나 처음 석문에 들어가니 저녁 종이 산에 푹 잠겨있고, 등불이 막 켜지기 시작했다. 절 안에 많은 승려들이 운집해 있었고, 가사 장삼에서 향내가 풍겼다. 맨 처음 그곳에 들어갔을 때 훌륭한 영산법회에 왔음을 완연히 느꼈다. 지금까지 그때의 모습이 눈에 선하다. 경운 스님의 강의는 소나무에 비 떨어지는 듯해서 듣는 사람들이 그 뜻을 스스로 알도록 했다."

박한영《석전문초石顚文抄》

만암 또한 박한영처럼 스님들 가사 장삼에서 향내를 맡았을 것이다. 만암은 모르는 것은 그냥 지나치지 않았다. 묻고 다시 물었다. 대승암 강원에서 3년 동안 수학하고 마침내 수의과를 마쳤다. 어언 내·외전에 막힘이 없었다. 여기저기서 강의를 청했다.

시국이 어지러웠다. 1905년 대한제국을 일본의 보호국으로 만든 을사늑약이 체결됐다. 대한제국의 외교권을 박탈하고 통감부를 설치하여 내정까지 장악했다. 이에 반발하여 고위 관리들이 잇따라 목숨을 끊었다. 고종의 시종무관장 민영

선암사의 옛 모습.
만암은 1898년에 선암사 대승암 강원에서 공부했다.

민영환閔泳煥(1861~1905)의 할복자살은 '거대한 상징'이었다. 의로운 죽음에 백성들은 의분을 일으켰다. 의병이 일어나고, 일부는 친일파들의 집을 습격했다. 황현黃玹은 붓을 곧게 세워서 장렬한 죽음을 기렸다.

"민영환이 죽은 뒤 그가 자결할 때 쓴 칼과 피 묻은 옷을 모두 영상靈床 뒷마루에 간직했는데, 5월에 부인 박씨가 그 옷을 볕에 쪼이려고 보니 옷 밑에 죽순이 돋아나 있었다. … 온 장안 사람들이 모여들어 구경했는데, 한 달 간이나 인산인해를 이루었다. 서양 상인들도 와서 마치 죽었을 때처럼 술을 따르며 곡했고, 장안 백성들도 이를 그림으로 그리거나 목판에 새겨 팔았다."

황현 《매천야록梅泉野錄》

젊은 승려들의 가슴도 시퍼런 멍이 들었다. 서산대사가 《선가귀감禪家龜鑑》에서 네 가지 은혜를 꼽았는데 부모, 스승, 시주와 더불어 국왕이 들어 있었다. 국왕이 곧 나라였으니 나라 없는 곳에서는 제 힘으로 불국토를 만들 수 없었다. 그래서 서산은 국왕을 은혜의 상징적 대상으로 꼽았을 것이다. 나라가 없는 땅에서 견성성불見性成佛을 하면 어디서 하화중생下化衆生을 할 것인가. 만암이 머무는 사찰마다 백성들의 탄식이 올라왔다. 그럼에도 청년 학인들과 함께 암자들을 전전하며 강의를 계속했다. 진리를 설해도 학인들의 표정이 심각했다. 강의 후에 법석을 내려올 때는 그렇게 쓸쓸할 수 없었다.

1907년 일제는 고종을 폐위시키고 순종을 즉위시켰다. 그리고 대한제국의 군대마저 해산시켜버렸다. 제국이되 제국이 아니었고 황제였으나 황제의 권위는 붙어있지 않았다. 해산 당한 군인들은 전국에서 궐기한 의병들과 합류했다. 의병이 있는 곳이면 전투가 벌어졌고, 산하가 피에 젖었다. 왕실이 풍전등화였기에 상궁들은 고승을 찾아갔다. 그들은 스님들을 붙들고 애원했다.

"황제께서 고립무원입니다. 대한제국의 운명은 어찌 될 것입니까."

하지만 고승이라 해도 어찌 답을 주겠는가. 상궁들은 특히 해인사, 보광사, 청암사, 각황사(현 조계사)를 찾아갔다. 또는 왕실에서 고승들을 초청하여 설법을 청해 듣는 경우도 있었다.

"각 궁녀들이 초청하여 법을 듣는 일이 간간이 있었는데 육대법사의 씨명은 아래와 같다. 백학명 스님, 백용성 스님, 백초월 스님, 이춘성 스님, 이화담 스님, 송병기 스님."

동광 《청산은 움직이지 않고 물은 멀리 흐르네》

만암은 남녘의 사찰을 전전하며 강의를 했다. 1907년 32세에 해인사 강원의 강주로 취임했다. 당시 해인사 강원은 홍제암에 있었다. 이때 용성진종龍城震鍾(1864~1940) 스님도 가야산 백련암에서 하안거와 동안거를 지냈다. 용성은 곧잘 법좌에 올랐다. 용성이 설법을 하는 날이면 신도와 스님들이 몰려들었다. 만암도 분명 강원이 있는 홍제암에서 법회 소식을 듣고 찾아가 설법을 들었을 것이다. 그런 인연으로 용성을 훗날 운문암 선원 조실로 모셨을 것이다.

"1900년 범운화상梵雲和尙이 홍제암에서, 1908년에는 영해문석映海文晳 총섭이 사운당에서 각각 강원을 개설하였고…"

이지관 편저 《가야산 해인사지》

"정미년⁽1907⁾ 32세로 해인사에서 강의를 청하여 취임한 바 그때 백양사의 학인 10여 명이 항상 따랐으며 사교와 대교의 학도學徒가 재임 2년 동안 언제나 50~60명이 되었으니 남북 강원의 여러 강백 가운데 명성이 가장 적적하였다."

《만암문집》

만암이 있는 곳에는 백양사 학인들 10여 명이 항상 곁을 지켰다. 만암은 어언 높임을 받는 스승의 반열에 올랐다. 사교와 대교를 배우는 학인들이 늘 50명이 넘었다. 남북의 여러 강백 가운데 가장 빼어났다. 그 명성이 실로 우람했다.

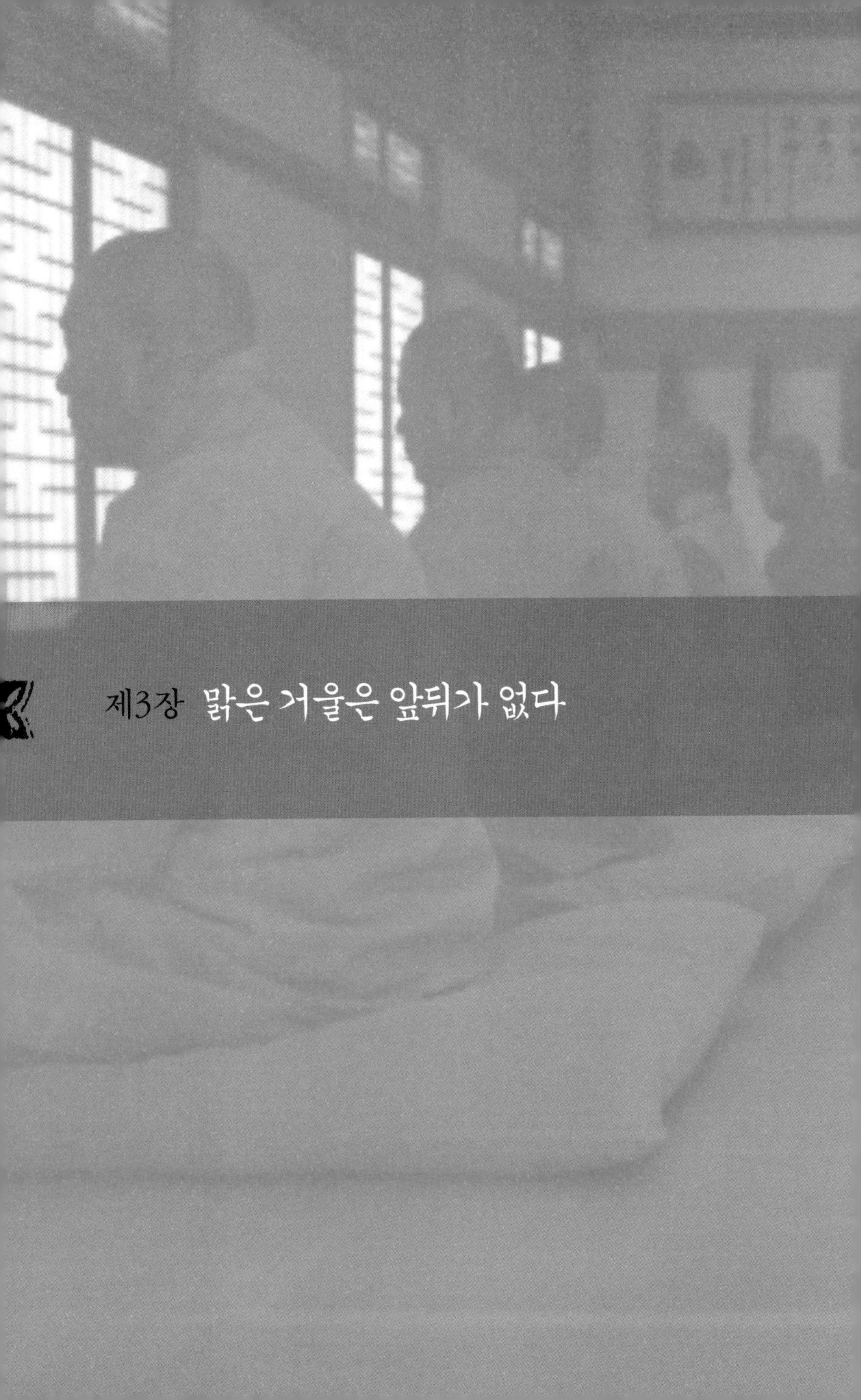

제3장 맑은 거울은 앞뒤가 없다

曼庵

이것이 무엇인가

강백으로는 명성이 쌓여갔지만 만암은 뭔가 허전했다. 자꾸 속이 들어차지 않았다는 느낌이 들었다. 36세가 되었어도 소위 선승들이 말하는 '한 소식'을 하지 못한 탓이었다. 자신은 사물의 이치만을 전하고 있을 뿐 진리의 묘는 전하지 못하고 있었다. 수레를 만들려면 수레를 만드는 기술을 배워야 했다. 아무리 재주가 뛰어나도 말로는 기술이 전수될 수는 없었다. 직접 수레를 만들어봐야 터득할 수 있었다. 달마 스님도 '널리 배워서 많이 알면 도리어 자성自性이 어두워진다'고 했다. 이러다 알음알이에 빠져 문자승이 되는 것은 아닌지 겁이 났다.

부처님도 언어 문자는 달을 가리키는 손가락에 불과하다

고 했다. 손가락으로 달을 가리키면 손가락 끝을 따라가 하늘의 달을 쳐다봐야 하건만 문자에 중독된 자들은 손가락만 쳐다보며 달은 어디에 있느냐고 물었다. 부처님께서 언어 문자에 의지하고 선정禪定을 닦지 않는 아난존자에게 이렇게 말씀하셨다.

"네가 비록 억천만 겁을 여래의 묘장법문을 기억하여도 하루 동안 선정을 닦느니만 못하느니라."

만암은 불문에 든 지 10여 년이 지난 시점에 정신이 번쩍 들었다. 둘러보니 자신에게 부족한 것은 바로 참선 수행이었다. 1911년 새해 모든 강의를 접었다. 《팔만대장경》을 다보아도 깨닫지 못하면 헛것이라는 조사들의 가르침이 가슴을 파고들었다. 교教는 어느 정도 이뤘지만 선禪은 멀리 있었다. 만암은 교와 선이 다름을 이렇게 간파했다.

교는 불어佛語요, 선은 불심佛心이니 선은 곧 교요, 교는 곧 선이다. 그렇다면 따로 천착穿鑿할 것이 없으나 다만 그 접인接引하는 방법에 천양지감天壤之感이 있기에 선이다 교다 하여 명사가 분립分立되었다. 천양지감이 있다 함은 교는 의로義路가 분명하여 말을 좇아서 가르칠 수도 있고 깨칠 수도 있으나 선은 그렇지 아니하여 언어 문자로써 가르칠 수 없을 뿐 아니라 또는 배워서 깨칠 수도 없다.   《만암문집》

교는 부처의 말씀이고 선은 부처의 마음이었다. 교는 말로써 말을 전하는 것이고 선은 마음으로써 마음을 전하는 것이었다. 선은 '말 없는 것으로 말 없는 곳에 이르는 것'이었고, 이름을 붙일 수 없어 '마음'이라 했다. 서산대사는 선이 교와 다른 점을 아주 우렁차게 설명하고 있다.

　"그 한가운데 한 물건이 있어서, 갈기는 시뻘건 불과 같고 발톱은 무쇠 창날과 같으며, 눈은 햇빛을 쏘고 입으로는 바람과 우레를 내뿜는다. 몸을 뒤쳐 한번 구르면 흰 물결이 하늘에 닿고 산과 강이 진동하며, 해와 달이 어두워진다. 세 가지 그물을 뛰어넘어 바로 구름 위로 올라가서 감로수를 퍼부어 뭇 생명들에게 이로움을 주니, 이는 선이 교와 다른 것이다."

서산 《선교결禪敎訣》

　말로 규정할 수 없는 '한 물건', 그것을 찾는 일이 얼마나 어려운 것인가. 만암은 화두로 '이 뭣고?'를 들었다. '밥 먹고 옷 입고 말하고 듣는 이 놈이 무엇인고?' '부모미생전父母未生前 나의 본래면목本來面目은 무엇인고?' '이 송장을 끌고 다니는 이 놈이 무엇인고?' 이런 것들 중에 하나를 택해 의심을 지어가는 것이 '이 뭣고?' 화두였다.
　남악회양南嶽懷讓선사가 육조혜능六祖慧能을 찾아왔다. 혜

능이 물었다.

"어떤 물건이 이렇게 왔느냐?"

회양은 입이 딱 막혀 대답을 못했다. 회양은 '이 물건이 무엇인고?'를 화두로 8년 동안 참구했다. 마침내 확철대오하고 다시 찾아갔다. 혜능이 다시 물었다.

"어떤 물건이 이렇게 왔는가?"

"설사 한 물건이라 해도 맞지 않습니다."

그러자 혜능이 고개를 끄덕였다.

"도리어 수증할 것이 있느냐?"

시심마是甚麽 화두는 여기서 유래했다. '이것이 무엇인고?'를 줄여 '이 뭣고?'로 널리 불렸다.

만암은 그동안 경전을 통독하며 치열하게 공부했다. 하지만 이것들을 다시 버려야 했다. 나쁜 지견과 분별심을 없애야 했다. 말과 생각의 길이 끊긴 '본분本分의 말'을 찾아야 했다. 성불을 하기 위해서는 악지악각惡知惡覺, 즉 사악한 지식들을 머릿속에서 뽑아내야 했다. 묵은 지식, 알음알이, 선입지견을 버려야 했다.

비가 억수같이 퍼붓고 먹구름이 하늘을 가려도 깨친 사람은 하늘에서 흰 달을 본다. 비와 구름에 가려 있어도 달은 환하게 떠 있음이다. 또 불길이 치솟는데 그 불무더기 속에서 물을 퍼낸다. 그 불 속에 물이 들어있기 때문이다. 거짓말처럼 들리지만, 상식으로는 이해가 안 되지만 그런 세계가 엄연히 존재한다. 마음을 닦으면 볼 수 있고 느낄 수 있다. 청청하늘에 해가 떠 있어도 시각장애인은 그 해를 볼 수 없고, 아무리 좋은 노래가 흘러나와도 청각장애인은 들을 수 없다. 그래서 육조혜능은 이렇게 일렀다.

"세상 사람의 자성이 본래 청정하여 모두 자기의 성품으로부터 나느니라. 모든 법이 자기의 성품 가운데 갖추어 있으니 하늘이 항상 맑음과 같으며, 해와 달이 항상 밝되 뜬구름이 덮이면 위는 밝고 아래는 어둡다가 문득 바람이 불어 모든 구름이 흩어지면 위아래가 함께 밝아서 모든 모양이 다 나타나는 것과 같으니라.

세상 사람의 성품이 항상 떠돌아다님도 저 구름 낀 하늘과 같아서 또한 이와 같으니라. 지智는 해와 같고 혜慧는 달과 같아 지혜가 항상 밝거늘, 밖으로 경계에 집착하여 망념의 뜬구름이 덮여서 자성이 밝고 맑지 못하다가, 만약 선지식을 만나 참된 법을 듣고 미망迷妄을 스스로 없애버린다면 내외명철하여 자기의 성품 가운데 만법이 모두 나타나나니, 성품을 본 사람도 이와 같으므로 이를 청정법신불이라고 이름하느니라. … 자기 성품의 마음자리를 지혜로서 사물의 실상을 비추어 보아 내외명철하면 자기의 본래 마음을 아나니, 본래 마음을 알면 곧 본래 해탈이니라."

혜능은 오조홍인의 《금강경》 강해를 듣고 언하言下에 깨쳤다.

"응당 머무는 바 없는 그런 마음을 내라(應無所住 而生其心)."

만암은 《금강경》을 수없이 독송하며 분별과 집착을 걷어냈다. 《금강경》은 중생의 자성自性 속에 있었다. 스스로 보지 못하는 사람은 문자만을 독송할 것이요, 마음을 깨친 사람은 이 경이 문자 속에 있지 않음을 알게 될 것이었다. 《금강경》을 깨치고 그것을 다시 버려야 했다.

물외암에서
깨닫다

만암은 1911년 백양사 물외암物外庵, 약사암藥師庵, 영천암靈泉庵에서 정진했다. '이 뭣고?' 화두를 들고 강원이 아닌 선방에서 또 다른 공부를 시작했다. 그러나 깨달음의 길은 멀고 험했다. 선禪이란 한 생각이 일어나기 이전으로 돌아가는 것이고, 한 생각이 일어나면 망념妄念으로 번지기 전에 그 즉시 알아차리고 '이 뭣고'로 그 뿌리를 잘라버림으로써 공空으로 만들어야 했다.

"이 몸을 끌고다니고 부리는 이놈이 무엇인가?"

"마음도 아니요 물건도 아니요 부처도 아니니 이것이 무엇인고?"

참선을 해도 마음이 나타나지 않았고, 경을 읽어도 눈에 들어오지 않았다. 경전을 배우면서 참선을 병행했지만 본격적으로 마음을 닦지 않았음이 드러났다. 치열하게 정진을 거듭했다. 3년 세월이 그렇게 지나갔다. 마지막에는 죽을 각오로 100일 기도에 돌입했다. 만당 스님이 그때를 전했다.

"백일기도를 하면서는 예불 후에 반드시 각 단에 108배씩을 했답니다. 99일째 되는 날, 비몽사몽에 호법신장이 나타나 지혜의 칼을 내려주는 것을 받았다고 합니다. 또 다른 분은 호법신장이 (만암의) 머리를 쑥 자르고 다른 머리를 탁 붙이는 꿈을 꾸었다고 그래요, 아무튼 꿈을 깨고 나니 경에 문리가 터져서 어떤 경을 보든지 다 달통하게 되었다고 합니다."

마침내 처절한 수행이 깨침의 경지에 이르렀다. 문 없는 문을 열어젖혔고, 길 없는 길 위에 서게 되었다. 개벽이었다.

출가하여 중이 되었을 때 처음엔 출가한 본래의 취지를 미처 몰랐고 불문에 들어온 지 10여 성상星霜이 흘러서야 선과 교에 있어서 얼마쯤 섭렵했기에 본래의 취지가 어디에 있는지를 대충 판별했다. 첫째는 신근信根이 부족했고, 둘째는 주위 (환경이) 복잡하여 간신히 보소寶所(구경열반에 비유한 말)에는 이르렀으나 다만 심오한 경지에는 들지 못했으니 가히 금산金山은 만 길이라고 말할 수 있다.

만암 〈자서 약력〉

물외암 원경.
만암은 물외암에서 깨달음을 얻고
오도송을 읊었다.

제3장 | 맑은 거울은 앞뒤가 없다

만암의 겸손한 글에서 깨달았음의 경지를 알 수 있다. 첫 번째 깨달음이었다. 만암은 오도의 경지를 밝히지 않았다. 백일기도를 마치고 문리를 깨쳤다 함은 문자 속에 숨어있던 구경각의 경지를 실제로 체감하게 되었다는 뜻일 것이다.

마침내 물외암에서 만암이 깨달음을 얻었다. 오도송을 읊었다.

보배 칼을 마음대로 쓰고
맑은 거울은 앞뒤가 없도다
두 가지 모두 한 바람
뿌리 없는 나무에 불어 닿는다

寶刀飜游戱 明鏡無前後

兩般一樣風 吹到無根樹

내가 날 없는 칼을 잡아
노지露地의 흰 소를 잡아서
도소주와 함께 공양을 올리니
어느 곳에 은혜와 원수가 있을꼬

吾將無刃劍 割來露地牛

屠蘇兼供養 何處有恩讐

만암 〈어물외암중오도송於物外庵中悟道頌〉

학명이
깨달음을 만져주다

부안 변산 월명암月明庵에서 주석하고 있던 학명계종鶴鳴啓宗(1867~1929) 스님이 물외암으로 옮겨왔다. 학명은 월명암에서 깨닫고 오도송을 읊었다. 그리고 곧장 백양사로 넘어왔다. 큰절 백양사에서 자신의 깨달음의 경계를 알아보고 나름 보임을 하려 했을 것이다.

"46세 시 부안 월명암에 주석하실 때, 어느 날《선문염송禪門拈頌》을 뒤적이다가 문득 '불여만법위려자不與萬法爲侶者 시심마是甚麼' 하는 공안을 보고 마치 담장에 얼굴을 댄 것 같이 캄캄하여 먹지도 않고 자지도 않으며 며칠 동안 정진하다가 홀연히 불조佛祖가 입명立命한 경지를 깨달았다. 48세 시(1914)

백양사 선원으로 이석移錫하였다. 이때 500여 자에 달하는 방대한 〈백양산가白羊山歌〉를 지어 깨달음을 노래하였다."

연관 〈학명계종대선사 행장〉

백양산이 높이 솟아 이마를 볼 수 없으니
성주괴공成住壞空을 따르지 않고
지극히 크고 지극히 작기도 하여 분량分量을 초월하였으니
언제부터 만들어졌는지 햇수를 기억할 수 없네
양羊이여 산山이여 서로 상입相入하니
산이 곧 양이요 양이 곧 산이어서
산을 불러도 응답하지 않고 양만 스스로 돌아오고
양을 불러도 대답하지 않고 산만이 홀로 서 있어
낱낱의 털끝마다 산이 겹겹이요
낱낱의 봉우리마다 양이 떼를 지어있네
좁기는 이와 같이 바늘 끝도 용납할 수 없고
넓기는 이와 같이 법계法界에 두루하여
시방十方과 삼세三世에 간격이 없고
사성四聖과 육범六凡이 엿볼 수가 없네
시비是非의 바다 가운데 우뚝 높고
인아人我의 산속에 홀로 멀어서
비할 것이 없고 짝할 이가 없어서 물을 뿌린 듯 깨끗하고

학명선사 진영.
학명선사가
만암의 견처가
분명함을 알아보고
깨달음을 인가했다.

스스로 높고 스스로 낮아서 발가벗은 듯 또렷해서

천지를 다스리지만 기특한 꾀가 없고

소리를 뒤덮고 모양을 초월하여 스스로 우뚝하네

몸을 감추지 않은 곳에 종적이 없어서

나라거나 내가 아니라는 것이 모두 나이니

산은 푸르고 물은 맑아 사람 없는 곳에

무진보장無盡寶藏으로 이를 장엄하네

운문雲門 스님 언제부터 계셨는지 봉봉鳳을 타고 돌아오고

천진대天眞臺 가에는 백련이 피며

삼독三毒의 바다 깊고 생사生死 바다 넓은데

약사여래가 물외암에서 오시네

철저히 맑고 차고 철저히 단

신령스런 샘 한 줄기가 산에 있은 지 오래여서
밑 없는 발우로 한 방울 떠 마시니
감로甘露 법문이 딴 물건이 아니네
쌍계루 아래 도도히 흐르는 물은
인천人天을 이익케 하는 광장설廣長舌이요
때려도 머리를 돌리지 않는 금강한金剛漢은
이 언덕을 여의지 않고 저 언덕을 건너니
삼세三世 여래가 이것을 벗어나지 못하고
역대 조사가 이것에 들어가 남음이 없네
화탕火湯 지옥과 노탄爐炭 지옥이 얼음처럼 녹는 곳이요
검수劍樹 지옥과 도산刀山 지옥이 기왓장 무너지듯 할 때니
사나운 바람과 괴이한 비가 침노하여도 들어오지 못하고
번쩍이는 번개와 빠른 우레가 흔들어도 움직이지 않네
묻노니, 양과 산 어느 곳이 옳은가?
얼굴 앞에 뚜렷하고 눈앞에 가로 놓였으나
쳐다보고 우러러볼수록 더욱 볼 수 없으니
헤아리고 생각하면 천만리나 아득하니
둥근 명월明月도 비치는 힘이 없고
천 겹의 검은 구름이 가로막아도 어둡지 않네
종일 백양산에 있으면서도 백양을 잊어버리고
산은 나를 알지 못하고 나도 산을 알지 못하여

가련한 백양산 속의 객이
산이 있단 말을 듣지 못해 물을 줄도 모르네
한 번 청산에 들어가 다시는 돌아오지 않으리니
린성麟聖(공자)과 녹선鹿仙(부처님)이 나의 벗이라
천고千古 만고萬古에 누가 이를 알까
청풍淸風과 명월이 함께 한가롭네
뿌리 없는 나무에 양의 머리를 매달았으니
한 푼도 쓰지 말고 임의대로 먹게
무생법인無生法忍으로도 이 즐거움을 바꾸지 못하여
잠시 후 방초낙화芳草落花 따라 돌아오나니
내가 읊은 한두 곡조 알아주는 이 없더니
밤 못에 비 뿌리니 가을 물이 깊네
허공에서 북을 치고 수미산에 종을 치며
삼생三生의 꿈을 깼지만 아무리 찾아도 없고
성주괴공이 모두 비었으니
이마를 볼 수 없는 백양산이 솟아있네

학명 〈백양산가〉 연관 번역

학명은 깨달음의 경지를 백암산과 백양사 곳곳을 소재로 해서 풀어놓았다. 이때 학명은 화두를 들고 막 한 소식을 했다는 만암을 만났다. 만암 또한 '시심마是甚麼' 화두를 들었기에 선승 간의 법거량이 각별했을 것이다.

학명선사가 만암의 견처가 분명함을 알아보고 깨달음을 인가했다. 죽음과도 마주했던 처절한 수도 끝에 얻은 깨달음을 어루만져주었다. 임제종문의 간화 선맥이 학명선사로부터 만암에게 전하여 새롭게 빛이 났다. 학명이 이를 기뻐하며 만암에게 주는 게송을 읊었다.

물외암 천고의 일은
찬 창에 마주앉아 서로 말이 없도다
백암산 밝은 달 아래
원숭이는 울부짖으며 산마루를 지나가네
物外千古事 寒窓對無言

白岩一輪月 猿嘯過山原

우리 집 살림살이를
만암선사와 함께 희롱하니
고목에 꽃이 만발하고
불꽃 속에 찬 빛을 놓는다
吾家衣事物 共戲曼庵堂

枯木花爛漫 焰裡放寒光

학명 〈기만암선사寄曼庵禪師〉

만암을 접견하거나 그의 설법을 들은 이들은 만암이 깨달은 높은 경지를 추앙하며 받들었다. 그럼에도 만암의 모습에서는 어떤 교만도 묻어 있지 않았다. 모든 것이 평소와 다름없었다. 그래서 더 큰스님이었다. 김포광 스님은 만암의 영찬影讚에 이런 글을 지어 올렸다.

여래의 말씀을 다 보고
조사의 뜻을 깨달았다
만암선사가 한 번 할 하니
태고의 선풍이 다시 일어난다
覽盡如來說 悟得祖師意
曼庵堂一喝 再興太古禪

참으로 만암의 면모를 제대로 짚어냈다. 만암은 이후에도 조석으로 좌선에 돌입했다. 제방을 돌며 법문을 할 때마다 화두를 들라 권했다. 만암의 별호가 '이 뭣고'였다.
"밥 먹고 옷 입고 말하고 듣는 이놈이 무엇인고?"
"부모미생전父母未生前 나의 본래면목은 무엇인고?"
"이 송장을 끌고 다니는 이놈이 무엇인고?"

해동율맥을 잇다

만암은 1897년 2월 15일 22세에 구암사 금강계단에서 금해 관영錦海瓘英(1856~1926) 스님으로부터 사미계와 비구계를 받았다. 금해는 대은율사大隱律師의 정맥을 계승했으니 만암은 이로써 해동율맥을 이어받았다. 해동율맥, 듣기만 해도 참으로 귀했다.

한국불교의 율맥은 자장율사 이래로 면면이 이어져왔다. 자장은 중국으로 건너가 문수보살을 친견하고 가사와 부처님 사리를 받아 신라로 돌아왔다. 자장은 통도사에 금강계단을 지었다. 문수보살이 내려준 도식圖式을 그대로 따랐다. 선덕왕이 계단 아래서 대계大戒를 받았다.

금해선사 진영.
만암은 구암사 금강계단에서
금해선사로부터
해동율맥을 이어받고
해동율맥 제8조가 되었다.

하지만 조선왕조 시대는 숭유배불崇儒排佛 정책으로 불교는 피폐했다. 더욱이 환성지안喚醒志安(1664~1729) 스님의 순교 이후에는 계맥戒脈이 희미해졌다. 환성은 15세에 미지산 용문사로 출가했다. 정원淨源 스님으로부터 구족계를 받았다. 17세에 월담月潭 스님을 찾아가 법맥을 이어받았다. 월담은 환성이 큰 그릇임을 알아보고 의발을 전해주었다. 임제종의 선지를 철저히 주창한 선사였으며, 조선 후기 화엄사상의 최고봉이었다. 당시 화엄학의 큰 산으로 추앙받던 모운慕雲 스님도 환성의 학덕에 탄복하여 수백 명의 학인을 맡기고 다른 사찰로 떠나갔다는 일화가 전해진다.

"환성은 마침내 대중들 앞에 나아가 종縱으로 설법하고 횡橫으로 설법하였는데, 털을 나누고 실을 가리듯 그 호연함이 마치 강물이 콸콸 흘러가는 듯하여, 대중들이 그의 설법을 듣고 활연히 다 깨달았다. 그로 말미암아 사방의 승려들이 바람에 쏠리듯 구름처럼 몰려들었다."

범해《동사열전》

환성이 법석에 앉아 '교教의 뜻을 논하면 만경창파가 넘치는 듯했고, 선禪의 이치를 펼치면 천길 벼랑이 솟는 듯하다'고 찬했다. 1725년(영조 1) 김제 금산사에서 열린 화엄대법회에 1,400명이 모여들었다. 이 법회가 정점이었다.

하늘을 찌르는 스님의 명성이 결국 화를 불러왔다. 왕조의 신하들과 유생들은 금산사 화엄대법회를 역모의 전조로 몰아갔다. 환성은 결국 지리산에서 붙잡혀 감옥에 갇혔다가 제주도로 귀양을 갔다. 1729년 유배지에 도착한 지 7일 만에 순교했다. 열반에 들기 직전 스님은 허공을 향해 외쳤다.

필경 머리와 더불어 꼬리가 없도다

사자 새끼에게 더불어 부촉하노니

사자 울부짖는 소리 천지에 가득하도다

물 따라 내려 흘러가는 한 조각 일이니

竟無頭與尾 付余獅子兒

哨吼滿天地 沿流一段事

스님이 입적한 후에는 제주도의 '산이 사흘을 울고 바닷물이 넘쳐 올랐다(山鳴三日 海水騰沸)'고 한다.

"예전에 세 성현이 탐라에 온다는 예언이 있었는데 환성이 그 한 분이라고들 들었다. 세 분 성현에 대해서는, 한라산 꼭대기에 돌부처가 있는데 그 돌부처 등에 새겨진 글이 있었으니 그 내용은 이러했다. '세 분 성현이 입적할 곳으로서 한 분은 중국의 정법正法 보살로서 이곳에 와서 살다가 입적할 것이요, 또 한 분은 허응虛應 존자로서 이곳에 들어와 살다가 입적할 것이며, 다른 한 분은 환성 종사로서 이곳에 유배되어 살다가 입적하게 될 것이다.'"

범해《동사열전》

스님의 세속 나이 65세, 법랍 51세였다. 서산대사의 제자는 1,000명이 넘었고, 환성 스님의 법회에 1,400명의 사부대중이 참석했지만 그 많은 불도들은 흩어지고 이후 조선불교에는 암흑기가 도래했다. 법맥은 이어졌어도 계맥은 희미해졌다. 조선불교의 계맥이 단절되었다 함은 승가의 정통성이 끊기고 불조의 혜명慧命이 단절될 위기에 처해 있음이었다. 다시 계율을 세워야했다.

저 남녘에서 이를 비통하게 여긴 이들이 있었다. 바로 금담金潭(1765~1848) 스님과 제자 대은大隱(1780~1841) 스님이었다. 스승과 제자는 마음을 모아 서상수계瑞祥受戒를 받자는 서원을 세웠다. 스승과 제자는 1826년(순조 26) 7월 7일 하동 지리산 칠불선원에서 계戒를 내려달라는 기도를 올렸다. 간절한 기도에 마침내 가피가 있었다. 7일이 지날 즈음 홀연 허공에서 빛이 내려왔다. 그런데 기이한 일이 벌어졌다. 스승 금담이 아닌 제자 대은의 정수리에 빛이 내렸다. 또 저절로 향에 불이 붙어 사위가 향기로웠다. 환성 스님이 순교 이후 어림 100년 만이었다. '사자 울부짖는 소리만 천지에 가득했던' 환성의 마지막 외침이 서려있던 허공, 그 허공에서 마침내 빛이 내려왔다. 계맥을 잇는 상서로운 순간이었다. 스승 금담은 제자의 정수리에 내리는 빛을 보며 감복했다. 금담이 말했다.

"경經에 이르길 '오직 계戒로써 아버지와 아들이 서로 이어지듯 스승으로 삼으라'고 하였다."

금담은 열다섯 살 아래인 제자 대은에게 절을 올렸다. 이제는 제자가 스승이었다. 대은으로부터 대계와 구족계를 받았다. 해동율맥의 시작이었다. 대은은 해동율맥 초조의 자리에 올랐고, 금담은 스스로 제2조를 자처했다.

대은으로부터 계를 전해 받은 금담은 백양사와 해인사의 율조律祖가 되었다. 백양사에서는 금담—초의草衣—범해梵海—제산霽山—호은虎隱—금해錦海—만암—묵담默潭, 서옹西翁으로 전해졌다. 해인사에서는 금담—초의—범해—제산—용성龍城—경하景霞—자운慈雲—고암古庵으로 이어졌다.

서상수계와 관련 용성 스님의 일화가 전해진다. 용성이 중국을 방문하여 법담을 나눌 때 중국 계맥을 자랑하는 그곳의 승려들에게 우리나라의 자서수계自誓受戒를 소개하며 그들의 오만을 물리쳤다. 용성은 누구보다 계율을 중시하여 엄혹한 시절에 대처식육帶妻食肉을 질타했던 청정비구였다.

해가 바뀌어도 용성은 청나라에 머물렀다. 1908년 2월 통주通州 화엄사를 찾아갔다. 어떤 승려가 물었다.

"당신은 어느 절에서 수계하셨습니까?"

"우리나라 통도사 금강계단에서 계를 받았습니다."

승려가 물었다.

"우리나라의 정계淨戒가 언제 당신네 나라에 전해졌습니까? 내가 듣기에는 조선의 승려들은 다만 사미계를 받아서 승려가 되었을 뿐이고 대계大戒를 받았다는 말은 아직까지 들은 적이 없습니다."

그 말에 용성이 크게 웃었다. 그리고 차분히 말했다.

"허공의 해와 달이 당신 나라의 해와 달인가? 대체로 불법이란 천하의 공도公道임이 분명할진대 천하의 공도를 어찌하여 중토中土(중국)에만 국한하는 것이오. 국가는 대국이지만 사람은 소인이로다. 설령 그렇다 해도 중토의 중은 고정된 것이 아니니, 당신 나라를 남쪽에서 보면 북쪽에 있고, 북쪽에서 보면 남쪽에 있는 것입니다. 동쪽과 서쪽에서도 마찬가지인데 중中이 무엇을 근거하여 성립될 수 있겠소이까. 만일 사람을 업신여긴다면 한량없고 끝이 없는 죄가 있을 것이오. 아시겠소?"

그러면서 용성이 즉석에서 시를 지어 보였다.

해가 부상국扶桑國을 비추니
강남의 바다와 산이 붉어지네
같음과 다름을 묻지 마소
영묘한 빛은 고금에 통한다네
日照扶桑國 江南海岳紅
莫問同與別 靈光今古通

부상국이란 중국 전설에 나오는 '해 돋는 동쪽 바닷속 나라'을 가리켰다. 용성은 중국의 전설을 끌어들여 즉석에서 시를 지어 보였다. 참으로 누구도 범접할 수 없는 기봉機鋒이었다. 용성은 이어서 동쪽나라에서 일어난 서상수계瑞祥受戒를 설명했다.

"우리나라 계법戒法은 스님들께서 서로 전하여 내려왔다오. 백여 년 전에 금담장로와 대은장로 두 분이 동국제일선원에서 서원을 세우고 7일간 기도를 하셨는데 한 줄기 상서로운 광명이 대은장로의 정수리로 쏟아지는 감응이 있었다오. 그래서 대계와 소계의 계단을 개설하신 것이니, 이는 중국의 고심율사古心律師의 경우와 같은 것이요."

김택근 《용성 평전》

만암은 해동율맥의 제8조가 되었다. 만암은 이후 누구도 범접할 수 없는 청정비구의 길을 걸었고 암울했던 불교의 새 길을 열었다. 돌아보면 계를 잃은 지난날의 불교는 부처의 종교가 아니었다. 부처님은 최후에 이렇게 말했다.

"계율로서 스승을 삼아라."

만암은 이를 잊지 않았다. 시류時流를 핑계로 파계破戒를 하는 무리들과는 어울리지 않았다. 그들을 꾸짖으며 선승의 길을 걸었다. 어떤 유혹에도 흔들리지 않았다. '진묵震默은 술을 마셨고, 보지공寶誌公은 비둘기를 먹었고, 무염족왕無厭足王은 살생을 행하고, 바수밀녀婆須密女는 간음을 행하였다'라고 말하는 자들과는 가까이 하지 않았다.

백양사에 세운 금강계단

만암은 백양사가 아닌 구암사에서 계를 받았다. 백양사 형편이 그 정도로 곤궁했다. 하지만 중창불사를 마치고 불사리탑을 세우면서 마침내 백양사에서도 금강계단을 마련할 수 있었다. 더욱이 백양사에는 고승들이 주석하고 있었다. 그리고 어느덧 만암 자신 또한 고승 반열에 올랐다.

금강보계金剛寶戒란 말이 가리키듯 금강계는 가장 보배로운 계戒를 뜻한다. 그리고 불사리를 모신 금강계단에는 부처가 항상 그곳에 있다는 상징성을 띠고 있다. 불교에서는 일체의 모든 것을 깨뜨릴 수 있는 가장 단단한 것을 금강이라 칭한다. 금강과 같은 반야의 지혜로 모든 번뇌를 물리칠 것을 강조한다. 계정혜戒定慧의 삼학三學 가운데서도 계율이 으뜸이고, 금강계단 중에서도 불사리를 봉안한 곳이 으뜸이었다.

만암이 주지로 있는 백양사에서도 금강계단을 설치하고 계법 의식을 거행했다. 1929년 부처님오신날에 보살대계를 받은 변진설의 호계첩을 보면 그 의식이 여법하게 거행되었음을 알 수 있다. 호계첩은 우선 자장, 진표, 지공율사가 계맥을 전수한 사실을 기술했다. 그리고 대은율사가 서상수계로 계를 구한 사실도 밝혔다. 그런 계맥을 가리키면서 수계자가 지켜야 할 것들을 구체적으로 명시했다.

"계를 받은 제자는 무릇 계율을 전수받고 간직해야 한다. 그리고 불법을 널리 전하고, 태평시대에 일조하며, 가르침을 따르면서도 참선하기를 기약해야 한다. 혹 사찰에 있거나 혹은 산속에 있더라도 반드시 경전의 뜻을 연구하고 밝히며, 계율을 정밀하고 엄격하게 지켜야 한다. 아울러 부처님의 가르침을 닦고 밝히며, 승려들의 법규를 온전하고 바르게 지켜야 한다. 그리고 계율을 널리 퍼뜨려, 위로는 사은四恩에 보답하고 아래로는 삼도三途의 중생들을 구제하여서 위없는 바른 깨달음을 함께 이루어야 한다.

이로 말미암아 이곳 계단에서 계율에 의거하여 계법 의식을 거행한다. 안에 있는 수계제자는 청신사淸信士 변진설로 본적은 해동 조선 전라남도 장성군 장성면 장안리이다. 본 계단

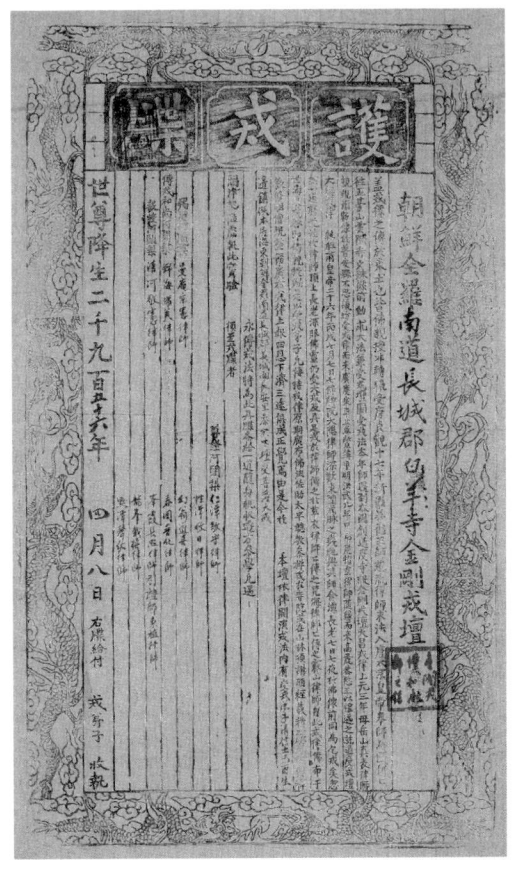

1929년 4월 8일 발행한 호계첩.
백양사에도 금강계단을 설치하고 계법 의식을 거행했다.
호계첩에 자장, 진표, 지공율사가 계맥을 전수한 사실을 기술했다.
그리고 대은율사가 서상수계로 계를 구한 사실도 밝혔다.

에 참여하고 보살대계를 받았으니 계법을 길이 전하라. 이를 위해 특별히 계첩을 하나씩 지급하니, 이것을 항상 몸에 지니고 다니도록 하라."

호계첩을 보면 만암은 갈마아사리羯磨阿闍梨에 이름을 올렸다. 갈마아사리란 계단에서 계를 받는 사람에게 지침이 되는 스님을 일컬음이니 만암은 이미 백양사는 물론이요, 삼남지방의 청정 율사로 높임을 받고 있었다. 만암은 자신이 계율을 철저히 지키며 백양사를 청정도량으로 일구었다. 특히 교정과 종정에 오른 후에도 계명戒命을 중시하는 잇단 유시를 발표한다. 만암이 얼마나 계율을 중시하며 스스로에 엄격했는지를 알 수 있다.

왜구의 침입 이래로 우리 불교의 정법안장에 계명戒命이 피탈되어 동同 법신法身이 가위可謂 반신불수로 자유롭지 못하던 중 다행히 전년前年 교무회의 현명한 제위諸位의 고안考案으로 법체法體의 원만함을 얻었음은 또한 불일佛日의 광명이 다시 비추리라 본다.

1953년 8월 〈새로운 면목〉

둘째, 계명戒命의 존속이니 왜구가 침입한 이래 우리 불교의 정법안장 중 계명이 피탈되어 동 법신이 반신불수가 되었던 것을 다행히 거년去年 대회에서 제덕諸德의 용단으로 법체의 원만을 얻게 된 것은 실로 이 나라에 불일佛日의 재휘再輝라 이르지 아니할 수 없습니다.

1953년 11월, 제12회 정기중앙교무회 유시

노납이 여러 해를 두고 주장해온 일이오나 왜정倭政의 지배로 또한 해방 후 자유풍조로 인하여 끝내 구현하지 못했으나 시의時宜의 도래인지 요즘 일반의 여론이 이에 대하여 관심을 갖는 듯하니 이 교풍敎風 문제를 잘 토의하여 어쨌든 법성일우法城一隅에 계명戒命이 면면히 이어지도록 특히 진력하여 주기 바라옵니다.

1954년 6월, 제13회 정기중앙교무회 유시

중도를
설파하다

만암은 불교는 절대 평등이요, 절대 공기公器라고 정의했다. 누구나 깨달음을 얻을 수 있다는 말이다. 하지만 개인의 근기에 따라서 늦게 이룰 수도, 빨리 이룰 수도 있다고 했다. 봄바람에는 높낮이가 없어 모든 것들이 맞을 수 있지만 봄바람을 맞는 꽃가지에는 길고 짧은 것이 있다고 했다. 절묘한 비유이다.

나의 불교관은 둥글기가 큰 허공과 같아서(圓同太虛) 모자람도 없고 남음도 없으며(無缺無餘), 색과 공이 다르지 않아(色空不二) 늘어나지도 않고 줄어들지도 않으며(不增不減), 친하지도 않고 소원하지도 않아(無親無疎) 객관과 주관을 나눌 수 없으며(物我不分), 선과 악이 모두 공하여(善惡俱空) 원수거나 친한 이가 매한가지여서(冤親一如) 절대 평등이요 절대 공기라 일컫도다.

만암 〈오인의 불교관〉

만암은 모자람도 없고 남는 것도 없는, 불어나지도 빠지지도 않는, 객관도 아니고 주관도 아닌, 원망도 없고 은혜도 없는 경지를 체득했다고 선언하고 있다. 이는 곧 중도이다. 석가모니 부처가 깨닫고 녹야원에서 수행하던 다섯 명의 비구를 찾아가 말씀하셨다.

"너희들이 세상의 향락만 버릴 줄 알고 고행하는 이 괴로움(苦)도 병인 줄 모르고 버리지 못하지만 참으로 해탈하려면 고와 낙을 다 버려야 한다. 이변을 버려야만 중도를 깨칠 수 있다."

'이변을 버리고 중도를 정등각하였다'는 초전법륜이 곧 '중도 대선언'이었다. 부증불감은 불교의 골수이다. 세상의 모습이 시시각각 생겨나고 사라지지만 그것은 겉보기일 뿐 실제로는 결코 없어지지 않는다. 《화엄경》은 이를 무진연기無盡緣起라고 이른다. 끝없이 연기할 뿐 그 본모습은 불생불멸하고 모든 것들이 천변만화한다고 해도 상주불멸常住不滅 그대로라는 것이다.

《반야심경》에 이런 구절이 있다.

"색과 공이 다르지 않고 공이 색과 다르지 않다. 색이 곧 공이며 공이 곧 색이다(色不異空 空不異色 色卽是空 空卽是色)."

색色이란 보이는 유형이고 공空이란 무형이다. 그럼에도 유형이 무형이고, 무형이 유형이라고 말한다.

일체만물이 서로 융화한다. 모든 모순과 대립을 완전히 초월하여 전부 융화해버리는 것이다. 모순 대립된 생멸을 초월하여 생과 멸이 서로 융화하여 생이 멸이고, 멸이 생이 되어버리는 것이다. 불생불멸과 부증불감의 원리는 어디서 차용해 온 것이 아니다. 우주 전체가 본래 불생불멸이었다. 그래서 일체만법이 불생불멸인 것을 깨쳐서 알게 되면 극락이 필요 없고, 지금 있는 곳이 곧 절대의 세계이다. 사바세계가 곧 극락의 세계가 되어버린다.

만암은 이러한 중도를 깨치기 위해서는 참선 수행으로 구두선을 물리쳐야 한다고 강조했다. 백련사에서 안거를 마치며 〈백련사해제음白蓮寺解制吟〉이란 시를 지어 그 경지를 나타냈다.

고금에 초연한 일원상一圓相에
어떤 훌륭한 자취가 채찍을 가하리
천상천하에 비상한 한 물건이요

달 밝고 바람 맑아 절호絶好한 해라오

古今超然一相圓 有何勝跡且加鞭

上天下地非常物 月白風淸絶好年

여러 벗들 마음 밖에서 부처를 구하지 말라

우리 또한 구두선을 무너뜨려야 하리

오직 성성적적한 광명만을 간직하니

유독 선성先聖의 앞에 부끄러움 없도다

諸友莫求心外佛 吾人亦破口頭禪

惟惺寂寂光明藏 不獨愧於先聖前

만암 〈백련사 해제에 읊음〉

만암은 마음 밖에서 부처를 구하지 말고, 구두선을 무너뜨리라고 가르쳤다. 언설과 문자를 믿음은 참으로 어리석다고 이를 경계하라 이른다.

지금 불교를 위해 적은 힘을 보탠다면서 말과 글을 더한다는 것은 한마디로 본래 취지에 너무 벗어나는지라 '너무 잘하려다가 오히려 일을 망치는 꼴(欲巧反拙)'이요, '흰 옥에 무늬를 새김으로써 본래의 덕을 잃어버리는 것(彫文傷德)'의 희롱을 면하기 어려울 듯하다. 아무리 종자기鍾子期의 지음知音이 있다

하더라도 백아伯牙가 거문고를 타지 아니하면 어찌 그 소리가 아아峨峨하고 양양洋洋함을 분별하겠는가.

   그러므로 염화미소가 이심전심의 묘처를 이루고 시정한담市井閒談이 격외종지格外宗旨를 이루었다 했으니 소동파가 이르기를 '계성즉시장광설溪聲卽是長廣舌이요 산색무비청정신山色無非淸淨身'이라, 즉 시냇물 소리가 바로 장광설이요 산빛은 청정신淸淨身 아님이 없다고 했다. 이같이 알아 체득하고 이같이 믿어 체달한다면 말씀이 다른 곳에서 오는 것이 아니요 법이 모두 개인을 좇아가는 것도 아니다.

만암 〈불교담병〉

제4장 임제종통을 지킨 남녘의 선승

曼庵

백양사 스님들
"부처를 팔지 말라"

1910년 8월 29일 나라를 잃었다. 조선이 일본에 병합되었다는 비보가 백양사 산문을 넘어왔다. 곧 나라가 망할 것이라는 소문은 이미 남녘까지 내려왔지만 한 번도 겪어보지 않았던 일이기에 백성들은 이를 믿지 않았다. 하지만 망국은 현실이었다. 모두 망연자실했다. 백학바위는 여전히 하얗게 빛났지만 백양사 대중의 표정은 어둡기만 했다.

산야에 백성들 통곡이 낭자한데 불교계에서는 기이하고도 한심한 일이 벌어졌다. 바로 승려들의 친일 행각이었다. 그중에서도 이회광李晦光(1862~1933)이 주도한 한일 불교연합 책동은 이 땅의 선승들이 낯을 들 수 없게 만들었다. 어찌 보면 이러한 승려들의 친일 행각은 당시 불교계 기반이 너무도 허술하기 때문에 가능했다. 조선불교는 이렇듯 허약하기 이를 데 없었다.

1895년 승려의 도성 출입 금지가 해제되었다. 그러나 그것은 일본 승려의 건의로 이뤄졌다. 미루어 보면 그때부터 일본은 종교를 포함한 모든 분야에서 한반도를 복속시키기 위한 치밀한 침략 계책을 세우고 있었다. 1894년 청일전쟁이 일어나자 일본의 각 종파는 일본군에 종군승從軍僧을 파견하여 조선 진출을 모색했다. 일본은 정치·경제 침략과 더불어 종교적 침투를 시도했다. 그중에서도 특히 불교를 선택한 것은 조선 불교가 오랜 역사와 전통을 지녔고, 위정자들은 배척했지만 백성들 사이에 여전히 깊은 믿음의 뿌리를 내리고 있었기 때문이었다. 즉 조선 백성들이 숭앙하고 있는 불교를 앞세워 조선 복속의 거부감을 희석시키려는 책략이 숨어있었다.

"승려의 도성 출입 금지를 해제했다. 옛 제도에서는 승려의 도성 출입을 금했는데, 작년에 왜승 좌야전려佐野前勵(사노젠레이)가 정부에 서한을 올려 승금僧禁을 해제해달라고 청하자 김홍집이 경연에서 아뢰어 이 명을 내렸다."

황현《매천야록》

조선에 들어와 있던 외국인이 보기에도 승려들의 도성 출입 금지는 이해할 수 없었던 듯하다. 또한 한옥이 즐비한 도시에 유독 기독교 교회만이 우뚝 솟아있는 풍경이 눈에 거슬렸던 것 같다.

"불교는 코리아에서 금지되어 있다. 1894년(1895년을 착각한 듯) 이전 300여 년 동안 어떠한 불교 승려도 담으로 에워싼 도시로 들어오는 것을 허락받지 못했다. 그러므로 오늘날 도시는 사원(절)을 통해 위엄을 갖추고 있지 않다. 열정적이지만 비예술적인 선교사에 의해 지어진, 우뚝 솟은 꼴불견의 외국 교회를 제외하고는 어떠한 종교적인 건물도 위용을 자랑하지 못한다."

버튼 홈스《1901년 서울을 걷다》

일본불교의 조선 상륙은 일제의 비호 아래 치밀하게 추진되었다. 이는 1895년 10월 명성황후시해사건에 일본 조동종의 승려 다케다 한시(武田範之)가 가담한 사실만 봐도 알 수 있다. 1904년 러일전쟁에서 승리하자 일본불교는 거침없이 조선에서 교세를 확장해나갔다. 정토종·일련종·진언종·조동종·임제종 등이 앞을 다퉈 조선에 진출했다. 어찌됐든 승려들의 도성 출입 금지가 해제되면서 조선불교는 새로운 국면을 맞았다. 억불숭유 정책으로 크게 위축되었던 불교계는 크게 고무되었다.

불교계는 1902년 동대문 밖에 원흥사元興寺를 세웠다. 원흥사 창건은 도심 포교의 거점을 확보한 역사적인 사건이었다. 1908년 3월 승려 대표 60여 명이 원흥사에 모여 조선의 대표 종단을 결성하기로 했다. 도심 포교를 위해서는 종단이 꼭 필요했다. 불교인들의 염원이었다. 종단이 있어야 현안에 대해서 조직적인 대응을 할 수 있었다. 일반인들이 불교를 무속 정도로 치부해도 구심체가 없다보니 효율적인 대응을 할 수 없었다. 언론조차 불교는 본래의 가르침을 잃어버리고 서민들의 복을 빌어주는 미신 정도로 인식하고 있었다.

"불교는 인도 안 몇 나라와 청국과 조선과 일본 등지에 있는데, 말은 불교라 하여 그러하되 나라마다 교하는 법이 다르고 조선, 청국 등지에 있는 불교는 원래 불교와 온통 달라 이름만 불교라 하지, 실상인즉 석가여래가 가르친 교가 아니요 인형을 만들어 놓고 어리석은 백성을 속여 돈을 뺏자는 주의가 되었으니, 본고장에 있는 인도불교와 온통 달라졌더라."

《독립신문》 사설, 1897년 1월 26일

"대체로 코리아는 종교가 없다고 보여진다. 상류층은 불교를 경시하고 있다. 기독교는 허용되고 있으며 (사람들은 기독교에 대해) 호기심을 갖고 있다."

버튼 홈스 《1901년 서울을 걷다》

"북서쪽에 위치한 성문 바로 밖에는 세 명의 승려가 어느 날 밤 통행금지를 무릅쓰고 성내로 숨어들어오려다가 군인들의 칼에 목숨을 잃은 장소가 있다. 그곳 주민들은 그 승려들의 혼이 밤이면 그 장소에 나타나 자신들의 원한을 풀기 위해 호시탐탐 행인들을 노리고 있다고 믿고 있다."

아손 그렙스트 《스웨덴 기자 아손, 100년 전 한국을 걷다》

이처럼 불교는 도심에서는 거의 미신쯤으로 인식되어 있었고, 승려들은 행인들의 눈을 피해 쫓겨 다녔다. 승려들의 도성 출입이 허용되었지만 대중의 인식 변화는 단시간에 이뤄질 수 없었다. 그해 6월 원종圓宗을 설립한 불교계는 이회광을 종정으로 추대했다. 당시 이회광은 조선의 마지막 대강백으로 추앙을 받고 있었다. 범해 스님은 그를 한껏 추켜세웠다.

"회광 스님이 강당을 개설하고 설법을 시작하니 양서(황해도와 평안도)와 삼남지역의 학인들이 무명의 숲을 헤치고 불조의 가풍을 우러러 몰려들었다. 그리하여 1년 사시四時 내내 귀에 입을 가까이 하고 얼굴을 맞대고 가르쳐 보내느라 쉴 겨를이 없었다. 스님의 명성은 드높을 대로 높아져서 피할 길이 없었다. … 스님이 하룻밤을 자고 한번 지나가면 마치 봄 동산에 사향노루가 지나가면 풀이 절로 향기로운 것 같다는 말처럼 되었으며, 한마디 말을 어떤 사람에게 주면 흡사 밝은 달빛이 선정에 든 스님을 오래도록 비추는 것과 같았다."

범해 《동사열전》

더없는 극찬이었다. 불교계의 핵심 인물로 떠오른 이회광은 국권이 강탈당한 이후에 엉뚱한 야심을 드러냈다. 원종 지도부와 함께 한국불교의 진로를 탐색하던 이회광은 불교 개혁을 명분으로 내세워 일본불교의 힘을 끌어오자고 주장했다. 그러면서 일본 조동종과의 연합을 획책했다. 이 모든 것들이 불교 권력을 홀로 거머쥐고 싶은 욕구에서 비롯됐다. 1910년 10월 6일 전국 72개 사찰의 위임장을 들고 일본으로 건너갔다. 이회광은 조동종 관장을 만나 '연합맹약 7개조'에 합의했다. 형식적으로는 연합이었지만 사실상 예속이었다. 나라가 망한 지 45일 만이었으니 참으로 부끄러운 일이었다.

현지에서 불교 합병을 간청하고 돌아온 이회광은 전국의 사찰을 순회하며 연합에 찬성할 것을 독려했다. 하지만 조선불교는 그리 만만치 않았다. 참 비구의 길을 걷고 있었던 박한영과 송만암, 한용운 같은 선승들이 있었다. 연합맹약의 허점과 굴욕적인 조항들이 드러나고 이내 이회광 무리의 야욕이 드러났다. 조선의 선승들은 분노했다. 특히 남녘의 사찰에서는 이를 불교를 팔아먹는 매종賣宗으로 규정했다.

조선불교가 분연히 일어났다. 박한영, 진진응, 송만암, 김종래, 한용운 등이 중심이 되어 이회광의 행위를 규탄했다. 그리고 행동으로 옮겼다. 이는 호법 운동이었고, 곧 항일 운동이었다. 훗날 박한영은 《동아일보》 1920년 6월 28일자에서 그때를 이렇게 회상했다.

"이와 같은 맹약을 맺어서 맹약으로 불교를 전부 조동종에 부속하게 하려고 하였소. 그러나 그때는 한국이 일본에 처음으로 합병되는 때라 조선 사람은 무슨 말을 할 수도 없을 만큼 시세 형편이 흉흉하였소. 그러나 이와 같은 중대 문제를 그대로 둘 수 없어서 지금 47인의 한 사람으로 서대문 감옥에 들어가 있는 한용운과 나와 두 사람이 경상도 전라도에 있는 각 사찰에 통문을 돌리어 반대 운동을 하는데 물론 우리의 주의는 역사적 생명을 가진 우리불교를 일본에 부속하게 하는 것이 좋지 못하여 그리하는 것이었으나 그때 형편으로는 도저히 그러한 사상을 발표할 수 없음으로 조선불교의 연원이 임제종에서 발하였은 즉 조동종과 연합할 수 없다는 취지로 반대하였소."

1911년 새해 무등산 자락에 있는 증심사證心寺에서 남녘의 승려 15인이 전라남도 사찰대표 특별총회를 열고 매종 행위를 규탄하고 조선불교의 뿌리는 임제종에서 비롯되었음을 확인하고 조동종 연합에 맞서 임제종을 확산해나가자고 결의했

증심사에서 1911년 남녘 승려 15인이
전라남도 사찰대표 특별총회를 열고
매종 행위를 규탄하고 조동종 연합에 맞서
임제종을 확산해나가자고 결의했다.

다. 만암도 분연히 일어나 증심사로 한달음에 달려갔다.

"전남래인全南來人의 전설傳說을 문문聞한 즉 금월今月 6일에 전남 제사諸寺 대표인代表人 김학산, 이회성, 조신봉, 김청호, 장기림, 박한영, 진진응, 신경허, 송종헌, 김종래, 김석연, 송학봉, 도진호 등 15인이 광주군 서석산하瑞石山下 증심사 내에서 특별총회를 개開하였는데 임제종문을 일층 확장하고 호남 제사의 신숙제생新塾諸生을 근면勤勉하여 신구新舊의 교학을 쇄신하여 신교信敎 자유의 목적지에 기달期達하는 것이 신세계 종교인의 광위한 의무라고 제산諸山 숙내塾內에 포고하였다더라."

《매일신보》1911년 2월 2일자

1911년 1월 15일 조계산 송광사에서 승려 총회를 열고 이회광의 매종 행위에 맞서는 구체적인 대책을 논의했다. 이 자리에서 승려들은 삿된 책동을 물리치고 한국불교 고유의 정맥正脈을 잇겠다는 선언을 했다. 또 원종에 대응하는 임제종단을 세우기로 의견을 모았다.

이에 따라 송광사에 임제종 임시 종무원을 설치하기로 했다. 원종은 뚜렷한 법맥을 내세우지 못했지만 임제종은 "태고 이래로 임제종의 법맥을 이어왔음으로 임제종이 정당하다"고 선언했다. 이날 임제종 대표도 선출했는데 마지막까지 백양사 환응幻應과 선암사 경운擎雲이 경합을 벌였다.

"관장을 투표로 선거하였다. 선암사의 김경운과 백양사의 김환응이 모두 덕망이 높아 동수의 표를 얻었다. 여러 번 선거를 해도 모두 같아서 끝내 별도로 선거하는 방법을 정하여 경운법사로 결정하였다."

《역주 조선불교통사》

남녘 사찰 중에서도 특히 백양사 승려들이 임제종 운동을 주도했다. 김환응, 박한영, 송만암 3인이 핵심 역할을 했다.

임제종 설립 운동은 영호남 주요 사찰들의 호응으로 점차 공감대를 넓혀나갔다. 경성, 동래, 대구, 전주의 사찰들이 동참했다. 특히 조선임제종중앙포교당이 1912년 5월 경성 사동에 문을 열었다. 임제종중앙포교당 개교식 소식을 《매일신보》는 이렇게 전하고 있다.

"이미 전한 바와 같이 재작일 오후 3시부터 중부 사동에 있는 조선임제종중앙포교당에서 성대한 개교식을 실행하였는데, 한용운 화상의 취지 설명, 백용성 화상의 교리 설명, 정운복 리능화 양씨의 연설, 호동학교 생도 일동의 찬가, 음악대의 주악 등이 있었고, 당일에 입교한 남녀가 팔백 명에 달했으며 구경꾼이 일천삼백 명이 되어 공전절후의 성황을 이루었다더라."

《매일신보》 5월 28일자

이러한 불교계의 비상한 움직임에도 일제는 아무런 대응을 하지 않았다. 임제종의 비약적인 세력 확장을 지켜보기만 했다. 반일 성격의 임제종임에도 아무런 제재도 하지 않았다. 그것이 수상했다. 단지 종단 설립만은 허락하지 않았다. 더욱 이상한 것은 친일색채가 농후한 원종에게도 설립 인가를 내주지 않고 있었다. 거기에는 그럴만한 까닭이 숨어 있었다. 바로 불교계를 총독부에 예속시킬 '사찰령寺刹令'을 마련해놓고 이를 감추고 있었다.

마침내 1911년 6월 일제는 기습적으로 사찰령을 반포했다. 내용은 충격적이었다. 사찰 주지의 임면권을 총독과 도지사에게 부여하여 일제에 복종할 것을 강요했다. 전국의 사찰을 30본산으로 나누어 관리하고 총독부가 인사권과 재산처분권을 갖도록 했다.

심지어 일왕의 무병장수를 축원해야 한다는 규정까지 두었다. 조선불교를 황폐화시켜서 조선인 의식을 황민화시키려는 술책이었다. 일본의 의도대로 이후에 너도나도 일제에 두 손을 모으고 고개를 숙였다. 친일승들이 대거 등장했다. 일본불교의 침투에 맞서 조선 고유의 선풍을 받들겠다는 선승들은 설 자리가 없어졌다. 이회광의 매종 망동은 막아냈지만 임제종 설립 운동 또한 수포로 돌아가고 말았다.

백용성과 박한영의
죽비

일제의 사찰령에 의하여 사찰들은 사법寺法을 개정하여 총독의 허가를 받아야 했다. 일제는 식민지 통치를 위해 불교를 야금야금 장악해나갔다. 본산 주지 및 불교계에서 유력한 인물들을 일본으로 초대하여 사찰을 둘러보게 했다. 또 천왕과의 면담을 주선하는 등 환심을 사는 데 주력했다.

이러한 조치에 의혹의 시선을 보내기도 했지만 조선시대 탄압만 받았던 불교계로서는 싫지만은 않았다. 하지만 사찰령 자체가 악법이었다. 일제는 사찰 내 승려들을 다루기 쉽도록 관료화시켰다. 본산 주지에게 권한을 몰아주었다. 한편으로는 당근을 쥐어주어 주지들을 세속화시켰고, 결국 타락의 길로 들어서게 만들었다. 그 폐해는 아직까지도 완전히 가시지 않았다. 주지들은 종권宗權 장악을 위해서 친일 행위에 앞장섰다. 일제가 바라던 바였다.

하지만 이에 맞서는 선승들이 있었다. 대표적인 인물이 바로 백용성과 박한영 스님이었다. 백용성은 훗날 백양사 운문암 선원의 조실을 지냈고, 박한영은 백양사 운문암에서 사교四敎를 배웠다. 또 백양사가 세운 학교 광성의숙廣成義塾의 숙장(교장)을 지냈다. 두 스님의 시퍼런 결기 속에 한국 전통불교가 살아있었다.

사찰령을 공포해서 불교계를 장악한 총독부가 조선불교의 종명을 '조선불교선교양종朝鮮佛敎禪敎兩宗'으로 바꾸자 용성은 이에 정면으로 맞섰다. 30본산 주지들은 종명 변경을 수용한다는 입장이었지만 용성은 이를 반박하며 임제종의 정통성을 지켜야 한다는 글을 발표했다.

"대저 온갖 강물이 세차게 흐르지만 푸른 바다가 으뜸이고, 온갖 산봉우리들이 넓게 퍼져있지만 수미산이 으뜸이며, 태양과 달과 별이 허공을 떠다니지만 태양이 으뜸이고, 억조의 백성들이 있지만 황제가 으뜸이며, 티끌과 모래처럼 많은 성인의 바다에서 부처님이 으뜸이시고, 아승지겁阿僧祇劫 동안 펼쳐진 법의 바다에서 교외별전敎外別傳이 으뜸이다.

세존께서 친히 진귀조사에게 받으시어 세 곳에서 마음을

전하셨는데, 서천의 28대로부터 육조혜능대사에 이르렀고, 아울러 다섯 분파가 꽃을 피움으로부터 천하의 노화상들에 이르기까지 모두 문장에 자재하셨고, 경·율·론 삼장에 정통하셨는데도 모두 선종禪宗이라고 불러서 아직까지 교종敎宗이 있다는 것을 듣지 못했다. 근세에 무식한 납자들이 그 자가自家의 정신을 잃어버리고 망령되게 선교양종이라고 하니 머리가 둘 달린 사람과 매일반이다. … 본래부터 조선은 원래 임제종 단 하나의 맥일 뿐이라서 번거롭게 설명할 필요가 없다."

용성《용성선사어록》

당시 서울 도심에는 각 종교의 교당들이 우뚝 솟아 있었다. 일요일이면 교당에 신도들이 몰려들었다. 불교는 도심에 사찰도 없었고, 도심 포교 활동 또한 미미했다. 특히 기독교는 불교를 비방하면서 맹렬하게 대중 속을 파고들었다. 불교를 우상 숭배하는 미신의 집단이라 매도했다.

"기독교는 세례법이 있고 십계명이 있는데 너희 불교는 무엇이 있느냐?"

그럼에도 불교계는 이를 방관하고 있었다. 보다 못해 용성이 붓을 들었다. 용성은 무엇보다 불교를 바로 알려야겠다고 생각했다. 기독교계의 비방은 무지와 곡해에서 비롯되었음이니 이를 반박하는 책을 쓰기로 했다. 이른바 '근원은 바른 데로 돌아간다'는 뜻의 《귀원정종歸源正宗》이었다. 근대불교에서 유학자와 기독교도들의 불교 비방에 논리적으로 대응한 최초의 저술이었다. 용성은 서문에서 이렇게 밝혔다.

"서교西敎(기독교)의 무리들은 불교를 배척하는 것으로 자신의 임무를 삼았으니, 헐뜯는 말들이 거리마다 넘쳐 끝이 없을 정도이다. 그렇지만 부처님의 도는 본래 나다 남이다 하는 분별이 없으며 시비에도 구애되지 않아 인내심을 이루었기 때문에, 그들과 더불어 변명하지 않았다. 그래서 세상 사람들이 모두 어두워서 불도가 무엇인지도 모르고 그저 책자에 있는 말만 가지고 헐뜯고 비방했다. 그리하여 불일이 날로 어두워지고 법륜이 구르지 않게 되었다. 내가 차마 그런 것을 좌시할 수 없어, 저들의 배척에 대꾸하여 변론하는 것이다."

용성이 지은 《귀원정종》은 1913년 출간되었다. 그 반향이 컸다. 단지 기독교만이 아니라 유림들의 오만과 무지도 일깨웠다. 또한 불교의 본래면목을 설파하여 대중을 교화시키는 데도 큰 몫을 했다.

박한영은 용성과 같은 시기에 왕성하게 논설 등을 발표하여 불교 개혁을 주창했다. 1912년에 발표한 〈불교강사佛敎講師와 정문금침頂門金針〉이라는 논설은 글 뜻 그대로 세속에 물들어있는 승려들에게 '정수리에 금침을 박는' 충격을 주었다.

박한영은 당시 승려들의 병폐를 다섯 가지로 정리했다.

첫째는 공고貢高로 교만하고 잘난 체하는 것이다. 스님들이 부처 말씀을 조금 흉내만 낼 뿐 지혜가 얕고 견문이 고루하여 어린아이에 견줄 정도라며 통탄했다. 이런 무리에게는 정수리에 금침을 놓아야 하는데 바로 '마음을 비우고 지식과 지혜를 넓히라'는 것이었다.

둘째는 나산懶散으로 몸에 배어있는 게으름이다. 승려들은 산속에 머물며 아무 일을 하지 않았다. 돌아보면 손봐야 할 곳이 허다하지만 그저 무위도식할 뿐이었다. '일 없이 앉아 있어도 봄이 되면 풀들은 저절로 푸르더라' '내 마음 느긋함이 저 흰 구름과 같으니 산에서 내려갈 생각이 도무지 없네' 등 옛 스님들이 남긴 말들을 자의적으로 해석하며 자신의 나태함을 정당화시켰다. 선사들이 치열한 수행 뒤에 깨친 무위의 세계를 능멸하는 자들이었다. 박한영은 설령 부처나 큰스님이 되지는 못할지언정 적어도 취생몽사醉生夢死하지 말고 열심히 공부하고 부지런히 일하라고 일렀다. 게으른 자들에게 놓는 금침은 '용맹스럽게 수행하라'는 것이었다.

셋째는 위아爲我로 독선과 이기주의에 물들어 공동체의식이 결여되어 있는 것이었다. 더러는 '천상천하天上天下 유아독존唯我獨尊'이라는 부처 말씀을 엉뚱하게 자신의 신분을 높이는데 활용하니 이는 '나'에 집착하고 있는 전형적인 작은 승려

중앙불교전문학교 교장 시절의 박한영 스님.
박한영은 1912년에 〈불교강사와 정문금침〉이라는
논설을 발표하여 나태와 방일로 나락에 빠져 허우적거리는
불교지도자들을 통렬하게 꾸짖었다.

제4장 | 임제종통을 지킨 남녘의 선승

들이었다. 천상천하 유아독존은 '우주 가운데 나보다 존귀한 것이 없다'는 것이 아니라 우주에서 내가 가장 존귀한 만큼 만물이 모두 그런 성품을 지녔으니 남이나 다른 생명체도 존귀하다는 가르침이었다. 그럼에도 이를 무시하는 무리였다. 이런 자들은 시류에 편승하다가 자신에게 해가 되면 갑자기 돌변하여 상대를 공격했다. 이들에게 금침을 놓았으니 '이기적인 삶을 버리고 남을 위해 살아가라'는 것이었다.

넷째는 간린慳吝으로 승려가 재산을 늘리고 육신의 살을 찌우며 탐욕에 젖어 있음이었다. 입으로는 부처의 말씀을 얘기하면서 마음은 재물을 탐하고 현세적인 영달을 꾀하는 무리이다. 비록 몸은 경내에 있지만 마음은 속세에 내려가 있으니 그 뱃속의 탐욕은 너그러운 문수보살도 고개를 내저을 정도였다. 시비를 가릴 때도 자신의 유불리만 따지는 이들에게는 '욕심을 덜어내고 기쁜 마음으로 재물을 내어놓으라'는 금침을 놓았다.

다섯째는 장졸藏拙로 단점을 감추고 허세를 부림이었다. 지식과 안목이 박약한 무리가 자신의 밑천이 드러날까봐 깊이 은거하면서 도인 행세를 했다. 일반인들은 그런 은거를 덕과 겸손으로 여길 것이나 실상은 배움의 걸음이 짧고 도의 싹이 얕아서 숨는 것이었으니 이들에게 속히 자신의 부족함을 채우라고 일렀다.

박한영의 비판은 나태와 방일로 나락에 빠져 허우적거리는 불교지도자들의 정수리에 금침을 박는 사건이었다. 학문과 문장을 익히고 수행자로서 자질을 닦아나가라고 통렬하게 꾸짖었다.

만암
'선우공제회'
깃발을 들다

용성과 박한영의 질타에도 불구하고 승려들은 차츰 세속에 물들어갔다. 일각에서는 일본불교가 조선불교보다 더 선진적이라는 인식까지 퍼져 있었다. 이에 따라 선승들 사이에 정통불교의 선리를 탐구하고, 선풍을 다시 일으켜보자는 움직임이 일었다. 마침내 당대 고승들이 뜻을 모았다.

당시 서울에서 포교사로 활동하고 있던 남천, 도봉, 석두 스님 등이 사찰령에 저촉되지 않는 사찰을 세워 전통불교를 수호하고 임제 선맥을 되살려보자는 데 의견을 같이했다. 그들은 뒤를 받쳐줄 상징적인 스님을 찾았다. 결국 용성을 비롯하여 만공, 성월 등이 이름을 올렸다.

마침내 비구승들이 '조선불교 선학원 본부'을 창설했다. 1921년 11월 종로구 안국동에 솟아오른 선학원은 선종의 중앙기관이었다. 불조의 정맥을 잇자며 시퍼런 결기를 세운 비구들의 도량이었다. 선학원 창건 상량문의 발기인 명단을 보면 첫 번째로 용성의 이름이 나온다. 용성은 이제 청정 비구의 상징이었다.

선학원의 뿌리는 '조선임제종 중앙포교소'였다. 개원식에 용성은 개교사장을 맡아 설법을 했다. 선학원이라는 이름은 사찰령과 사법寺法의 규제를 벗어나기 위해 '사寺'자와 '암庵'자를 피해 지은 명칭이었다. 선학원은 전국 선원과 선승들의 구심점이 되었다. 한국불교의 전통을 지키며 부처님 법대로 살아가려는 선승들의 본향이 되었다. 선학원이 창설된 이듬해 1922년 12월, 31본산 주지들이 각황사에 모여 재단법인 '조선불교 중앙교무원'을 설립했다.

대처승들이 늘어나면서 독신 비구승들의 수행 공간이 줄어들었다. 그러자 비구승이 사찰 내에서 대처승의 눈치를 봐야하는 처지에 놓이게 되었다. 이에 비구승들이 '선우공제회禪友共濟會'를 조직했다. 비구승들이 어려운 수행 여건을 개선해 보려 자체적으로 조직한 모임이었다. 선우공제회는 선학원의 비구승 오성월·이설운·백학명·한용운 외 79명이 발기인으로 참여하였다. 1922년 3월 30일 선학원에서 선우공제회 창립총회가 열렸다.

만암은 창립총회에 학명, 성월, 만공 등과 함께 이름을 올렸다. 선우공제회는 일제의 본산체제 정책으로 전통불교가 쇠퇴하는 것을 막고 중생 제도를 위해 힘쓸 것임을 밝혔다. 선우공제회 본부는 선학원에 두고 지방에는 지부를 두었다. 당시 지부는 백양사를 비롯하여 망월사, 정혜사, 직지사, 범어사, 불영사, 건봉사, 월정사, 통도사, 신계사, 석왕사, 해인사 등 19개 사찰이었다.

만암은 당시 백양사 주지로 있었다. 만암이 선우공제회 활동에 앞장섰던 것은 백양사의 청정 수행 가풍과 무관하지 않다. 숱한 선승들이 주석하며 선풍을 드높였던 법향法鄕이었기 때문이었다. 청정 승단을 꿈꾸던 만암은 선우공제회 발족을 알리며 스님들에게 가입을 권장했다.

선禪이라는 말은 곧 수행을 가리키는 것으로 사람들이 수행하는 힘이 없으면서 세간에서 안신입명安身立命하는 것과 출가하여 견성성불하는 길을 답습하기 어려울 것이다. '우友'라는 것은 자기의 마음을 알아주는 친구를 말하는 것으로 우리가 기대하는 목적을 달성하려는 과정에 이 수행의 도반을 버리고는 '나무에 올라가서 물고기를 구하는 격'이라 할 수 있다. 그래서 이 '선우회'를 발족하오니 출재가에 희망을 가진 여러분은 곧 본회에 참여하여 불이不二의 일심一心을 수련하여 원하는 목적지에 거의 죽을 뻔하다가 도로 살아나는 신통한 힘과 구름을 벗어난 달과 같은 광명을 얻으시기를 지극하게 빕니다. —목양산인牧羊山人

어떻게든 선우공제회를 살려보겠다는 만암의 호소가 절절하다. 불조의 정맥을 잇겠다는 기치를 높이 들었건만 선우공제회도 결국 운영자금이 부족했다. 큰 사찰들은 승려들에게 대처식육을 허용했기 때문에 청정비구의 길을 걷는 선학원과 선우공제회는 배척했다. 결국 선우공제회는 자금난으로 1924년 활동을 중단할 수밖에 없었다.

이러한 선승들의 노력과는 별개로 이회광을 앞세운 친일승들은 일본과의 연합 책동을 멈추지 않았다. 해인사 주지였던 이회광은 조선불교가 30본산연합사무소 체제로 바뀌자 초대 위원장 경선에 나섰다. 하지만 강대련姜大蓮(1875~1942)에게 참패를 당했다. 최고지도자 자리를 내준 이회광은 그냥 물러서지 않았다. 다시 일본불교와 손을 잡아 종권을 탈환하려 기회만 엿보고 있었다. 이회광은 일본으로 건너가 총리대신을 만나 조일불교합병을 타진했다. 또 마침 본국에 와 있던 사이토 마코토 조선총독을 만나서 합병을 읍소했다.

이회광 스님.
이회광을 앞세운 친일승들은
일본과의 연합 책동을
멈추지 않았다.

"선교양종은 신라나 고려에는 적합했지만 지금은 아니다. 조선시대에는 임제종이 대세이니 만큼 양국의 임제종이 연합하는 것이 옳다. 이를 위해 종명을 바꾸고, 사찰 재산을 정리해야 한다."

이회광은 일본 정계인사들을 두루 만나고 교토의 임제종 본사를 찾아가 조선불교와 일본 임제종과의 연합을 논의했다. 1910년에는 조동종과 합병을 책동하며 임제종을 멀리하더니 이제 임제종이 조선불교의 대세이니 임제종끼리 연합해야 한다고 주장했다. 손바닥으로 하늘을 가리고 있었다.

이회광은 귀국하자마자 경상도 여덟 개 사찰 주지들을 만나 불교계 혁신을 내세워 새로운 종무원을 설립하자고 설득했다. 그러나 아무리 한국불교가 남루한 옷을 걸치고 있어도 그리 팔려 다닐 수는 없었다. 선승들은 시퍼렇게 살아있었다. 이회광의 무모한 책동은 이내 외면을 받았다.

박한영은 이와 같은 사실을 이미 손바닥을 들여다보듯 훤히 꿰뚫고 있었다. 이회광 일파의 연합 책동을 명쾌하게 꾸짖었다.

"지금에 또다시 이회광이 그때(1910년 1차 합병 시도)에 우리가 주장하여 반대하던 것을 보고, 묘심사의 승려와 결탁한 것을 보건대, 그때는 조동종에 병합하기 위하여 임제종을 반대하였고, 지금은 또 임제종과 연합하기 위하여 임제종을 주창하니 우리는 원래 이회광의 주장에 찬성치 못하겠소. 지금은 무슨 종宗으로든지 상당한 법해法海를 이룰 수가 있는데 무슨 이유로 개종할 필요가 있을까?"

《동아일보》 1920년 6월 28일자

박한영은 저들의 야욕을 정확하게 짚었다. 박한영을 비롯한 불교지도자들과 선승들의 반대로 이회광의 불교 합병 책동은 무산되었다. 이회광의 말로는 비참했다. 몇 년 동안 잠적해 있다가 1933년 세상을 떴다. 한강변 작은 절에서 쓸쓸히 이승을 떠났다. 이회광의 삶 속에 조선불교의 비루함이 들어있었다. 이회광은 그렇게 갔지만 선승들은 여전히 살아있었다.

"일제시대 전통 선맥을 지키며 왜색에 물들지 않고 청정비구의 스님들이 계신 곳이 바로 남녘 사찰들이었습니다. 그중에서도 백양사, 선운사, 대흥사 등이 청정 도량으로 전통불교를 수호하는 중심축이었습니다. 세속에 물들지 않고 세속의 백성들을 보살폈던 스님들이 많이 주석하고 계셨습니다. 자랑하지 않아서 널리 알려지지 않았을 뿐입니다." (만당 스님)

남녘 사찰을 중심으로 임제종통을 계승하려는 운동은 멈추지 않았고 백양사는 그 중심에 있었다. 만암은 용성, 박한영과 더불어 전통불교를 지키기 위해 최선을 다했다.

제5장 아름다운 절에 천년의 하늘을 담다

曼庵

백양사를 다시
거룩한 백양사로

 만암은 1916년 7월 백양사 주지로 취임했다. 만암은 우선 아름다운 도량을 짓고 싶었다. 평소 수려한 백암산을 닮은 가람을 머릿속에 그렸다. 당시 백양사는 극락보전極樂寶殿과 초가 한 채만 남아 있었다. 만암은 자신의 호처럼 '만암曼庵(아름다운 절)'을 짓기 시작했다. 산중회의 등을 거치며 의견을 모았다.
 1917년 2월 마침내 첫 삽을 떴다. 산중 제덕의 원력이 모아지고 신도 제위의 지극한 정성과 사회 유지들의 원조가 쏟아졌다. 만암의 법력이 아니면 이룰 수 없는 기적이었다.
 당시 많은 재산을 소유하고 있던 배학산裵鶴山 스님을 설득하여 거금을 희사 받았다. 1차 중창불사는 3기로 나눠서 진행했다. 제1기 불사는 대중들이 생활할 수 있는 설선당說禪堂 곧 선실禪室을 만들고, 외래객이 머물다 갈 수 있는 해운각海雲閣을 완성했다. 제2기 불사는 대중방인 향적전香積殿, 500나한을 모신 응진전應眞殿을 지었다. 제3기에는 대중이 운집하여 부처님을 경배하는 대웅전大雄殿과 명부전冥府殿을 세웠고, 선사들의 유업을 잇기 위해서 조사전祖師殿을 건립했다. 이곳에 태고 스님을 비롯하여 연담 스님 등 직계 선사들의 진영을 봉안하였다. 연담 스님 영정은 구암사에서 '눈 속의 기싸움'으로 찾아온 것이다. 보는 이들은 그때의 일화를 떠올리며 미소를 지었다. 또 만세루萬歲樓를 건립하여 모든 법식을 여법하게 진행했다.

  대웅전은 정면 5칸, 측면 3칸으로 전통 건축양식을 그대로 따랐다. 당시 새로 짓는 전각들이 왜색에 물들었지만 백양사 대웅전은 누가 봐도 한눈에 우리 건축 양식이었다. 겹처마에 단층 팔작지붕을 얹은 다포집이다. 내부에는 우물마루와 우물천장을 설치했다. 그 안에 석가모니와 문수·보현 삼존을 봉안했다. 1922년 5월 4일 낙성식을 거행했다. 부처님오신날 행사와 겸해서 열린 낙성식에는 수만 명이 운집했다. 이후 백양사에 든 사람들은 가람이 정갈하고도 웅장한 모습을 보며 감탄했다.

  단오날 말사 주지들이 기념장을 작성하여 만암에게 바쳤

다. 백양사가 백암산에 걸맞는 사격으로 우뚝 솟았음을 기리는 무엇보다 소중한 징표였다.

> 정밀한 거울로 푸른 하늘을 담았으니
> 오래된 고찰이 다시 천년을 이어가고
> 화상께서 기르신 양들 다함이 없어
> 거듭거듭 드넓은 바닷가에 이르리다
> 精鑑械碧天 古寺後千年
> 和尙羊無盡 重重到海邊
> -1922년 단오, 말사 주지 일동 드림 (성재헌 번역)

만암이 일으킨 도량에서 수행 정진한 법기들이 법해法海에 이를 것이라는 말사 주지들의 기원은 현실이었다. 이후 백양사에서 숱한 인재들이 나타나 불교계를 이끌었다.

1924년에는 대웅전 뒤편에 석존사리탑을 건립하였다. 백용성 스님이 모시고 있던 진신사리를 받아 봉안했다. 이듬해인 1925년에는 대종 등 사물을 조성하고 사물각四物閣을 지었다. 그리고 사천왕문四天王門을 세워 사천왕상을 봉안했다. 백양사가 창건 이래 사천왕을 모신 것은 처음이었다. 만암은 실로 감격스러웠다. 그 경위를 적어서 남겼다.

우리 동방의 대가람에 천왕의 소상塑像이 설치된 지는 오래이나 본사는 창건 된 뒤로 지금까지 천왕의 소상을 봉안한 흔적을 찾아볼 수 없다. 당시 숙덕宿德의 높은 뜻이 어디에 근거한 것인지는 모르나 요즈음 여러 사람의 열의는 날로 더하였는데, 다행한 일은 대단월大壇越 모씨 역시 소상의 일에 동참하기로 마음을 굳혀 1주년이 못되어 준공하니 가위 기회는 성인과 합해지고 반드시 응험應驗이 있음은 의심할 여지가 없다 하겠다. 훌륭하도다!

숙용과 완희가 홀연히 백학산 구름 위로 솟아오르고 장엄한 법계에 하강하니 신풍神風은 삼엄森嚴하여 완연宛然히 광한궁전에 드는 듯하다. 적겁으로 세상을 호지하는 깊은 소원은 하늘에 가득하고 백성을 편안케 하려는 큰 맹세는 봄기운과 같으며 널리 향기가 피어남은 달이 물속에 박힌 것 같아 우러러 공경하면 복을 받으리니 이에 향을 피우고 등을 밝히노라.

1925년 7월 목양산인牧羊山人 짓다

마침내 새로운 가람이 위용을 드러냈다. 만암은 여기서 멈추지 않았다. 1926년에는 부도전浮屠殿을 개설하여 백양사와 연고가 있는 선사들의 부도와 비碑를 모셨고, 백양사 사적비寺蹟碑를 세워 선사들의 유업을 후대에 바르게 알렸다. 만암의 중창불사 서원이 그 모습을 드러내자 모두 감탄을 금치 못했다. 백양사 대중조차 믿기지 않는 듯 경내를 이리저리 둘러보았다. 어디 하나 허술한 구석이 없었다. 만암의 땀과 정성이 배어있었다.

1925년 4월, 박한영 스님을 모시고 백양사를 찾은 당대의 문장가 최남선은 중창불사를 마친 백양사를 둘러보고 나름의 소감을 《심춘순례》에 남겼다.

"쌍계루 왼쪽으로 '대가람 백양사'란 광고판이 달린 산문을 들어가노라니, 새로 닦은 마당에서 흙손으로 화초를 심다가 망연히 일어서 예를 갖추는 이가 이곳 주지 송만암 화상이었다. 이렇듯이 몸으로 시키고 일로 보이는 성의가 철저한 가운데 그의 백양사 중흥의 공업功業이 나온 곳을 직감하였다. 중후하고 침착하여 아닌 게 아니라 실행적인 인물인 듯했다. 극락보전과 큰방 한 채만 남고 오래 황폐했던 이 절을 몇 년 사이에 전각과 요사 170칸의 면목으로 다시 보게 한 것은 있던 것도 없애기로 능사를 삼는 이 시대에 보기 어려운 일이 아닐 수 없다."

최남선은 중창불사에 흔쾌히 재산을 내놓은 배학산 스님도 함께 상찬했다. 최남선은 백양사의 중창에 대해 알고 싶은 것이 많았을 것이다. 불사에 관해서 묻고 또 물었던 것 같다.

"배 화상은 반드시 도승도 아니요 학승도 아닌 듯하나, 그에게는 무엇보다 존숭한 불법을 위해 몸을 돌보지 않는 성심이 있었다. 그리하여 일생의 정력을 다해 모은 재산의 거의 전부를 희사하여 만암으로 하여금 비로소 대원의 실현에 착수할 용기를 내게 한 것은 얼마만큼이라도 칭찬해줄 만한 일이다. 이 한 가지에 이만한 활협闊俠을 보인 것이면 다른 모든 검소함과 아낌에 대한 놀림을 씻고도 남음이 있을 것이다. 원컨대 두 스님의 복전福田이 절과 한 가지 늘어가십사 하였다.

여러 승려들의 주선과 사미의 행동거지가 자못 볼만한 것이 있고, 경내가 깨끗하여 진속기塵俗氣가 없음은 이름뿐인 절을 보아오던 눈에 퍽 좋은 인상이 생겼다."

여기서 '이름뿐인 절'이라 함은 금산사金山寺를 지칭한 것이다. 당시 최남선은 박한영과 함께 많은 사찰들을 찾았다. 한데 멀쩡한 절이 드물었다. 최남선의 표현대로 '이르는 곳, 만나는 중마다 매법賣法은 말할 것도 없고, 소관 사찰의 기둥뿌리와 부처님 몸뚱이까지 팔아' 사익을 챙겼다. 백양사에 오기 직전에 찾은 모악산 금산사의 경우에는 더욱 심했다.

진표율사眞表律師가 세운 금산사는 그 이름만으로도 누리를 밝히는 명찰이었다. 법상종法相宗의 근본도량이며 미륵신앙의 본향이었다. 또 근세에 환성지안 스님이 화엄대회를 열어 그 명성이 산하를 덮었다. 인근에서 무려 1,400명이 모여들었다. 또한 수많은 국보급 유물을 소장하고 있었다. 그런데 주지는 물론 스님조차 보이지 않고 경내에는 목탁 소리조차 들리지 않았다. 고찰, 명찰, 대찰임에도 정적만 감돌았다. 연유를 알아보니 금산사는 파계승의 첩이 기거하는 살림집이었다. 최남선은 탄식했다.

"어허! 이런 것이 지금 불교계 일부의 속사정, 아니 대부분의 실상이라 함에는 막힌 귓구멍이 터질 수가 없다. 까마귀 자웅은 내가 본래 알 바가 아니지만, 금산사—어느 곳보다도 존숭한 금산사—더욱이 율뢰律雷가 지금까지 쾅쾅 울리는 진표율사가 계본과 계법을 미륵보살에게 친히 받았던 계율 대도량인 금산사가 일개 파계승 첩의 집이 되었다 함은 치가 부르르 떨리지 않을 수 없는 일이다. 아무리 말법이라도 이럴 수는 없을 것 같은데, 어허 절복折伏의 항마검降魔劍이 이제 있으신지 여부를 의심할 밖에 없다."

이렇듯 실망을 하고 온 지라 백양사의 화창하고 단정한 모습을 보고는 탄식이 탄성으로 바뀌었다. 만암이 일으켜 세운 백양사는 누가 와도 정결하여 속기가 없었다. 경내에는 봄이 이미 와 있었다. 최남선의 눈이 환해졌다.

"아침에 다시 쌍계루에 올라서 청명한 가운데 배를 불리고, 인하여 당우를 순례하였다. 새로 크고 훌륭하게 지어 채색이 눈부신 대웅전에는 현존한 불공佛工의 단 한 사람인 양재덕梁在德의 손에 조성된 석가상을 봉안하고, 예참분수禮懺梵修에 관한 위치 같은 것을 다 정연히 마련했다. 그 오른쪽에

1929년의 백양사 모습.
만암은 1917년 2월에 첫 삽을 떠
'아름다운 절'을 짓기 시작했다.
만암이 일으켜 세운 백양사는
정결하여 속기가 없었다.

는 개산조開山祖인 여환선사如幻禪師 이하의 진영각이 있으나, 똑같은 화상에 이름만 달리 적은 듯한 것도 있음은 고증이 부실한 까닭인 듯하다.

그 곁에는 홀로 고색을 띠어 정토사 이래의 역사를 이야기하는 극락보전이 있다. 그 앞에는 명부전이 꺾여 있으며, 건너편 대웅전의 왼쪽으로는 우화루雨花樓가 있어 새벽에 울리는 종과 저녁에 치는 북이 다 여기 쟁여 있다. 설선당이라는 큰방은 다시 그 옆에 큰 채 하나가 되어 해운각이라는 커다란 객실과 상대하여 있으니 요사이 일로는 무던히 만들었음을 허락할 것이다."

만암의 중창불사 원력은 사찰 안팎에서 가피가 있었다. 고비 때마다 시주자가 나타났다. 그리고 재력가였던 배학산 스님은 모든 재산을 망설임없이 내어놓았다. 만암의 뜻이 거룩했기 때문이었다. 만암은 시를 지어 배학산 스님을 기렸다.

> 구름 속의 천년 학은
> 한번 날아 돌산을 뒤흔드는데
> 상서로운 새, 상서로운 짐승은
> 지수砥樹의 그늘 속에 함께 살도다
> 千歲雲中鶴 一飛動石山
> 祥禽同瑞獸 砥樹覆陰間

만암 〈학산당영찬鶴山堂影贊〉

백양사의 중창불사는 1927년 마무리되었다. 10년 만에 큰 매듭을 지었다. 후에도 크고 작은 불사가 이어져 1929년에는 150간이 넘는 대가람으로 변모했다. 만암의 원력과 법력이 아니면 도저히 이룰 수 없는 대역사大役事였다. 보는 사람마다 만암의 공덕을 기렸다.

도의 스님
영각을 짓다

"한국불교 선종의 시종인 도의국조道義國祖의 진영을 봉안하고, 그 문손의 진영을 이어 봉안하였다. 좌우에는 본사本寺의 신앙이 숭고한 단월檀越의 위패를 배열하고 춘추로 향사享祀하며 각기 그 제일에도 송경주향誦經炷香한다."

《만암문집》〈연보약기年譜略記〉

만암은 도의국사 영각影閣을 짓고 봄가을에 제사를 받들었다고 한다. 이로 미루어 만암은 도의종조론을 수용했다고 보여진다. 도의선사가 누구인가. 아마도 도의선사 영각을 조성한 것은 백양사가 처음 일 것이다. 이로써 만암의 법맥 찾기가 얼마나 매서운지 미루어 알 수 있다.

도의道義는 신라시대에 최초로 중국 남종선南宗禪을 전했다. 784년(선덕왕 5) 당나라로 건너가 오대산에서 수도하던 중 공중에서 쏟아지는 종소리를 들으며 문수보살의 감응을 얻었다고 전해진다. 육조혜능을 모신 조사당을 참배할 때는 조사당 문이 저절로 열렸다고도 한다.

개원사에서 마조도일의 제자 지장智藏에게 법맥을 이어받았다. 백장산의 회해懷海 스님을 찾아가 법회에 참석하였는데 회해가 도의의 법력을 알아보고 크게 찬했다.

"강서의 선맥이 동국승東國僧에게 넘어가는구나."

37년 동안 당나라에 머무르다 돌아와 선법禪法을 펼쳐보였으나 당시 교학이 성행하여 뜻을 이루지 못하였다. 도의는 설악산 진전사로 들어가 40년 동안 주석하며 제자들을 길렀다. 제자 염거廉居(?~844)에게 이심전심의 심인心印을 심어주며 남종선을 물려주었고, 그 법맥을 다시 체징體澄(804~880)에게 전했다. 체징은 도의를 종조로 삼아 장흥 가지산에 가지산파迦智山派를 개창하여 선풍을 크게 떨쳤다.

가지산파는 고려 말까지 산문을 유지하며 많은 승려들을 배출했고, 특히 고려 말에는 태고보우 스님이 가지산파의 산문에 들었다. 고려 말은 원나라의 재침략을 받아 사회가 극도로 불안했고 불교 또한 타락했다. 오랫동안 쌓인 기복불교의 폐단이 곳곳에서 나타났다. 이에 태고는 구산선문을 통합하고 임제종의 선풍으로 불교를 일신하려 했다. 그러나 태고의 구상은 실현되지 못하고 고려는 멸망하고 말았다.

도의 스님 영각을 조성한 것은 만암의 '임제종 뿌리 찾기'였다. 임제종이 우리나라로 건너와 도의국사로부터 시작된 것임을 '선종의 시종'이라는 표현으로 적시했다. 도의국사 영전에 경을 외우며 향을 사른 것은 사자상승師資相承에 충실하겠다는 다짐이었을 것이다. 비록 태고 스님이 도의국사로부터 내려오는 법맥을 이어받지 않고 중국에 건너가 임제의 18세 법손 석옥청공石屋淸珙의 법맥을 받았지만 그 뿌리는 임제종이었다.

선종에서는 마음으로써 마음을 전하는 이심전심이 생명이다. 이심전심은 법을 전해주고 전해받는 당사자 사이에서만 결정되는 일이다. 따라서 다른 사람은 끼어들 여지가 없다. 이를 불가에서는 혈맥을 이어받는다고 한다. 아버지의 피를 이어받듯이 스승과 제자가 부처의 법을 이어받기 때문에 '혈맥상승血脈相承'이라 칭하는 것이다. 《전등록傳燈錄》은 이렇게 이르고 있다.

"오조홍인대사가 육조혜능에게 말했다. '모든 부처가 세상에 나옴은 하나의 큰일인 까닭에 근기의 크고 작음에 따라서 중생을 인도하여 마침내 십지十地·삼현三賢·돈점頓漸 등의 뜻

도의국사 진영.
만암은 백양사에
도의영각을 짓고
봄가을에 제사를 받들었다.

이 있으니 교문教門이라 한다. 그러나 가장 미묘하고 비밀스럽고 진실한 정법안장으로써 대가섭존자에게 부촉하여 거듭거듭 서로 전해주어 달마대사에 이르러 중국에 오고 혜가대사를 얻어 대를 이어서 나에게 이르렀으니 지금 너에게 부촉하노니 단절치 않게 하라.'"

만암은 혈맥상승의 엄중함을 일찍이 체득했다. 만암이 도의의 영각을 지은 것은 임제의 법을 받은 후손임을 천명하고 앞으로 '마음으로 마음을 전하겠다'는 다짐이었을 것이다. 훗날 태고보우를 끌어내리고 보조지눌을 종조로 삼으려는 소위 환부역조의 '조상 바꾸기'에 단호히 맞선 것도 이러한 만암의 사상에서 우러나왔다. 도의영각道義影閣이 언제 사라졌는지는 알 수 없지만 이러한 만암의 정신은 백양사에 그대로 스며있을 것이다.

다시 솟아오른 운문암

1922년 봄에 운문암 선원을 새로 열었다. 그동안 명성에 걸맞는 선원의 격을 갖추었으니 눈 푸른 납자들이 정진하는 선수행의 명소가 되어야 했다. 그러기 위해서는 그에 걸맞는 조실을 모셔 와야 했다. 만암의 머릿속에는 온통 백용성 스님 뿐이었다. 만암은 서울 종로 봉익동의 대각사를 찾아갔다. 새로 지은 대각사가 번듯했다.

"스님, 백양사 운문암에 조실이 비었습니다. 스님이 주석해 주십시오."

"운문암 소문은 익히 들었소만 지금은 안 됩니다. 여기 일이 바빠서 갈수 없습니다. 그리고 만암이 계시지 않소이까?"

각진국사(1270~1355) 진영.
고려 말 왕사로 선풍을 크게 일으키고
백양사를 중창하였다.

"저는 주지 소임을 맡고 있습니다. 그리고 원을 세운 중창 불사를 아직도 회향하지 못했습니다."

"아무래도 이곳 일이 급합니다. 선승들이 정진할 공간이 있어야지요. 만암도 참여했던 선우공제회 일도 있고요."

"스님도 아시겠지만 운문암은 고려 각진국사覺眞國師께서 개원한 이래 참선수행으로는 천하가 알아주는 도량이 아닙니까. 조선시대에는 소요, 진묵, 환양, 연담, 백파 스님이 수행하셨던 곳입니다. 백양사가 선교쌍수의 가풍을 잇게 스님께서 주석해주시지요. 새 집만 지은들 무엇하겠습니까. 들어와 살 사람이 있어야지요."

만공의 요청은 집요하고 간절했다. 결국 용성은 운문선원 조실직을 수락했다. 용성은 우선 제자 고암古庵(1899~1988) 스님에게 먼저 내려가 선승들과 정진하고 있으라 일렀다.

"대각사에서 사교四教를 보던 중, 백양사에서 황일구黃一球 씨의 소개로 운문암을 용성 스님께 드린다기에 선방을 차리기로 합의하고 나는 그 선발대로 운문암에 내려가서 삼동三冬에 40~50명 납자가 용맹정진했다. 용성대종사 주재 하에 동산, 석암, 금포 등의 선지식과 같이 지냈다. 26세 되는 갑자년에도 그곳에서 묵언정진했다."

윤고암《자비보살의 길》1990

용성은 1923년 여름까지 납자들을 가르치며 주장자를 들었다. 그해 운문암에는 선기가 번득거렸다. 용성을 찾아가 출가하려던 청담青潭(1902~1971)은 그 당시를 이렇게 회고했다.

"(농업학교) 2학년 때(1922)의 겨울 나는 또 한번 중이 되기 위해 전라도 장성 백양사로 갔다. 맵고 따가운 추위였다. 33인 (3.1독립선언 민족대표) 가운데 한 분인 백용성 스님이 거기서 많은 회중會衆을 거느리고 계시다 들었다. 그러나 가던 날이 장날, 용성 스님은 서울 가고 없었고 일체 인원수를 늘이지 못하도록 당부하고 가셨다고 말한다.

나는 거기서 나흘쯤 묵었는데 한 가지 괴이한 일을 보았다.

1920년대 후반의 운문암.
만암은 운문암 선원을 새롭게 열고
백용성 스님을 조실로 모셨다.

제5장 | 아름다운 절에 천년의 하늘을 담다

함경도 출신의 어떤 늙은 스님 한 분이 병을 앓고 있었는데, 그 늙은 스님은 방금 죽어가고 있었다. 딴 스님들이 방선放禪 때마다 더러 문병 와서도 하는 말이 '스님 이제 단념하시오' 하는 것이었다. 곧 죽을 때가 되었으니 어서 죽어가라는 말이다. 어떻게 들으면 몰인정하기 이를 데 없는 말이나, 조금도 생사에 거리낌 없는 사람들의 인사 말투로 나에게는 실감되었다.

말하는 측이나 듣는 측이나 무심하고 솔직 담백하고 일진리一眞理를 긍정하고 하는 말 같았다. 일반 세간의 속풍俗風에서는 있을 수 없는 인사말이다. 나는 허심이 되어 이 말을 이해할 수 있었다. 그 스님은 일어나서 자기의 걸망을 뒤지면서 정리하고 난 다음 죽어갔는데, 나는 거기서 불교의 하나의 영골靈骨을 볼 수 있었다."

이청담 《사상계》 154호, 1965

만암이 중수한 운문암을 최남선은 이렇게 예찬하고 있다.

"금강대 터를 보고, 청류암 길을 비껴서 서어나무 틈으로 십 리를 올라가다가 작은 시내 하나를 건너자, 높다란 석축 위에 커다랗게 날개를 편 것이 운문암이었다. 태극장 그린 삼문으로 들어서니, 산중 암자로는 너무 화려함에 놀랐다. 유명한 강사들이 오래 용상龍象을 길들이던 곳이요, 또 백양사가 불탄 뒤에는 백암 전산의 중심이 되다시피 한 곳이니까, 초제招

提부터 이만이나 하려야 할 듯도 하다. 최근에도 계율을 엄히 지키던 명승 경담이 50년이나 이곳에 정주하였었다 한다."

최남선은 경담鏡潭(1824~1904) 스님이 운문암을 지켜낸 이야기를 비교적 상세히 전하고 있다. 동학난이 일어나고 한때 전봉준이 산중 암자에 머물렀다. 천진암에 본영을 두고 탐관과 포악한 양반들의 뒤를 파헤쳤다. 그때 전봉준과 농민군들이 운문암이 양반들의 비호처라며 불을 지르겠다고 했다. 이에 경담은 화주를 전봉준에게 보내 보시한 사람들의 이름이 적힌 권선책勸善冊을 들고 나가 '범의 나룻'을 뽑아보라 했다. 이런 의기에 감동한 전봉준은 방화 계획이 없다며 오히려 운문암 짓는 일을 도와주었다고 한다. 이로 미루어 전봉준과 동학농민군들이 백양사와 선운사 일대를 거점으로 삼았음을 알 수 있다. 운문암에서 주위를 살피며 최남선은 신령스런 기운에 빠져들었다.

"마루 앞의 건륭 16년(1751) 주조라 한 종을 울려보니, 특별히 청신한 소리가 늙은 용의 울음같이 골짜기에 서린다. 뜰에서 내려다보면 백암 전산의 크고 작은 봉우리들이 저 생긴 채로 한눈에 와서 머리를 조아리는 것은, 마치 금강산 백운암에서 만폭동 좌우의 여러 봉우리를 대하는 것과 비슷하다 하겠다.

그 보다도 더 좋은 구경은 멀리 곡성·동복·창평 등지의 통명산 모후산 무등산 등 소백연봉 여러 산들이 앞서거니 뒤서거니 뒤섞여 내다보이고, 맑으면 환하게 보인다는 조계산은 구름과 안개에 가려 엷은 흔적을 더듬을 뿐이었다. 개인 날 새벽에 동이 울연히 터오면서 가까운 산부터 보이기 시작하여, 높은 놈 낮은 놈이 차례로 하나씩 둘씩 구름 속으로 머리를 내어 놓으면 이루 말할 수 없이 아름다운 경관이라 한다.

법당 서쪽에 왕후구씨전王后具氏殿이란 위패를 봉안한 왕후전이 있고, 그 옆에 어필북극전御筆北極殿이 있다. 이 절이 전라도 사찰로는 퍽 궁중의 연줄을 이용한 듯 선조·숙종·영조·철종 내지 고종까지의 여러 어필을 받았다 함이 그 기록 문서 중에 쓰여 있다.

마지막 무개대비無蓋大悲가 눈자위에 차서 넘치시는 진묵대사 조성이라는 무량수불無量壽佛을 예배하고, 청류암 뒤라는 감투바위에 백암 산색을 아주 작별한 후, 부슬부슬 떨어지는 비를 무릅쓰고서, 성불암 터를 거쳐 소나무 다보록한 등성이를 끼고 돌았다."

최남선 《심춘순례》

부처님 진신사리를 모시다

사리탑을 세우게 된 연유는 이렇다. 용성이 백양사 조실직을 내놓아야 했다. 서울에 급한 일들이 많았기 때문이었다. 1923년 가을 용성과 만암이 백양사 주지실에 있었다. 백암산이 막 가을로 들어서고 있었다. 만암이 차를 올렸다.

"이리 일찍 소임을 놓으시니 황망하기 이를 데 없습니다. 운문암 선원이 걱정입니다."

"아니요. 만암이 계시니 나는 안심이요."

"백암산이 곧 단풍이 들 텐데 그때까지 만이라도 계시지요."

"다시 들리겠소. 가을이 깊어지면 쌍계루에 앉아서 저 백학봉을 올려다보고 싶소."

용성은 만암을 지긋이 쳐다보며 미소를 지었다. 그러더니 이내 낮은 목소리로 얘기를 꺼냈다. 흡사 숨겨놓은 보물을 꺼내듯이.

"올 때마다 새롭습니다. 백양사에 정이 많이 들었어요. 만암의 불사가 참으로 아름답습니다. 가람도 훌륭하지만 그 안에 속기마저 없어요. 그래서 말인데…. 내가 모시고 있는 부처님 사리를 드리고 싶소이다."

만암이 귀를 의심했다.

"선사께서 부처님 사리를 모시고 있다 했습니까?"

"그렇소. 만암의 중창불사에 동참하고 싶소이다."

만암의 얼굴에 미소가 번졌다. 용성이 보기에 홍안의 소년 같았다. 만암은 사리탑 비문에 진신사리를 봉안하게 된 연유를 밝혔다. 특히 주목해 볼 것은 "마침 수월부水月符를 인군자仁君子가 신전信傳함을 반연하여 백용성 강백이 삼가 받들어 모시게 되었으니 이는 여래사자如來使者가 아니겠는가?"라는 대목이다. 즉 인군자가 특별한 인연으로 사리를 용성에게 전했으니 그 인군자가 여래의 사자가 아니겠느냐는 말이다.

그렇다면 용성에게 진신사리를 전해준 인군자는 누구였을까. 아마도 일제강점기에 한국을 방문한 인도 승려 담마파라達磨波羅가 유력하다. 용성의 행장을 살펴보면 용성에게 불사리를 전해준 스님은 담마파라가 유일하기 때문이다. 용성이 담마파라에게 불사리를 전해받은 연유는 이렇다.

담마파라는 1912년 일본을 거쳐 한국에 들어왔다. 남방 고승의 입국에 불교계는 물론이요 세인들의 관심도 뜨거웠다. 담마파라는 당대의 선지식들과 법담을 나누며 가는 곳마다 큰 화제를 모았다. 당연히 당시 최고의 선승이며 강백이었던 용성과도 만났다. 용성이 물었다.

"본사 석가모니 부처님으로부터 스님에 이르기까지 몇 대가 됩니까?"

담마파라가 답했다.

"인도에서는 불법이 몇 백 년 동안 이어지다가 또는 끊기었으니 잘 모르겠습니다."

용성이 다시 물었다.

"본사 석가모니 부처님께서 강탄降誕하신 이후로 지금까지 몇 천 년입니까?"

"2,500년입니다."

그러자 용성이 나직이 말했다.

"제 견해로는 2,940년이 됩니다. 부처님의 강탄에 대해 경전마다 주장이 다르지만 그래야만 역사적 증거와 같고 아울러 경전의 뜻에도 부합합니다. 이곳에서도 예로부터 정통의 학설과 화상께서 얘기하신 것과 동일한 설이 있기는 하지만 채용하기에는 적절하지 않다고 생각됩니다."

다음 날 담마파라를 위해 혜천관惠泉館이란 곳에서 연회가 벌어졌다. 승려들과 신도들이 운집했다. 용성이 또 물었다.

"부처님께서 설하신 팔만대장경 가운데 가장 살펴봐야 할 중요한 구절을 말씀해주십시오."

"매우 부지런히 하고 머리를 쉬지 않아야 합니다. 부지런히 하면 갖추지 못할 일이 없을 것입니다. 고금의 사업가도 머리를 쉬지 않아서 큰 사업을 성취한 것입니다."

논지를 벗어난 듯해서 실망했지만 용성은 내색하지 않고 주먹을 내밀며 물었다.

"이것이 무엇입니까?"

담마파라가 골똘히 생각했다. 그리고 조심스럽게 답했다.

"선사께서는 전등을 보고 계십니까? 스위치를 이렇게 하면 불이 켜지고, 이렇게 하면 불이 꺼집니다."

일종의 법거량이었다. 용성은 웃으면서 자리에 앉았다. 일반인들은 알 수 없었다. 담마파라는 용성의 법력이 대단하다는 것을 느꼈다. 용성에게 귀한 제안을 했다. 자신들이 모시고 있는 진신사리를 전해주고 싶다고 했다. 그리고 실제로 스리랑카로 돌아가 사리를 보내왔다. 그 사리 한 과는 각황사(조계사)에 봉안했다. 이때 용성이 받은 사리는 한 과가 아닌 두 과였을 가능성이 크다. 그래서 다른 한 과는 용성이 모시고 있다가 만암에게 전달했을 것으로 보인다.

부처님 진신사리를 모신 석존사리탑.
사리탑은 팔정도를 상징하는 8층으로 조성했고,
만암이 직접 사리탑 비문을 지었다.

    용성은 백양사에 들릴 때마다 만암이 절을 정갈하고도 기품 있게 조성하고 있음이 대견하고 또 경이로웠다. 용성은 자신이 지니고 있는 진신사리를 백양사에 모시고 싶었다. 만암은 물론이고 백양사 식구들은 불사리를 모셔온다는 소식에 입을 다물지 못했다. 경내에 환희심이 넘쳤다. 대중회의를 열어 사리탑을 대웅전 뒤에 세우기로 의견을 모았다. 사리탑은 팔정도를 상징하기 위해 8층으로 조성했고, 만암이 직접 사리탑 비문을 지었다.

어떤 사람이 말하기를, "부처님은 무상無相으로써 종宗을 삼고 적멸寂滅로써 체體를 삼고 있는데 만일 사람이 형상(色)으로 보고 소리(聲)로 구한다면 이는 사도邪道를 행하는 것이다. 여래를 보지 못하는데 하물며 그대는 어떤 집착상과 여실한 견해로써 부처가 입멸한 뒤에 사리의 상相을 보이매 그것을 정상頂上에 받들어 석탑에 갈무리하여 무궁토록 전하려 하니, 그 미혹함이 자못 심하다" 하였다.

그리하여 내가 말하기를, "그렇지 않다. 천고에 불조가 방편方便을 베풀어 활용하는 데 한량이 없어 몸 아닌 가운데서 몸을 드러내고, 상相 없는 가운데서 상을 드러내니 바람이 자면 나무를 움직이고 달이 숨으면 부채를 드니 대개를 상상할 수 있을 것이다. 망망한 중생계에 혹 상을 말한 가르침이 없다면 뉘라서 발취發趣(깨달음을 얻고자 일으키는 마음)하는 마음을 독려할 것인가? 발취하는 마음이 없다면 뉘라서 능히 해탈의 침상에 앉겠는가? 그러기에 팔만장경八萬藏經과 천백千百 공안이 모두 말 있는 상 밑바닥에 간직하여 말 없는 상의 불이문不二門에 도달하게 되는 것이다.

어찌 여기뿐이겠는가? 만일 우리가 한번 정문안頂門眼이 열리면 시시각각 모두 묘법이요, 모든 현상이 한 집의 주인이다. 그래서 무명의 나무에 깨달음이 한순간 만발하여 중생의 여덟 가지 고통 가운데 하나가 항상 맑으니 부처를 치고 조사를 쳐서 열반을 무너뜨리고 생사를 끊는 것이다. 불조佛祖를 안심시키고 후학을 이끄는 소리와 빛은 다른 데서 오는 것이 아니라 모두 이곳에서 나온다.

온 허공의 삼라만상과 섞여 집착하는 것은 무엇이며 방임하는 것은 무엇인가? 이러므로 신라 자장율사는 용존龍尊(용존상지존왕불龍種上智尊王佛의 약칭)을 만나 사리를 얻어 오대산 태백산 등지에 머물면서 탑을 세워 세상에 드높이 교화하니 법문이 장엄하였다. 또 일본 홍법대사弘法大師는 인도에 (사리를) 청하여 받들고 돌아오니 승려와 신도들은 천년 동안 받들어 섬겼다. 마침 백용성 강백이 삼가 받들어 모시게 되었으니 이는 여래의 사자使者가 아니겠는가? 마침내 남성南城에 상서로운 빛과 신령스러운 기운이 영원히 변하지 않게 되었다. 이 또한 원력이 장엄하니 누가 시켜서 그렇게 되었겠는가? 법이 바로 이와 같기 때문이다" 하였다.

한때의 우연한 문답이 사리탑을 세우게 된 연기緣起가 되었기에 이 제목을 탑머리에 쓰는 바이다. 이어 새기기를,

　　상相 없는 상이여
　　허공과 섞여 섬진纖塵도 끊어졌네
　　상相 있는 상이여
　　대지의 끝까지 방춘芳春을 맞이하네

연토緣土를 따름이여
서천西天 동토東土가 한 이웃이라오
원력을 바탕으로 함이여
천고만고千古萬古토록 그 사람 얻으리

1924년 4월 욕불일, 만암종헌은 삼가 짓다

남도 제일의 풍광
쌍계루

백양사는 쌍계루雙溪樓를 빼놓고 얘기할 수 없다. 절 입구에 솟아있는 누각, 바로 그 유명한 쌍계루이다. 쌍계루에서 눈을 들면 백학봉이요, 눈을 내리면 연못이다. 연못에 백학봉과 쌍계루가 비친 모습은 남도 제일의 풍경이다. 그리고 일대 경관은 조선팔경 중의 하나이다.

쌍계루는 고려 충정왕 2년(1350) 각진국사가 처음 세웠다. 기문記文은 훗날 조선의 개국공신 삼봉三峰 정도전鄭道傳이 썼다. 고려 공민왕 21년(1372) 홍수로 무너졌고, 이를 청수운암淸叟雲菴선사가 다시 세웠다. 이때는 목은牧隱 이색李穡이 기문을 지었다. 그리고 1900년 금해관영錦海瓘英선사가 삼창三創했다.

쌍계루 벽면에 포은圃隱 정몽주鄭夢周 등 시인 묵객들의 시판이 걸려 있다. 목은 이색, 면앙정俛仰亭 송순宋純, 하서河西 김인후金麟厚, 사암思菴 박순朴淳 등 고려 말부터 조선시대까지 유명한 학자와 문인들이 이곳을 찾아 백학봉과 쌍계루의 풍광을 읊었다. 정몽주는 〈쌍계루에 부쳐(寄題雙溪樓)〉라는 시제로 이렇게 노래했다.

시를 써달라 백암승白巖僧이 청하니
붓을 잡고도 재주 없음이 부끄럽구나
청수 스님이 누각 세워 이름이 무겁고
목옹牧翁(목은)이 기문을 지으니 뜻이 더 깊네
노을빛 아득하게 저무는 산이 붉고
달그림자 노니는 가을 물이 맑구나
오랫동안 인간사 번뇌에 시달렸는데
어느 날 옷소매 털고 자네와 함께 올라보리
求詩今見白巖僧 把筆沈吟愧未能
淸叟起樓名始重 牧翁作記價還增
烟光縹緲暮山紫 月影徘徊秋水澄
久向人間煩熱惱 拂衣何日共君登

고려 말 나라를 움직이는 실세들이 쌍계루에서 그 아래 연못으로 시심詩心을 던졌음을 알 수 있다. 연못가 나무들은 수령이 700살은 족히 되었다. 700년 전이면 풍운이 일었던 고려 말이니 노거수들은 쌍계루에서 시를 짓고 읊던 정몽주의 모습을 지켜봤을 것이다. 오랫동안 대의를 붙들고 시달려왔으니 이제 권력 다툼에서 벗어나 청수 스님과 더불어 산에나 오르고 싶다던 쌍계루의 꿈은 끝내 이뤄지지 않았다. 속세로 내려간 정몽주는 개경에서 최후를 맞았다. 그 후 쌍계루도 불에 탔다가 다시 세워졌다. 그 아래 연못은 그런 모습들을 담았다가 다시 흘려보냈을 것이다.

쌍계루는 금강산 헐성루歇惺樓, 진주의 촉석루矗石樓, 밀양의 영남루嶺南樓와 더불어 역사에 우뚝하다. 쌍계루에서 지은 묵객들의 시가 400여 수에 달했지만 모두 정몽주의 원운原韻에 차운次韻을 했다. 즉 정몽주의 시에 운을 빌려와 지었다. 비운의 포은, 충정의 정몽주를 두고 차마 다른 시제로 글을 짓지 못했을 것이다. 한편으로는 정몽주를 기리며 그가 꿈꾸었던 세상이 오기를 희구했을 것이다. 만암도 시를 지었다.

> 지령地靈이 밝은 스님 저버리지 아니하여
> 개창한 당년부터 이런 능사能事 겸하였지
> 삼백 편 새로운 시詩 세상 드문 느낌이고
> 양조兩朝의 명사들이 한 누정樓亭에 빛 더하네

일제강점기 때의 쌍계루 전경.
고려 말부터 조선시대까지 유명한 학자와 문인들이
이곳을 찾아 백학봉과 쌍계루의 풍광을 읊었다.

바위 속에 우뚝 서서 사시사철 끄떡없고
고금의 장구한 빛에 두 물이 청정하다
형형색색의 만물 모두 세상 밖의 것이니
한망閒忙한 갈림길에서 몇 명이나 올랐던고

地靈無負住明僧　創寺當年兼此能
三百新詩希世感　兩朝名士一樓增
四時不動巖中立　今古長光水二澄
色色刑形皆物外　閒忙分路幾人登

만암 〈삼가 쌍계루 운韻에 차次함(謹次雙溪樓韻)〉

제5장 | 아름다운 절에 천년의 하늘을 담다

언제나 강남 향해 노스님 생각하여
석문을 찾아보기 몇 번을 하였던가
공산이 저무니 계수나무 꽃이 쓸쓸하고
방초는 해마다 옛시름 더해준다
빈 누각 시원한 바람에 물결이 일렁이고
성근 숲 스미는 달빛에 이슬이 영롱하다
밝아온 아침에도 죽장에 의지하여
안개와 노을 낀 만학천봉을 차례로 올라보세

每向江南憶老僧 石門相訪幾時能

桂花寂寂空山暮 芳草年年舊恨增

虛檻納凉波影動 疏林透月露華澄

明朝且把長房杖 萬壑烟霞取次登

이정구 〈차운次韻〉

월사月沙 이정구李廷龜(1564~1635)는 한문 4대가의 한 사람이다. 본관은 연안이며 몇 차례나 대제학을 지내며 인재들을 발굴했고, 중국을 왕래하며 100여 장의 《조천기행록朝天紀行錄》을 펴냈다. 병조판서·예조판서·좌의정·우의정을 지냈다. 시문집으로 《월사집》 68권 22책이 전한다.

백암승 되지 못함을 한탄해 마지않고

아무리 읊어봐도 좋은 시 안 나오네
산월과 시내 바람은 옛 모습 그대로인데
소인묵객騷人墨客들은 해마다 더해가네
애써서 시 읊으니 구름이 흩어지고
술 취해 머무는 곳 물 또한 청정하네
푸른 솔과 붉은 단풍 아래 거닐며
벗과 함께 술병 차고 몇 번을 올랐던가

堪嘆未作白巖僧 要次高詩又不能
山月溪風依舊在 騷人墨客逐年增
苦吟成處雲初散 醉履停時水復澄
遙想楓紅松碧裡 佩樽携友幾爭登

경운 〈차운次韻〉

경운擎雲(1852~1936) 스님은 당대 최고 강백이었다. 선암사 대승암 강원에 머물며 후학들을 가르쳤다. 불교계 대표적인 명필이었고, 문장 또한 빼어났다. 훗날 불교를 바로 세우려 했던 석전 박한영, 금봉, 진응을 비롯하여 만암이 대승암 강원에서 수학했다.

만암은 해마다 쌍계루 앞 계곡의 보를 수리했다. 사하촌 마을 주민들을 일꾼으로 들였다. 일종의 구호사업이었다. 마을 주민들에게 일을 시키고 품삯을 주었다. 그냥 주면 주민들이 자존심을 상할까봐 그들의 자존감을 살려야 했다. 마을 사람들도 적극 울력에 나섰다. 만암은 절 식구들은 죽을 먹어도 일꾼들에게는 밥을 주었다.

"없는 사람들을 그렇게 챙겼으니 살아있는 부처님이 아니겠는가. 그러니 절에 큰일이 있으면 마을 주민들이 달려갔지."

가인 마을 이장 한봉운, 2021년 여름 구술

제6장 가장 가난했던 자비 보살

曼庵

동물들도
만암 곁을 맴돌아

만암은 자비보살로 대중의 추앙을 받았다. 깨달음은 자기 본래 모습을 보는 것이며 자기 자신이 가장 존귀한 만큼 함께 살아가는 모든 것들이 존귀한 존재였다. 만암은 아주 낮은 곳으로 내려가 중생을 품었다. 언제나 손에 흙을 묻히며 살았고, 끊임없이 주변 사람들의 안부를 물었다. 대중과 함께하는 모습이 《금강경》 첫머리의 풍경과 흡사했다.

"이때 세존께서는 식사 시간이 되어, 옷 입고 바리때를 들고 사위성으로 들어가 걸식하셨다. 성 안에서 한 집 한 집 빌어 드시고 본래 있었던 곳으로 돌아오셨다. 식사를 끝내고 옷과 바리때를 거두시고 발을 닦으신 후 자리를 펴고 앉으셨다."

손수 구걸함은 교만을 버림이요, 한 집 한 집 차례로 구걸함은 부자와 빈자를 가리지 않음이다. 본디 자리로 돌아옴은 제 자리를 찾아감이요, 발을 닦음은 몸으로 지은 업을 씻어냄이다. 그리고 자리를 펴고 앉음은 다시 깨달음의 세계로 들어감이다. 만암의 평소 생활이 이러했다.

정화 과정에서도 만암은 대처승을 당장 내치지 말고 품어야 한다고 했다. 불교가 자비 집안인데 어찌 하루아침에 내칠 수 있느냐고 반문했다. 무엇보다 그들의 생계와 사회적 생존을 고려해야 했다.

"당시 대처승들은 대부분 가정을 이루고 있었고 사찰에서의 활동을 통해 생계를 유지하고 있었다. 따라서 이들이 사찰에서의 종교 활동이 배제된다면, 그들은 새로운 생계수단을 찾아야 하는 상황, 즉 실업失業 상황에 이르게 됨을 의미한다. 당시 백양사와 같은 큰 규모의 사찰들은 사하촌이 있었는데, 대처승 가족은 사하촌에 머물고 있었다. 대처승이 사찰에서 배제된다면 이는 곧 대처승 가족들도 사하촌에서 배제되는, 즉 사회적 배제와 차별의 대상이 된다는 점을 의미한다. 대처승 자녀들의 경우는 자신의 의지와 무관하게 사회적 배제의 대상이 되며 다른 지역으로 떠나야 하는 상황에 직면할 수 있다."

금강 스님 〈만암종헌대종사의 생애와 역사적 위상〉

만암은 이러한 무자비한 처사에 반대하며 그들을 교화승으로 품어야 하다고 주장했다. 사찰에서 대처승에게 역할을 부여하여 그 가족과 자녀들을 돌보도록 하자는 것이었다. 이러한 정화 구상은 당시 대처승이 90퍼센트가 넘는 현실을 감안하고 자비롭게 문제를 해결해나가자는 바람에서 나온 것이었다. 만암의 이러한 제안은 급진 정화를 주장하는 세력에 밀려 관철되지 못했지만 실제로 백양사에서는 대처승들을 내치지 않았다. 호법중(대처승)과 전법중(비구승)으로 나뉘어 예불을 드리게 했고, 그 역할도 나누어 평화롭게 공존했다. 이렇게 '따로 또 같이' 살다가 1970년대 초에 완전히 비구 사찰로 자리 잡았다. 대처승들은 상좌를 두지 말도록 했기 때문에 대처승들이 자연 도태되었기 때문이다.

만암은 인근 마을 주민들을 식구처럼 챙겼다. 수시로 상좌들을 내려 보내 주민들의 형편을 알아보도록 했다. 사찰과 인근 마을은 생활공동체였다. 백암산에서 소쩍새 울음이 절 마당에 떨어지면 모두가 배가 고팠다. 보릿고개였다. 가난한 사람에게 춘궁기春窮期는 호환虎患보다 무서웠다. 하지만 집도 절도 가난했다. 아이들은 물로 배를 채웠고, 나무껍질과 풀뿌리를 씹었다. 어떤 이는 제대로 먹지 못해 황달기가 서렸다. 만암은 이때쯤이면 상좌를 불렀다.

"마을로 내려가 집집마다 들러 일손이 필요하다고 일러라."

그러면 상좌가 머리를 긁적이며 물었다.

"스님, 때가 되었습니까?"

"그렇다. 소쩍새가 울고 있구나."

"무엇이라 이릅니까?"

"작년처럼 금당金溏 연못을 고친다 일러라. 또 쌍계루 앞 개천에 보를 수리하고, 사찰 논에 자갈도 치워야 한다고 해라. 한 집도 빠지지 않게 주의해야 할 것이야."

일꾼은 한 집에 한 명씩만을 부르도록 했다. 빠지는 집이 없도록 세심하게 챙겼다. 사실 연못은 멀쩡한 편이었고, 쌍계루 앞 개천의 보도 망가진 곳은 없었고, 논에도 자갈은 거의 없었다. 그럼에도 일을 시켰다. 이른 봄에는 감나무와 비자나무 등 유실수를 심었고, 그때도 심은 그루를 헤아려 품삯을

만암의
발자취와 불사는
가난한 민초들과
대중의 요익을 향했다.

주었다. 삯으로는 곡식을 주었다. 주민들의 자존심을 건드리지 않고 아울러 함께 살아가자는 일종의 공동체 울력이었다. 주민들은 만암의 의중을 간파했다. 세심한 배려에 두 손을 모았다. 만암의 이런 자비행은 여러 사람이 증언하고 있다.

"마을 사람들 굶기지 않으려고 일을 시키고 품삯을 주었어요. 절 식구들은 죽을 먹어도 일꾼들에게는 밥을 주었지요. 스님들은 시래기 밥을 먹고 일꾼들은 맨밥을 먹었습니다. 없는 사람들을 그렇게 챙겼으니 살아있는 부처님이 아니겠는가. 그러니 절에 큰일이 있으면 마을 주민들이 달려갔지." (한봉운)

"흉년이 들면 대중 스님들의 밥을 죽으로 쑤어 양식을 아꼈고, 아낀 곡식을 사찰 아랫마을 사람들에게 나누어 주었다. 사찰에 보시하려는 시주자들에게 사찰 대신에 생계가 급한 마을 주민들에게 보시할 것을 권하기도 하였다. 또는 사찰 여러 불사에 마을 사람들을 고용하는 방식으로 이들을 돕기도 하였다. 일례로 개천에 보를 만드는 일을 할 때는 한 집에 한 사람만 부르도록 하였고 빠지는 집이 없도록 하였다. 사찰에 큰일이 있어 일상적으로 마을 사람들이 참여하던 울력에도 품삯으로 곡식을 주는 경우도 있었다."

금강 스님 〈만암종헌대종사의 생애와 역사적 위상〉

만암은 사찰 내에서 어떤 특별함도 모두 없앴다. 의식주에 차별을 두지 않았다. 화사한 의복이 들어오면 까만색으로 물들여 입었다. 시주자의 성심도 고려하고 대중의 눈도 살폈다. 광성의숙 시절에는 당시 열악했던 경제 사정으로 학생들이 학량學糧을 내지 못하는 경우가 많았음에도 학생들이 중도에 학업을 포기하지 못하도록 배려하였다. 방장과 학감도 학생들과 똑같은 음식을 먹었고 큰방에서 학생들과 함께 기거하였다. 만암에게 특별한 잠자리나 유별난 특식은 있을 수 없었다.

백양사에서 양로원을 운영하기도 했다. 큰절 가까이에 청량원清凉院을 세우고 갈 곳 없는 노인들이 거처하도록 했다. 정읍은 물론이요 태인, 전주, 부안 등지에서도 노인들이 찾아왔다. 입소문이 퍼지자 재산을 처분하여 백양사에 보시하고 청량원으로 들어오는 사람도 있었다.

사람들만이 만암을 따른 것이 아니었다. 동물들도 만암 곁을 맴돌았다고 한다. 밥을 덜어서 쥐를 기르고, 연못 속 물고기에 날마다 먹이를 뿌려주었다. 바리때를 들고 있으면 까막까치가 날아들었다. 대웅전에서 법을 설하면 고라니와 사슴이 나타나 흡사 법문을 듣는 것 같았다고 한다.

"한번은 만암 스님이 백양사에서 수도정진하고 계실 때 산중에서 노루 한 마리가 내려와 스님 곁에 머물렀다는 일화가 있습니다. 만물의 정과 깊이는 서로 통하지 않는 것이 없다고 했으니 스님의 덕이 얼마나 높고 깊었는지를 알게 하는 이야기입니다."(서옹 스님)

"백양사 절 마당에는 연못을 파 늘 고기를 먹여 기르고, 노루새끼가 도량 안에 들어와 대중의 설법장에까지 드나든 사실이 있어 노루를 키우다 산으로 돌려보낸 일이 있으며, 다람쥐와 도둑고양이까지도 감화시켜 길들여 길렀다."(종성 스님)

"제가 은사이신 수산 스님께 전해들은 재미있는 일화가 있습니다. 어느 날 수산 스님께서 만암 큰스님께 문안 인사를 드리고 나서 앉았는데, 위 선반에서 빈 그릇이 방바닥으로 툭 떨어지더랍니다. 그러자 만암 큰스님께서 '밥 줘라'라 하시더랍니다. 위를 보니까 선반 위에 쥐가 한 마리 있는데 이 쥐에게 만암 스님께서 때가 되면 그릇에 밥을 주고 있었고, 그 쥐는 밥을 다 먹고 나서 때가 되면 그릇을 밀어뜨려 밥 달라고 신호를 보냈던 것입니다. 이처럼 만암 스님은 사람들에게 뿐만 아니라 모든 생명들을 긍휼히 여기고 아끼셨던 참다운 시대의 대보살이셨습니다."(만당 스님)

중이 되기 전에는
부처를 말하지 말라

만암은 깨치면 실천했다. 누구도 예외가 없었다. 스스로 먼저 지키니 다른 사람들은 따를 수밖에 없었다. 한량없는 자비 속에는 엄숙함이 들어 있었다. 만암은 평소에 이렇게 일렀다.

계는 얼음장처럼 차고 맑다(戒如氷淸).

도량석이 시작되면 일어나 냉수욕을 했다. 그런 다음 예불을 드리고 제자들의 아침 인사를 받고 한 사람 한 사람 지도한 다음 선방에 들어가 좌선을 했다. 공양은 꼭 대중과 함께 했고, 공양 후에는 모두 백암산에서 채취한 자하차와 죽로차

백양사의 수행 풍토와 엄중한 사규는
다른 사찰에도 파급되었다.

를 들었다. 수시로 좌선에 들었고, 방선 후에는 붓글씨를 썼다. 저녁 예불이 끝나면 다시 좌선에 들었다가 대중의 저녁 인사를 받았다. 침식을 함께했지만 누구도 만암이 눕고 일어남을 보지 못했다.

"사師(만암)는 계율을 엄히 지키고 본령本領을 통찰하여 비록 산더미처럼 쌓인 사무와 행역行役이 고달픔이 있다하더라도 반드시 한밤중에 일어나 가부跏趺하고 앉아 아침을 맞았다."

이가원 〈대종정 만암대종사 사리탑비명병서〉

만암은 주지를 맡고 가장 먼저 생활규칙을 정해서 실천하도록 했다. 첫째, 예불에 참여하지 않으면 밥을 주지 말라. 둘째, 오후 3시 울력에는 모두 참여해야 한다. 불참자는 밥을 주지 말라. 셋째, 참선은 새벽과 저녁 예불 후 30분씩 매일 진행한다. 이러한 수행 분위기는 불교계 안팎에 신선한 충격을 주었다. 만암은 늘 깨어있으라고 스님들을 경책했다.

"머리를 깎고 먹물 옷을 입었다고 해서 다 중이 아니다."

"중이 되기 전에는 부처를 말하지 말라."

승려는 행行이 기본이라고 강조했다. 말과 행동이 일치하라고 일렀다. 만암은 말수가 적고 언변이 소박했지만 대중은 만암의 허튼 소리를 들어본 적이 없었다. 말이 쇠보다 무거웠다. 언행이 일치했으니 모두 그의 말이라면 따라야 했다.

"만암의 하루하루 일과는 그 자체가 지계요 혜요 율이요 선이었다. 스님은 후학들에게 '이 뭣꼬'를 늘 화두로 권하곤 했으므로 '이 뭣꼬 스님'이라는 별명으로 불리기도 했다. 모든 이들이 다 자기 마음 밭을 개발하여 어느 누구로부터도 간섭 받지 않는 참된 자기를 찾아야 한다고 말했다.

산수 경개景槪 좋은 곳에서 부처님의 얼굴을 팔아 많은 시주를 얻고, 기름기 흐르는 얼굴과 비대한 몸에 좋은 천으로 잘 마름질 된 옷을 걸치고 곡차에 젖은 채, 한 꺼풀의 깨달음 비슷한 것 한 소식을 했다 하여 오만을 떨며 헛눈 팔며 자기 미망을 걸치고 사는 무리가 자꾸 늘어가므로 서글퍼지곤 하는 요즘에 거울로 삼아야 할 스님이 만암 스님 아닐까."

한승원 〈반농반선의 큰 나무 만암 스님〉《주간불교》제432호

"세상 사람들은 조선불교가 타락했다고 비판한다. 그것은 피상적 관찰에 불과하고 참으로 산문의 청규를 지키고 공부하는 데 나태하지 않은 실제 내용을 모르기 때문이다. 1925년 겨울, 전남 장성군의 선교양종 대본산 백양사를 순례했다. 이 절 대중은 주지 송만암 스님의 지도 아래 화합 일치하여 함께 마음을 모아 가람·법당·요사와 기타 건물을 새로 짓고 고쳤다. 청규를 지키는 것에는 조석예불, 공양 때에는 비록 어린 사미일지라도 법의를 입지 않고는 참여할 수 없다. 밤낮

으로 참선 정진하는 선풍과 교학을 공부하는 사교대교四教大教의 강원 규칙이 엄격한 것을 보았다. 겉으로 떠도는 소문과 다른 것을 느꼈다."

이능화 《불교》 31호, 1927년 1월

"유생들이 '3대 위엄이 모두 여기에 있다'라고 할 만큼 사찰 청규가 엄숙하고 승풍僧風이 정연하다. 회승당會僧堂 선원에는 30여 명의 선객이 가부좌하고 선禪 삼매에 들었고 향적전 강원에는 10여 명 학인이 의학義學을 캐고 있다.

그리고 도량에는 어떠한 승려라도 법복을 입지 않고는 출입할 수 없는지라 사무원까지 항상 법복을 입고 있다. 송만암 선사는 주경야선晝經夜禪 혹은 주경야선晝耕夜禪을 주장하시는 분이라 어떤 사람이라도 낮에 무슨 일을 하든지 간에 백양산에 상주하는 승려는 아침저녁으로 향 사르고 예불할 때 한두 시간씩 꼭 입정 좌선하게 한다.

그리고 만암선사께서도 털끝만큼의 차별도 없이 낮이나 밤이나 선정에 들어있으며 초심자에게는 지성으로 참선을 권한다고 한다. 어떤 스님은 만암선사를 가리켜 개심開心 도인이라 하며 목양牧羊 도인이라고 한다. '밤새도록 통곡해도 어느 마누라 초상인지 모른다'는 말처럼 각황사에서 2년 동안 아침저녁으로 마주하며 같은 상에서 식사를 했어도 만암선사가 도인이고 선지식인 것을 모르다가 백양사에 와서 새삼스럽게 알게 되었다. 그리고 만암선사의 공적이 백양산뿐만 아니라 조선불교계에도 있는 것을 다시금 깨닫게 되었다."

김소하 《불교》 63호, 1929년 9월

"담양에서 신도들이 양식을 머리에 이고 한복을 곱게 차려입고 백양사로 오는 풍경은 볼거리였습니다. 밤늦게 또는 새벽에 출발해서 열 지어 백양사로 왔습니다. 참말로 장관이었습니다. 법회 때는 말사, 암자에서 승려들과 신도들이 이백 명, 삼백 명이 참석했습니다. 대웅전이 모자라서 밖에서 앉아 있어야 했지요. 참으로 보기 좋았습니다."

조카 송영옥, 2021년 여름 구술

이러한 백양사의 수행 풍토와 엄중한 사규는 다른 사찰에도 파급되었다. 또한 재가불자들도 백양사 산문을 넘어올 때는 옷깃을 여몄다. 모두가 옷차림을 돌아보고 도량에서는 큰 소리를 내지 않았다.

노동은
또 다른 선이다

만암은 승려들과 신도들에게 자급자족을 독려했다. 이른바 반선반농半禪半農이었다. 이러한 반선반농은 아주 오래 전에 이미 선종에서 있었다. 오조홍인(601~674) 스님은 기주 쌍봉산에서 500여 명의 대중과 함께 노동과 선 수행을 했다. 낮에는 노동을 하여 양식을 장만하고 밤에는 좌선을 했다.

일일부작一日不作 일일불식一日不食. 당나라 백장百丈(749~814) 스님은 하루 일하지 않으면 하루 굶어야 한다는 〈백장청규〉를 만들고 이를 스스로 지켰다. 스님은 아흔이 넘어서도 밭일을 했다. 제자들이 호미를 숨기고 하루 만이라도 쉬라고 청했으나 듣지 않았다. 일하지 않으면 먹지 않겠다며 아예 방문을

만암은 울력에 동참하며 일을 즐겼다. 노동은 또 다른 선禪이었다.

잠그고 식사를 거부했다.

"아무런 덕도 없는데 어찌 남들만 수고롭게 하겠는가. 일하지 않으면 먹지 않을 뿐이다."

백양사는 가난했다. 1910년대에는 연간 수입이 양곡 40석에 불과했다. 그걸로 대중이 먹고 살려면 턱없이 부족했다. 따라서 인근 남녘 사찰에 구호를 요청했고, 대흥사 등에서 양곡을 얻어와 허기를 메웠다. 또 만암은 백양사를 중창하겠다는 원대한 구상을 지니고 있었다. 그 많은 재원을 마련하려면 시주에만 의존해서는 될 일이 아니었다. 만암은 결심했다.

"우리가 농사를 짓자."

만암은 스님들이 직접 농사를 짓게 했다. 짚신과 대그릇 등을 만들고, 양봉 치기를 장려했다. 사찰 주변 공터에 대밭을 일구고 여기서 수확한 대나무로 공예품을 만들어 시장에 내다 팔았다. 또 학인들에게도 농사를 짓도록 했다. 사찰 주변 밭을 1인당 3평씩 나누어 주고 거기서 나는 수확물로 한철 먹거리를 해결하도록 했다. 또 가사 짓는 법을 가르쳐 인근 사찰과 암자의 불도들 가사를 자체적으로 해결했다. 사찰림은 해마다 10정보씩 간벌을 하여 숯을 만들어 팔고, 그 돈으로 전답을 사들였다.

산에는 감나무와 비자나무를 심어 수입을 올렸다. 해마다 산속 헐벗은 곳에 묘목을 심었다. 그리고 모든 대중에게 묘목을 할당하여 책임지고 가꾸도록 했다. 선방의 스님들도 예외 없이 울력에 동참하라 일렀다. '묘목 가꾸기 실명제'를 실시한 셈이다. 경내 빈 곳에는 목단 작약 등 약초를 심어 이를 내다 팔았다. 백양사의 산내 부산물副産物을 수확하여 절 살림을 늘려나갔다.

비자나무:이 나무는 화순·영광 등지에도 혹 자생하나 오직 백양의 비자를 진품으로 삼는 것은 바탕이 선명하고 안약에 특히 효과가 있는데, 연간 산출은 20여 석에 달한다.

자하차紫霞茶:때에 따라서는 차를 재배도 하지만 우리 절 산간에서 자생하는 '자하차'의 향취와 진미를 따를 수는 없다. 또 대밭에 총생叢生하는 죽로차는 더욱 향기가 복욱馥郁하여

차 중에서 제일이라는 호평이 적절하다.

참나무 껍질 : 이는 연해 어장용으로 해를 걸러 채취하는데, 참나무 중간 부분에 45척(약 13.5m) 가량 껍질을 벗겨도 자라는 데 아무런 해도 없고 도리어 옛것을 버리고 새것을 얻는 느낌이 있다.

죽재竹材 : 이는 호남 특산으로 우리 절에서도 많이 재배한다.

감나무 : 우리 절 도량에는 이 나무가 떼를 지어 생겨나 결실이 잘되는 해에는 수입도 적지 않다.

은행나무 : 우리 절 도량에는 은행나무가 여기저기 흩어져 있어 연간 4, 5석의 열매를 채취한다.

복분자 : 이 딸기는 땔나무를 하는 마을 아이들이 맘대로 채취하여 우리 절 관람객에게 팔고 있다. 그밖에 산앵두·복숭아·오얏·매실·목환자木槵子·양애陽艾(쑥)·목단·작약 등이 자생하고 있다.

《만암문집》

대중은 만암의 반선반농에 적극 동참했다. 그 효과는 기대 이상이었다. 연간 40석에 불과했던 양곡 수입이 800석으로 늘어났다. 이를 바탕으로 중창불사도 차근차근 수월하게 진행할 수 있었다. 사찰 내에 윤기가 돌았다. 활력이 생겨났다.

만암은 이러한 반농반선 운동이 전 교단으로 퍼져나가기를 바랐다. 사찰에서 욕심을 덜어내는 데 일조를 할 것이라 믿었다. 교단의 최고지도자로서 교단의 혁신을 주문하기도 했다.

옛날 우리 교단敎團 생활은 안으로 상주재산의 집취集聚한 유택遺澤과 밖으로 단신檀信 제가諸家의 임시 원조로 정신상의 활동에 부단不斷의 노력이 있었으나 육체적 노력은 혹 부족하다는 비난도 있었다. 금후로는 이 자경농自耕農으로 인하여 반농반선의 생활과 주경야독의 고풍古風을 준수하여 자작자급自作自給의 미풍을 발휘하고 또 옛 선사의 '일일부작이면 일일불식'의 가풍을 실천하게 되는지라, 이도 우리 교단의 근로생활을 권발勸發하는 취지에 새로운 면목이라 이르겠다.

만암 〈새로운 면목〉

만암은 시주에 의존하는 관행을 벗어나 의식주를 자급자족으로 해결해보자고 했다. 사찰 내에 오래된 풍토를 갈아엎는 일대 발상전환이었다.

"반선반농은 스님들의 사회적 위상도 크게 높였다. 불교를 경원시했던 유생들이 탁발문화를 깎아내리고 반사회적으로 낙인찍은 상황에서 자급자족의 반선반농 운동은 스님들도 생산의 주체라는 인식을 높여주었다. 만암 스님은 나아가 반선반농이 불교뿐만 아니라 일반 사회에도 대단히 유용할 것으로 전망했다. 특히 '한국불교는 원래 대승적 견지에서 기인하여 자기의 수양에만 한함이 아닌지라 반선반농주의를 일반적으로 보급케 하여 민족의 시범(모범)으로 만들어야 할 일'이라고 강조한 것도 그 연장선상에 있다. 만암 스님은 반선반농을 통해 백양사의 대대적인 수행가풍을 이뤄냈으며, 한국불교의 체질을 변화시키려 했던 근대 한국불교의 반선반농의 실질적 주창자이자 실천자였다고 할 수 있다."

이재형 〈만암대종사의 행장과 관계된 몇 가지 검토〉

"산문을 들어가노라니 새로 닦은 마당에서 흙손으로 화초를 심다가 망연히 일어서 예를 갖추는 이가 이곳 주지 송만암 화상이었다. 이렇듯이 몸으로 시키고 일로 보이는 성의가 철저한 가운데 그의 백양사 중흥의 공업功業이 나온 것을 직감하였다."

최남선 《심춘순례》

만암은 울력에 동참하며 일을 즐겼다. 노동은 또 다른 선禪이었다. 최남선이 박한영 스님을 모시고 백양사에 들렀을 때도 만암은 흙을 만지고 있었다.

반선반농 운동을
최초로 펼치다

반선반농 운동은 만암 뿐만 아니라 용성龍城, 학명鶴鳴 스님도 몸소 실천했다. 아마도 서로에게 영향을 주었을 가능성이 크다. 용성은 반선반농을 하는 총림을 구상했다. 1927년 경남 함양의 백운산에 화과원華果院을 설립하고 선농불교禪農佛教를 표방했다. 감나무와 밤나무 등 유실수를 심고 산비탈을 개간하여 밭을 일구었다. 용성은 간도間島에도 수십만 평의 땅을 확보하고 선농불교 포교당을 지었다.

"자신에게 응공應供의 덕행이 결핍되었다면 애초부터 신도의 시주를 받을 수 없는 것인데, 하물며 물질지상주의인 이때에 생활난이 극에 달한 오늘날 어찌 시주를 받겠는가. 돌을

용성 스님은 함양 백운산에
화과원을 설립하고 선농불교를 표방했다.
또 간도에도 수십만 평의 땅을 확보하고
선농불교 포교당을 지었다.

나르고 밤에 방아를 찧고 밭을 개간했다는 이야기 등이 고인들께서 본보기를 보여주신 것으로 그 마땅함을 진실로 얻었다고 할 것이다. … 가까운 장래에 우리 교단의 승려들이 참선을 수행하는 여력으로 농사에 힘써 공양 물자를 스스로 갖추는 미덕을 일으킨다면 이는 모두 선사께서 베푸신 것이다."

용하龍夏《용성선사어록》

용성의 반선반농의 실천은 모든 걸 시주에 의존했던 당시로서는 대단한 일이었다. 서산대사는 《선가귀감》에서 시주의 무서움을 알라고 매섭게 다그쳤다. 불자의 한 그릇 밥과 한 벌 옷에는 농부의 피와 길쌈하는 여인의 땀이 배어있다고 했다. 그래서 수행자는 음식을 먹을 때는 독약을 먹는 것처럼, 시주를 받을 때는 화살을 받는 것처럼 하라고 일렀다.

용성의 선농불교 실천은 후학들에게 많은 영감을 주었다. 용성은 선농불교가 불교계 전체로 퍼져나가길 원했다. 〈중앙 행정에 대한 희망〉이라는 글을 발표하여 함께 농사지으며 선을 행하자고 촉구했다.

"세계사조가 연년월월年年月月 변하고 반종교운동이 시시각각 돌진하고 있다. 우리는 이때에 교정敎政을 급속도로 혁신하지 않으면 아니 될 것이다. 하나는 선종을 겸행하지 않으면 안 될 것이요, 하나는 우리 자신이 농사짓지 아니하면 안 될 것이다. 옛날에도 황벽黃檗, 임제臨濟와 위산潙山, 앙산仰山이 다 밭에서 보청普請하사 친히 경작하시었다. 아! 우리는 시급히 밭일을 하거나 약초 단지를 세우거나 과일 농사를 지어서 자급자족하고 남의 힘을 가자假資하지 않아야 될 것이다."

학명 또한 1923년 내장사 주지로 부임하면서 반선반농 운동을 펼쳤다. 학명은 스님들이 사찰에서 재물을 탐하거나 홀로 잘 먹고 살려는 풍토를 크게 꾸짖었다.

"근일에 우리 조선의 승려되는 자로 말하면 승려라는 것이 어떤 것인지도 알지 못하고, 부처와 조사의 본의가 어떠한 것인지도 알지 못하고, 거의 대부분이 출가입산出家入山하는 날부터 몸만 한적한 운림雲林에 집어던지고 눈은 재물과 이익의

정읍 내장사에 봉안된
학명선사 부도탑.
학명은 스님들이
사찰에서 재물을 탐하거나
홀로 잘 먹고 살려는 풍토를
크게 꾸짖었다.

주선周旋에 혈안이 되어 일출일입一出一入이라도 공公을 빙자하여 사私를 영위하거나 남에게는 손해를 입히면서 자기만 이롭게 하여 오직 이런 일에만 종사한다.

  그중에도 심한 자는 사찰의 상주물을 남용남식濫用濫食하여 절과 자신이 패망하는 지경에 이르게 되니, 이런 행동이 있고 이런 지견知見이 있으면 어느 때에 옛날의 현철賢哲들과 같은 높은 명예가 그 몸에 돌아가리오. 어렸을 때부터 늙을 때까지 승려로 있더라도 다만 모갑某甲이라는 승려 명색名色만이 있을 뿐이로다."

학명 《학명집》

  학명은 승려들이 시주와 탁발에만 의존하며 무위도식하는

관습을 타파할 것을 주창했다. 그러면서 노동과 참선을 병행하자고 독려했다. 내장선원의 규칙을 보면 '선원의 목표는 반농반선으로 변경함. 선회禪會의 주의主義는 자선자수自禪自修하며 자력자식自力自食하기로 함'을 맨 먼저 적시했다. 즉 먹는 문제는 스스로 해결할 것을 명시했다. 이에 따라 내장산 선원 대중은 오전에는 공부하고 오후에는 노동을 하며 밤에는 좌선을 해야 했다. 학명은 실제로 내장산 입구에 논을 개간해서 절 살림에 보탰다.

"선중을 인솔하여 몇 곳의 못을 파고 수백 두락의 논을 개간해서 선원의 상주물로 삼았다. 이렇게 내장사가 새롭게 빛나니 참으로 예전의 내장사가 아니었다."

〈학명선사 사리탑명병서〉

백양사와 인연을 맺은 용성, 학명 그리고 만암이 모두 반선반농 운동을 펼쳤다. 참으로 기이한 일이다. 그렇다면 누가 가장 먼저 반선반농을 외치며 실행에 옮겼을까. 여러 정황을 살펴보건대 만암이 가장 먼저 이를 주창했다고 보여진다. 학명은 1923년 내장산 주지로 부임하면서, 용성은 1927년 함양 백운산에 화과원을 설립하면서 반선반농 운동을 표방했다. 그렇다면 만암은 반선반농을 언제 외쳤을까. 백양사 주지로 취임한 1914년으로 봐야 할 것이다.

백양사 비자나무 숲.
만암이 시작한 비자나무 심기는
산 중턱까지 넓게 퍼져 사찰림을 이루고 있다.
천연기념물 제153호로 지정되었다.

제6장 | 가장 가난했던 자비 보살

"사師가 오랫동안 주석해온 백양사는 산내 사암과 함께 연중 수입이 양곡 40석에도 미치지 못함에 사는 사원을 유지할 재원을 조성하기 위하여 사찰 전답을 승려들이 직접 경작하게 하였다. 이같이 하여 얻은 수입은 절대로 사사로이 쓰지 못하게 하고 사중寺中 재산으로 취합하게 한 결과 40석에 불과하던 백양사 재산이 약 800석에 달하였다. 이같이 반선반농 제도를 확립하여 사가 주지로 취임하였던 1914년에는 수 칸의 요사채 밖에 없던 황폐한 사찰을 새롭게 중수하여 호남 굴지의 거찰로 일신하였다."

《만암문집》〈연보 약기〉

이로 미루어 중창불사가 시작되던 1917년부터 반선반농 운동이 펼쳐졌음이 확실하다. 우리나라 사찰에서는 최초의 일이다. 하지만 그런 사실은 불교사에 기록되어 있지 않다. 만암 특유의 겸손에서 비롯되었을 것이다. 자신을 내세우지 않고, 모든 일이 잘 되었으면 그걸로 그만이었다. 한편으로는 당연한 일이었다. 그래서 내세운다는 생각조차 없었을 것이다. 이제라도 후학들이 이런 사실들을 제대로 적시하여 '최초'의 수식어를 마땅히 달아야 할 것이다.

제7장 인재 불사가 곧 항일

曼庵

광성의숙에
중도 하차는 없다

만암은 1909년경 승려들의 현대적인 교육기관인 광성의숙廣成義塾을 세웠다. 의숙義塾이란 공익을 위해 의연금으로 세운 교육기관을 일컫는다. 만암은 인재 불사만이 식민지를 벗어나 나라를 찾을 수 있다는 믿음을 가지고 있었다.

"전남 제사諸寺에 보통학교 설립으로 언言하면 구례군 화엄사 내 신명新明 학교, 순천군 선암사 내 승선昇仙 학교, 송광사 내 보명普明 학교, 해남군 대둔사 내 대흥大興 학교, 장성군 백양사 내 광성의숙이니 학원學員이 다지多至 7~80명이요, 소불하少不下 3~40명인데 왕추往秋로 기起하여 금추今秋로 지至함에 학문 정도가 증증일상蒸蒸日上의 세勢가 유有한 중 광성의숙은 부근 9사寺의 전재錢財를 갹집醵集하여 열심히 교육 중인데 발기인은 배학산, 백화은白華隱, 임재근林在根, 박한영, 송만암, 김종래金鍾來 제씨諸氏오, 과정은 고등 소학과와 농림 실업과라더라."

《매일신보》 1910년 10월 22일자

만암은 연고가 깊은 사찰을 규합하여 청류암淸流庵에 강원을 개설했다. 신문 보도처럼 '지난 가을에 시작하여 올 가을까지 학문의 열기가 갈수록 뜨겁다'는 것으로 미루어 볼 때 1909년 학교 문을 열었을 가능성이 크다. 박한영과 김종래 등 불교지도자들이 발기인으로 참여했음을 미뤄볼 때 불교계 안팎의 비상한 관심을 모았을 것으로 짐작할 수 있다.

청류암은 백암산 내 다른 암자들과 함께 각진국사覺眞國師가 1350년(고려 충정왕 2)에 창건했다고 전해진다. 청수, 소요, 화담 스님 등 역대 백양사 고승들이 주석했다. 지금도 그 법향이 피어나고 있다. 동학혁명 당시에는 전봉준 장군도 머물렀던 곳이다. 신문에는 아홉 개 사찰의 기부를 받았다고 보도했지만 실제로는 백양사 관할 암자들도 동참하여 30여 사찰과 암자가 의숙 설립을 도왔다.

만암은 스승 환응 스님을 방장, 박한영 스님을 숙장으로 모시고 자신은 숙감을 맡았다. 내외 제반 교무를 총괄하면서도

1920년대 후반 청류암. 만암은 1909년 청류암에 광성의숙을 열었다.

일상의 생활은 수행자의 본분에서 벗어나지 않았다. 만암과 박한영 그리고 이종근李鍾根, 신현국申鉉國, 김종래 등이 학생들을 가르쳤다. 그야말로 호화 강사진이었다. 김종래는 구암사와 대원사에서 학인들을 가르쳤던 한문학의 대가였다. 신현국 또한 저명한 유학자이며 항일지사였다.

  선생도 학생도 학교라는 곳에서 가르치고 배우는 것은 처음이었다. 모두가 열심이었다. 배움에 굶주린 학생들이 원근에서 몰려와 100여 명에 이르렀다. 광성의숙은 불경뿐만이 아니라 세상의 학문도 가르쳤다. 출판이 금지된 한국사와 지리를 가르쳤고, 그밖에 민족정신을 고무시키는 서적을 읽게 했다. 수시로 배일排日 명사들을 초청하여 강의를 들었다. 이를 통해 한민족의 자부심을 북돋아주고 저항 의식을 고취시켰다.

백양사는 사격寺格에 비해 절 살림은 매우 궁핍했다. 모든 것이 부족했다. 그럼에도 학인들은 중도 하차하는 법이 없었다. 당시 학인이었던 스님의 증언을 들어보자.

"의숙의 모체인 백양사는 모년某年에 회신灰燼되고 몇 개의 방사房舍와 암자만이 산내에 잔재殘在했으나, 국내의 어느 거찰보다도 청년 불도의 교육사업은 착착 진행되어 국내 사찰 중에서 은연隱然히 선불장의 자리를 점하였으며 의숙에 수용된 학인은 언제든지 50명 이상 100여 명에 달했다.

그리고 이 의숙은 일경에 의하여 출판이 금지된 국사와 지리, 그밖에 민족정신을 고취하는 모든 서적을 임의로 배우며 읽을 수가 있었다. 그리고 수시로 배일 명사들의 출입이 빈번하여 국민정신을 함양하는 데 일조가 되었으니 사師의 정신적 착안着眼이 어디에 있었는가를 상상하고도 남음이 있다.

그때에 경제적 상황을 말한다면 그 많은 학인을 교육함에 있어서 사중寺中의 경제는 과연 어떠하였던가? 당시에 국내의 거찰에서는 대개 기백 기천 석의 소작료를 받았으나 백양사는 소작료의 수입이란 산내의 방사와 암자까지 모두 합하여 평균 40석에 불과하였다. 이것으로 여섯 개의 방사와 암자를 유지하였다. 또 도심지와 격리되어 있는 관계로 교통이 불편하여 시연施緣의 수입도 없었다. 이 같은 경지에 처하여 수많은 학인을 교육시킴에 있어 경제난이 심각함은 필연적 사실이다. 그중에는 자비 학생으로 예정량의 기할幾割도 납부하지 못하였으나 학량學糧 부족으로 수업의 정지를 받은 학인은 없었다. 이에 필자 또한 당시 학인의 한 사람으로서 예정된 학량을 납부하지 못한 한 사람이지만 1, 2년간을 먹고 배웠던 일을 속일 수 없다.

그때 식사에 있어서 부식의 거침은 현대인으로서는 상상조차 못할 정도였으며 학감이신 사師를 위시하여 노덕老德스님네도 동일한 식사지만 달게 받으셨던 것이다. 또한 사는 공무로 출장하시는 일 외에는 번거로운 사무가 있음에도 불구하고 자담自擔으로 정해진 과목의 강의를 빼놓는 일이 없었으며 소위 정해진 별실別室은 이름뿐이요 언제든지 대방大房에서 학인들과 더불어 기거하므로 혹은 학인들에게 눈치를 당한 적도 적지 아니하다.

공양에 임하여도 사의 밥상에 학인의 밥상과 다른 찬이 놓인 것을 보지 못했다. 만일에 별찬이 있는 경우에는 사가 대중의 찬수饌需에 혼합하여 같이 공양하는 것이 상례였기 때문에 사에게 특별한 공양을 올리지 못하게 된 것이다. 이는 사의 평생을 통해 열반에 드실 때까지 시종 한결같았다."

《만암집》〈연보 약기〉

마침내 광성의숙에서 1913년 3월 첫 졸업생을 배출하였다.

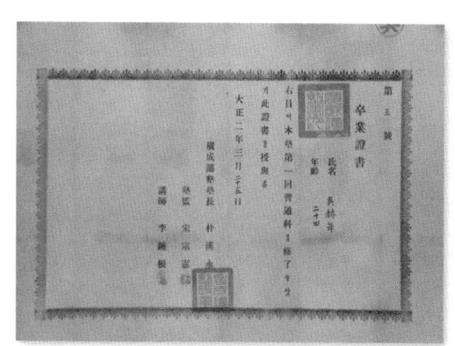

오혁년 스님의
1913년 졸업 증서.

불교계의 광휘가 번득였다.

"전남 장성군 백양사 내 광성의숙에서 지난달 25일에 제1회 보통과 졸업식을 행하였는데 졸업생 박장조, 김종열, 오혁년, 이동석, 황성인, 김지현 등은 모두 우등優等으로 포증서襃證書까지 수여하고 진급생은 22인이다. 호남 일대 불교가에 초유初有한 광화光華를 정오하였더라."

《매일신보》1913년 4월 2일자

1회 졸업생 박장조는 불교중앙학림에 진학했다. 졸업 후에 백양사 전문강원에서 강사를 했고, 지방학림 강사를 지냈다. 그 후에도 백양사 광성의숙, 지방학림 출신들은 서울로 진학하여 중앙불교전문학교 등에서 수학했으며 훗날 불교계 인재로 거듭났다.

일반 학생들을 위한 학교도 세웠다. 쌍계루 옆에 교사校舍를 짓고 약수심상소학교藥水尋常小學校를 설립했다. 약수심상소학교에서는 국어, 국사, 수학, 농사 기술 등을 가르쳤다. 북하면은 물론이고 순창군 복흥면, 정읍 입암면에서도 학동들이 몰려왔다. 약수심상소학교는 후에 북하면 약수리로 옮겨가 약수국민학교가 되었다. 만암은 여기에 그치지 않았다. 약수소학교에 다닐 수 없는 학동들을 위해 사하촌에 야학을 운영했다.

"전남 장성군 백양사 송종헌은 부근 동리에 발육發育 기관이 없음을 유감으로 생각하고 지방 유지와 협의한 결과 이로부터 3년 전에 노동야학勞動夜學을 설립하고 다수한 노동자를 모집하야 역원役員 박태일 씨가 열심히 교수하던 바 백양청년회에서는 금추今秋 협의한 결과 교육부 이사 이형옥 씨와 서무부 전경량 씨를 전全 책임자로 하야 교수 중인데 방금 학생은 45인에 달하며 일반 시설도 일익日益 확장된다더라."

《조선일보》 1924년 12월 13일자

1926년 봄에 백양사에 들린 육당 최남선의 눈에도 기특한 장면이 포착되었다.

"저쪽으로 한 젊은 스님의 인솔 하에 십여 명의 새로 머리 깎은 아동들이 행렬을 지어 오고 있는 것은 무엇인가 하였더니, 교육 보급에 열심인 주지(만암)의 인도로 오늘 신학년으로 학교에 입학하게 된 병아리 생도들이 사의를 표하러 온 것이라 했다."

최남선《심춘순례》

배움에 목마른 청년 일꾼들이 불 밝히고 글을 읽는 장면은 생각만 해도 정겹고 대견하다. 기사의 내용을 보면 만암은 이미 백양사를 모태로 한 청년회를 조직하여 그들과 끊임없이 교감하며 향학열을 북돋아주었음을 알 수 있다. 광성의숙과 약수심상소학교는 당시 배움에 대한 열기가 대단했음은 여러 문헌에 남아있다.

최초의 근대불교학교
명진

일제가 침략의 야욕을 노골적으로 드러내자 조선의 운명은 바람 앞의 촛불이었다. 이에 나라를 걱정하는 지사들이 계몽운동에 나섰고, 많은 이들이 교육에 눈을 돌렸다. 1883년에 개교한 원산학사元山學舍를 필두로 사립학교들이 세워졌다. 1900년을 전후해서는 수많은 학교가 들어섰다. 특히 1885년 선교사 헨리 아펜젤러(Henry Gerhard Appenzeller, 1858~1902)에 의해 배재학당培材學堂이 설립되었고, 이듬해에는 이화학당梨花學堂과 경신학교가 문을 열었다. 이들은 모두 기독교 학교였다.

　기독교가 세운 신학교에서 이뤄진 근대적인 신교육은 파급력이 엄청났다. 신문물에 대한 호기심이 배움에 대한 열망과 결합했다. 이를 계기로 적극적인 포교 활동을 펼쳐 기독교 교세는 급속도로 확장했다. 1910년 전국에 세워진 교회가 무려 1,900여 곳이었다. 신도 수는 20여만 명에 이르렀다. 교육과 의료사업을 바탕으로 거침없이 뻗어나가는 기독교를 보면서 불교계는 아연 긴장했다.

마침내 불교계에서도 불교학교 건립을 모색했다. 급변하는 시대상에 알맞은 인재를 길러내는 것이 곧 불교 부흥의 길이었다. 홍월초洪月初, 이보담李寶潭, 김월해金越海 등이 불교연구회를 조직하고 학교 설립을 위한 청원서를 제출했다. 그들이 밝힌 학교 설립 목적은 '신학문의 교육'이었다.

"개화된 시대에 승려들이 심산유곡에서 부귀공명을 버리고 자기 한 몸을 수양하는 것은 더 이상 의미가 없다. 수신修身과 치인治人은 사람과 더불어 그 도道를 함께 하고, 일을 일으키는 것도 다른 사람과 더불어 해야 한다. 학업에 정진해서 확실하게 도를 이루면 밝지 않음이 없으며, 공이 이루어지지 않음이 없고, 이름이 영광스럽지 않음이 없을 것이다."

《대한매일신보》〈명진학교 취지서〉 1907년 8월 17일자

승려들도 심산유곡에서 빠져나와 세상 공부를 통해 사람들과 더불어 도를 이뤄야 할 때가 되었다는 것이다. 마침내 불교인들의 염원을 모아 불교학교를 처음 세웠다. 바로 명진학교

명진학교는 1906년
원흥사에서
개교하게 된다.

明進學校이다. 1906년 2월 당국의 허가를 얻었고, 전국 사찰에 통문을 보내 이 사실을 알렸다. 통문의 내용은 절박하면서도 절절했다.

"우리 불교가 중국으로부터 들어온 지가 몇 천 년이 되었는데, 법규와 기강이 해이하여 승려들의 곤궁과 핍박이 오늘처럼 심할 때가 없었다. 한국의 승려로서 어느 누가 분하고 원통하지 않겠는가. 하물며 지금 많은 이교異教들이 곳곳에서 일어나 각자의 종교를 숭상하여 불교를 훼방하고 그 전답을 빼앗아 학교에 귀속시킨 후 학비를 충당하기 위한 것이라 변명한다. 생각이 여기에 이르면 참으로 통탄하고 놀랄 일이다.

이런 상황이 계속되면 끝없는 환난과 뜻하지 않은 변고가 모두 여기에서 일어나 엉뚱한 재앙이 장차 크고 작은 사찰에

동대문 밖에 세워진
원흥사는
역할이 줄어들면서
1916년 문을 닫는다.

까지 두루 미치게 될 것이다. 이러한 원인을 생각해보면 우리 승려들이 세계의 학문과 사물을 등한시하여 통달하지 못했기 때문이다. … 귀사에서는 우선 학생 두 사람을 오는 4월 말일까지 본 연구회의 학교로 보내되 식량을 준비하도록 하라. 불교와 신학문을 연구함으로써 정교하게 다듬고 쇄신하며 스스로 내실을 굳건히 다지면 이 겁운劫運을 벗어나 자유의 권리를 회복하는 길이 반드시 있을 것이다. 아, 우리 승려는 스스로 살피고 힘써서 기필코 실효가 있기를 간절히 요망한다."

이 같은 통문을 받은 사찰과 승려들은 적극 호응했고, 불교도들은 경제적인 지원을 아끼지 않았다. 청년 인재를 길러내지 않으면 불교의 미래는 없었다. 불교계 안팎의 열화와 같은 성원으로 마침내 1906년 5월 8일 원흥사元興寺에 명진학교가 문을 열었다.

명진학교는 2년제에 정원은 35명이었다. 근대적 교육기관으로 비상한 관심을 모은 만큼 신입생 선발도 엄격했다. 대교과를 마친 승려만이 입학할 수 있도록 자격을 제한했다. 교과목도 경전보다는 근대 학문에 더 많은 비중을 두어 선정했다. 이과·측량·산술·경제·문리·화학·법제 등을 가르쳤다. 이로써 명진학교는 불교학뿐 아니라 인문학과 자연과학, 예술 및 기술 전반에 이르는 학제를 갖추었다. 명진학교 출신들은 한국불교의 근대화 과정에서 나름 주어진 소임을 담당했다. 한용운을 비롯하여 안진호, 이종욱, 권상로 등이 그들이다.

> 한용운 스님으로 말하면
> 1906년 개교한 우리 동국대학교의
> 제일회 졸업생이고
> 박한영 스님은 또
> 우리 학교 초창기부터의 참 좋은 교수님 아니신가?
>
> 서정주 〈무한히 계속될 이 민족사 속에서〉 중 일부

"명진학교가 교사로 사용하던 원흥사는 교실과 강당은 물론 장서당藏書堂과 기숙사, 운동장까지 갖추어 당시로서는 손

색없는 교육시설을 갖추고 있었다. 학교의 직제는 찬성장贊成長·찬성원贊成員·교장·교감·학감·찰감·서기 등 각 1명과 강사들로 구성되었는데, 각 학년을 책임진 강사를 담임교사 또는 담당강사라 하였다. 각도 사찰대표자회의에서 선출된 홍월초가 오늘날 이사장에 해당하는 찬성장에 추대되었고, 찬성원에는 신해영申海永, 초대 교장에는 이보담이 취임하였다.

처음 세워진 근대 불교학교인 만큼 강사진은 국내 최고의 불교학 권위자와 신학문 전공자로 이루어졌다. 명진학교에서 교편을 잡은 인사들의 면면을 살펴보면 홍월초·이보담·이명칠李命七 등이 전임으로 임명되었고, 윤치호尹致昊·서광범徐光範·어윤중魚允中·김우담金優曇 등이 초빙 강사로 참여하였다. 또 교사 중에는 일어 교육을 위하여 이노우에 겐신(井上玄眞) 같은 일본인도 포함되어 있었다.

초빙 강사들 중에서 특히 윤치호는 미국 밴더빌트대학과 에모리대학에서 영어, 신학, 인문·사회과학 등을 공부한 바 있으며, 서광범과 어윤중 역시 일찍이 수신사와 신사유람단의 일행으로 일본을 방문하여 신문물을 수용하는 등 정치 개혁을 시도한 개혁파였다. 이러한 사실만 보더라도 명진학교가 기존의 승려 교육에서 벗어나 근대식 불교학교로 발전하기 위해 얼마나 노력했는지 짐작할 수 있다. 그 외에도 이민설李敏高·이능화李能和·장지연張志淵 같은 원로들도 강사진에 참여하거나 특강을 통해 학생들을 지도하였다."

《동국대학교 100년사》

    학생들은 강원에서 대교과를 수료했음으로 나이가 많았고, 지적 수준도 높았다. 이들은 학교 내에서 기숙하며 엄격한 규율 속에 공부에 전념했다. 기숙사에는 새벽까지 불이 꺼지지 않았고, 밤을 새워 책을 읽었다. 특히 문학 분야에서는 시와 시조 등에서 빼어난 인재를 배출했다. 명진학교 설립을 계기로 전국의 20여 개 사찰에 근대식 학교가 세워졌다. 1909년 백양사에서도 만암이 광성의숙을 설립했다.

흔들렸던 불교학교

 명진학교는 1910년 4월 3년제 불교사범학교로 전환했다. 불교사범학교에서는 교육, 국어, 한문, 일어, 역사, 지리, 이과, 수학, 측량 등을 가르쳤다. 하지만 불교사범학교는 많은 외풍에 흔들려야 했다. 불교계가 원종과 임제종으로 나뉘어 대립하였고, 또 일제가 사찰령을 반포했기 때문이었다. 주권을 잃은 나라의 불교학교는 숱한 시련에 직면해야 했다.

 불교사범학교의 입학 자격은 승려로서 품행이 방정한 자로 별과는 18세 이상, 본과는 19세 이상이었다. 본과의 교과목은 수신修身, 불교사, 교육, 국어, 한문, 일어 등이었고, 별과도 이와 크게 다르지 않았다. 학교 직원 중에 승려들은 항상 법의를 입고 가사를 걸쳤다. 학생들도 검정색 법의를 입고 승모僧帽를 썼다. 학생들은 명진학교 때처럼 엄격한 규율을 지키며 기숙사 생활을 했다.

불교사범학교가 출범한 지 4개월 만에 한일합방으로 나라를 잃었다. 모든 것이 일제 총독부의 통치 아래 놓이게 되었다. 1911년 8월 총독부는 조선교육령을 공포하였다. 교육을 통해 일본의 신민臣民을 양성하려는 술책이었다. 그래서 '충량忠良한 국민을 양성하는 것'을 본의本義로 하고 조선인에게 일본어를 보급하며 조선에는 대학을 설치하지 않고 실업 기능교육만 실시하라고 명시했다. 조선교육령이 정한 교육 연한은 보통학교 4년, 고등보통학교 4년, 실업학교 2~3년, 전문학교 3~4년이었다.

이어서 조선교육령에 따른 사립학교 규칙을 제정했다. 이에 따라 사립학교는 재단법인을 구성해야 하고 교과서는 총독부가 편찬하거나 총독부가 검열한 것만 사용하도록 강제했다. 또한 사립학교 개교와 폐교는 총독이 임의로 명령할 수 있도록 했다. 조선인들이 운영하던 사립학교는 심각한 위기를 맞았다. 불교사범학교 역시 일제의 차별을 받아야 했고, 이를 어길 때에는 최악의 경우 폐교를 당할 수밖에 없었다.

더욱이 불교계가 분열되어 불교사범학교의 앞날은 극도로 암울했다. 일본 조동종과 연합하려는 원종과 이를 반대하던

©《불교신문》

박한영 스님.
광성의숙 숙장 자리를 만암에게 맡기고
새로운 불교학교를 세우기 위해 상경했다.

임제종이 대립하면서 불교학교도 방향을 잃고 학교 운영에 갈피를 잡지 못했다. 학생과 교사 모두 진로를 걱정하다가 하나둘 학교를 떠났다. 학교는 있으나 정작 학생과 교사들이 없었다. 결국 불교사범학교는 휴교를 할 수밖에 없었다.

일제의 사찰령 시행으로 원종과 임제종이 간판을 내려야 했다. 불교계를 대표했던 원종이 그 지위를 잃고 30본산 주지회의원住持會議院이 이를 대신하는 기구로 출범했다. 30본산 주지회는 불교학교 재건에 대해 깊은 논의를 했다. 1912년 7월 주지회의원의 원장인 이회광은 당시 불교 개혁을 주도하던 박한영을 초대하여 불교학교의 재건에 대해 도움을 요청했다. 당시 박한영은 백양사 광성의숙의 숙장으로 있었다.

동국대 전신인 경성불교고등강습회가
1914년 발행한 졸업장과 직인.
이 졸업장을 통해 불교고등강숙의 본래 명칭이
경성불교고등강습회였음을 알 수 있다.

"전남 장성군 백양사 광성의숙의 진취 사항은 전보에 이게 已揭어니와 해該 숙장 박한영 씨가 열성 교론敎論한 결과로 생도의 학력이 일진하고 품행이 단아함을 인개人皆 찬송하더니…"

《매일신보》 1910년 11월 26일자

 백양사에 있었지만 박한영의 박람강기博覽强記는 세상이 다 알고 있었다. 또한 강백으로서 학인들의 깊은 존경을 받고 있었다. 그리고 임제종을 내세우며 남녘의 승려들과 매불을 획책했던 이회광의 망동을 저지시켰고, 그로 인해 비구들에게 깊은 인상을 심어주었다. 친일 행각을 벌였던 이회광 마저

제7장 | 인재 불사가 곧 항일

도 올곧은 자세와 드높은 명성을 지닌 박한영이 불교학교 설립에 꼭 필요한 인물이라는 것을 알고 있었다.

"석전(박한영) 스님, 지난 일에 대해서는 불문에 부쳤으면 합니다. 부디 불교의 미래를 위해 불교학교가 조속히 개교하는 데 힘과 지혜를 모아주십시오."

박한영은 친일승 이회광과는 결이 다른 청정비구였지만 불교 인재를 육성하기 위해서는 대승적 결단이 필요했다. 만암과 더불어 백양사를 대표하여 임제종을 세웠던 그 결기를 새로운 불교학교를 세우는 데 돌리기로 했다. 이회광의 간청을 들어주었다. 박한영은 새로운 학교를 세우는 모든 책임을 떠맡았다.

박한영은 백양사를 떠나야 했다. 광성의숙 숙장 자리를 만암에게 맡기고 새로운 불교학교를 세우기 위해 상경했다. 하지만 만암과의 인연은 여기서 끝나지 않았다. 다시 서울에서 나라의 인재를 키우는 큰일로 만났다.

30본산 주지회는 불교사범학교의 뒤를 잇는 학교를 원흥사에 세우기로 결의했다. 교명은 불교고등강숙으로 정하고 입학 자격이나 제반 규약은 명진학교, 불교사범학교와 대동소이했다. 1914년 4월, 불교고등강숙이 문을 열었다. 학장은 박한영이 맡았다.

고등강숙은 사교과와 대교과로 나누어 신입생을 모집했다.

지방에서 서울로 유학 온 학생이 26명이었다. 고등강숙은 특별히 각 본산별로 공비생公費生을 할당했다. 공비생으로 뽑히면 각 사찰에서 매월 학자금을 지급하도록 했다. 지금의 장학제도와 흡사했다. 할당된 공비생은 백양사가 세 명으로 가장 많았고 통도사와 전등사가 두 명, 그 외는 한 명이었다.

박한영은 자신이 숙장으로 있던 백양사의 제자들 중에서 영민한 인재들을 불러들였을 것이다. 장차 나라를 이끌어갈 인재가 형편이 어려워 공부를 중단할지도 모르기에 손을 잡아줬을 것이다.

3.1만세혁명과
저항운동의 기수들

불교계는 불교고등강숙이 고등교육기관으로 발돋움할 것이라 기대하고 있었다. 당시 사립학교는 일제가 밀어붙인 사립학교 규칙의 적용을 받아 총독부의 감독을 받아야 했다. 일제는 선뜻 허가를 내주지 않았다. 불교계는 고등강숙을 전문교육기관으로 승격시킬 방법을 다각도로 모색했다.

그런데 다시 불교학교에 암운이 드리웠다. 이회광을 비롯한 본산 주지들의 친일 행각에 학생들이 반발하였다. 1914년 여름 학생들이 '조선불교회'를 조직하여 조직적인 저항운동을 펼쳤다. 그 중심에는 한용운이 있었고, 박한영 교장은 이를 알면서도 제지하지 않았다. 조선불교의 인재들이 모인 고등강숙에서 승려들의 친일 행태를 규탄하고 나서자 30본산 주지들은 화들짝 놀랐다. 이회광이 나서서 학생 대표를 만나 설득했다. 학생들은 이에 굴하지 않고 불교지도부의 친일과 무능을 성토했다. 이에 다급해진 이회광은 통문을 돌려 각 사찰에 고등강숙의 학생들을 불러들이라 요청했다.

또 교장으로 학생들의 절대적인 신뢰를 얻고 있던 박한영 교장에게 사직을 종용했다. 이런 회유와 협박이 통하지 않자 30본산주지회의원은 결국 불교고등강숙을 폐쇄해버렸다. 학생들과 교사들은 다시 학교를 떠나야 했다. 고등전문학교로 전환을 꿈꾸며 설립한 불교고등강숙은 개교한 지 반년도 넘기지 못하고 학교 문을 닫아야 했다.

하지만 번듯한 불교학교를 세우는 일은 모든 불교인의 염원이었다. 불교전문학교를 설립하자는 여론이 비등했다. 이에 30본산 주지회는 1915년 1월 정기총회를 열고 이를 본격적으로 논의했다. 이날 총회에서는 30본산주지회의원을 해체하고 각 본산에 사무소를 두고 중앙에는 30본산연합사무소를 새로 발족시키기로 합의했다. 연합사무소에는 위원장을 두고 사무원을 두기로 했다. 총회는 연합회 위원장에 강대련을 선출했다. 이로써 용주사 주지 강대련이 불교계 전면에 등장했다.

강대련과 불교계 지도자들은 불교고등강숙을 불교중앙학림佛敎中央學林으로 개편하는 데 동의했다. 또 지방에는 불교지방학림과 보통학교를 설립하기로 했다. 이로써 불교의 교육체계를 보통학교-불교지방학림-불교중앙학림으로 일원화했다.

1915년 10월 위원장 강대련 명의로 총독부에 '사립불교중앙학림 설치인가원'을 제출했고, 총독부는 곧바로 설립을 인가했다. 이로써 불교계는 중앙에 전문학교 수준의 불교중앙학림을, 지방에는 보통학교와 중학교 과정인 지방학림을 설립할 수 있게 되었다. 명진학교가 개교한 지 어림 10년 만에 근대적인 교육체계를 이룰 수 있었다.

중앙학림은 각황사를 떠나 숭일동(현재 혜화동)의 옛 북관왕묘北關王廟 터를 임대해 사용했다. 학과는 예과와 본과를 두었고, 수업 연한은 예과 1년, 본과 3년으로 4년 만에 졸업하도록 했다. 정원은 120명이었고, 교과목은 일반교양과 불교학을 거의 반반씩 편성하였다. 학내의 규율은 엄격했고, 학생들의 향학열은 뜨거웠다.

"아침 6시가 되면 뎅! 뎅! 울리는 종소리를 따라 법당에 모여 부처님 앞에 예배하고, 7시까지 좌선을 한 뒤에야 학과 수업이 시작된다. 학과 중 보통학과는 차치하고 종교철학에 대한 공부는 그 수준이 고상하여《염송설화》《벽암록》《화엄원인론》《인명입정리론因明入正理論》 등의 불서적은 물론이요, 철학사·종교학·조선종교사 등과 사서와《주역》《장자》 등을 학습하고 있다."

《매일신보》 1918년 2월 22일자

당시 숭일동(명륜동) 북묘터에 있던 중앙학림.
중앙학림 학생들은 독립선언서를 전국 사찰에 배포했고,
이에 1만 명에 이르는 승려와 신도들이 만세시위에 참여했다.
중앙학림 학생들의 3.1만세혁명 활약상은
독립운동사와 불교사에 길이 남을 위업이다.

명진학교 개교 이래 불교학교는 여러 곡절이 있었지만 숱한 인재들을 배출했다. 교육제도의 근대화를 통해 산중불교의 한계를 극복했다. 젊은 불교인들은 신학문을 접하여 불교개혁의 이론적 근거를 제공했다. 이로써 민중을 계몽하고 불교를 혁신하는 동력을 얻었다.

1919년 3월 1일 만세혁명이 일어났다. 중앙학림 학생들의 3.1만세혁명 활약상은 독립운동사와 불교사에 길이 남을 위업이다. 중앙학림의 강사였던 한용운은 백용성과 함께 3.1만세혁명 민족대표로 참여하고 있었다. 전날 밤 불교잡지《유심 惟心》을 발행하고 있던 사옥으로 학생들을 불러 모았다. 백성욱, 신상완, 김상헌, 정병헌, 김법린, 김대용, 오택언, 김봉신 등이었다. 학생들은 독립선언서 3천여 부를 전달 받았다. 한용운이 제자들에게 말했다.

"조국의 광복을 위해 결연히 나선 우리는 아무 거리낌도 없고, 두려움도 없다. 우리 뜻을 동포들에게 알려 독립 완성에 매진하라. 특히 여러분은 서산대사와 사명대사의 법손임을 기억하라. 불교청년의 역량을 유감없이 발휘하라."

중앙학림 학생들은 독립선언서를 전국 사찰에 배포했고, 이에 1만 명에 이르는 승려와 신도들이 만세시위에 참여했다. 또 서울에서 시위를 벌인 후 지방으로 내려가 만세시위를 주도했다. 이들의 활약으로 전국의 유명 사찰들 거의가 만세시위를 벌였다.

이들 중 더러는 상해, 만주로 건너가 독립운동을 했다. 김법린, 백성욱, 신상욱, 김대용 등은 상해로 건너갔다. 임시정부 요인들을 만나서 민족운동의 방향 등을 협의했고 김법린, 김대용 등은 독립운동 기관지를 발행하여 국내로 들여왔다. 또 누구는 독립군 투쟁 자금을 모금했고, 누구는 투쟁 중에 생명을 잃기도 했다.

또 한성임시정부에 박한영, 이종욱李鍾郁 등이 불교계를 대표하여 참여했고, 대동단사건에 이종욱, 송세호, 정남용 등이 연루되었다. 이렇듯 불교계는 항일운동을 치열하게 전개했고, 그 중심에 중앙학림 학생과 강사들이 있었다.

일제는 학생들이 3.1혁명을 주도했다는 이유로 1919년 9월 30일 중앙학림에 휴교령을 내렸다. 다시 학교 문을 열었으나 불교학교에 대한 일제의 차별에 학생들이 집단으로 반발하는 사태가 벌어졌다. 즉 기독교의 연희전문, 천도교의 보성전문처럼 다른 종단 학교는 승격을 했음에도 중앙학림은 제외한 것에 학생들의 불만이 컸다. 시설이나 규모면에서도 결코 다른 종단 학교에 뒤처지지 않았기에 납득할 수 없는 처사였다.

이에 1921년 9월 중앙학림 1·2학년 학생들이 중심이 되어 전문학교로 승격해달라는 결의안을 채택했다. 아울러 이를 관철시키지 않을 경우 무기한 동맹휴학을 하겠다는 진정서를 학교 당국과 30본산에 제출했다. 이러한 움직임에 불교계는 물론이고 학계와 언론에서도 비상한 관심을 보였다.

"시내 숭일동에 있는 사립 불교중앙학림은 30본산연합사무소에서 경영하여 오던 터인데 그 학림 1학년과 2학년 생도 일동은 지난 9월 22일 날짜로 30본산연합사무소에 진정서를 제출하여 금후로 그 학림을 불교전문학교로 승격하고 기타 설비를 완전히 하며 그 학교의 재단법인을 만들어서 경제상으로 기초를 공고히 하여달라는 등 여섯 가지 조건을 요구하고 이 요구에 대하여 만족한 대답을 얻지 못하면 10월 1일부터 동맹휴학을 하겠다고 하였는데 30본산연합사무소는 그 진정서를 받지 아니하고 위원장 홍보룡씨가 어제 오전 9시에 중앙학림에 와서 일반학생에게 제출한 진정서의 취지에는 찬성하나 형편상 급히 실행할 수 없으니 참아달라는 뜻을 설명하고 진정서를 반환하였다더라."

《동아일보》 1921년 9월 29일자

홍보룡洪甫龍은 연합사무소 위원장이었다. 그의 설득에도 학생들은 미봉책이라며 보다 근본적인 해결책을 마련하라고 촉구했다. 하지만 더 이상 진전된 답을 얻지 못했다. 학생들은 예정대로 동맹휴학에 돌입했다. 동맹휴학 중에도 연합사무소와 학교 측에서는 아무런 조치를 취하지 않고 무성의로 일관했다. 그리고 이듬해 1922년 5월에 열린 30본산주지회의에서는 엉뚱한 결정을 내렸다. 중앙학림의 전문학교 승격을 준비한다는 구실로 무려 5년 동안 자진 휴교할 것을 결정했다.

불교계 반발은 거셌다. 학교 문을 닫는 극약 처방에 발을 동동 굴렀지만 결정은 번복되지 않았다. 겉으로는 승격에 따른 재정 확보를 이유로 들었지만 속으로는 총독부의 압력에 굴복한 것이었다. 총독부는 30본산을 움직여 3.1혁명에 적극적으로 가담했던 학생들이 중앙학림에 다시 모이지 못하도록 폐교를 유도했다.

인재 불사의 꽃,
만암을 교장으로

5년을 기다렸지만 중앙학림은 전문학교로 승격하지 못했다. 총독부는 불교계 인재를 육성하는 데 전문학교가 필요하지 않다는 이유를 댔다. 불교계는 전문학교를 보유하지 못한 자괴감이 지도부를 향한 성토로 이어졌다. 여론이 들끓었다. 결국 부지 매입 등을 서두르며 1926년 12월에 인가 신청서를 제출했다.

하지만 총독부는 중앙학림 학생들이 3.1혁명에 깊이 관여했고, 이후에도 지속적으로 항일운동에 앞장섰다는 이유로 전문학교 설립 인가를 내주지 않았다. 불교계 지도부는 여러 방도를 모색했지만 별다른 성과를 얻지 못하고 전문학교 설립

계획은 표류했다.

결국 전문학교 설립의 꿈은 무산되고 말았다. 대신 불교전수학교佛敎專修學校 설립 인가를 신청했다. 1927년 3월 명진동 1번지에 251평 교사를 신축했다. 중앙교무원은 각 본산에 재단출자액에 비례해서 학생 수를 배정하겠다는 통문을 보내고 신입생 모집 요강도 통보했다. 입학 자격은 고등보통학교 이상의 졸업생으로 제한했다. 불교전수학교는 1928년 4월 30일에 개교했다. 입학생은 모두 31명이었다. 교명은 전수학교였지만 입학 자격은 전문학교 수준이었다.

불교계의 최대 관심사는 누가 교장을 맡느냐에 있었다. 교장이란 직책은 명예롭고도 엄중했다. 불교계 최고의 인재들의 눈에 들어야 했다. 실력은 물론이요 삶의 족적에 흠결이 없어야 했다.

그때 만암이 솟아올랐다. 백양사에서 광성의숙을 설립하여 최고의 배움터로 일으킨 만암을 주목했다. 만암은 선과 교에 능통한 청정비구였다. 또한 친일승들을 배척했던 학생들에게 존경받을 만한 항일승려였다. 또 전국의 강원에서 강의 요청이 쇄도하는 빼어난 강백이었다. 만암을 추대함에 어떤 이의도 없었다. 그렇게 만암이 초대 교장에 취임하였다. 백양사를 떠나와 전국의 인재들을 길러내는 배움의 전당에 수장이 되었다.

불교전수학교 학생들은 1929년 5월에
금강산 유점사로 수학여행을 다녀왔다.

만암은 중앙학림 학장이었던 박한영 스님과 긴밀히 협의했다. 두 선승은 인재 불사의 원력을 모았다. 박한영과 만암은 백양사에서 광성의숙을 함께 운영했다. 광성의숙에서는 박한영이 숙장이었지만 불교전수학교에서는 만암이 교장을 맡았다. 아마도 박한영이 만암을 적극 추천했을 것이다. 박한영은 만암의 추진력과 실천력을 깊이 신뢰했을 것이다. 만암은 말과 행동에 한 치의 어긋남이 없는 선승이었다. 또 인재 육성에는 누구보다 먼저 발 벗고 나섰다. 이를 직접 눈으로 본 박한영은 만암만은 철석같이 믿었다. 만암과 박한영의 백양사 인연은 그렇게 인재 불사의 꽃으로 피어났다.

1928년 5월 학생회와 동창회가 합쳐진 교우회를 창립했다. 불교전수학교 재학생을 정회원으로, 교직원은 특별회원, 중앙학림 졸업생은 찬조원으로 참여했다. 회장에는 교장인 만암을, 총무에는 김영수를 선출했다. 종교부장 박한영, 학예부장 윤태동, 변론부장 김법린, 체육부장 이희상을 선임했다.

교우회는 그해 12월 오늘날의 교지에 해당하는 잡지 《일광 一光》을 펴냈다. 만암과 더불어 박한영, 김영수, 김정주 등이 참여했다. 《일광》은 동국문학의 전통을 세우는 기반이 되었다. 교우회는 당시 개화 학문을 익힌 불교계 인재들의 집합체였다. 민족사상을 고취시키는 학술강연회를 개최하였고, 유명 인사들을 초빙하여 수시로 시국강연회를 개최했다. 교우회는 또 전문학교 승격운동도 조직적으로 전개하여 중앙교무원과 당국에 진정서를 제출하는 등 여론 형성에 지대한 역할을 했다. 그 맨 앞에 만암이 있었다.

1929년은 한국 근대불교사에 의미 있는 일이 일어났다. 조선의 승려 대표들이 모여 종헌을 자주적으로 제정하고 중앙종회를 탄생시킨 것이었다. 조선불교청년회 등은 1928년 11월 승려대회를 준비했다. 경성 시내 각황사에서 서울에 머물던 유력 승려들이 발기회 준비위원을 선출했다. 권상로, 김포광, 도진호, 백성욱, 김법린, 김상호, 김태흡, 김정해, 조학유, 오이산, 김경홍 등 조선불교청년회원들이 주류였다.

1928년 11월 30일 발기대회를 열었다. 이날 승려대회 준비위원회를 구성하고, 참가 대상은 31본산 주지와 각 본말사 총회에서 선출한 대표들로 정했다. 1929년 1월 3일 마침내 승려대회가 열렸다. 정식 명칭은 조선불교선교양종승려대회였다.

대회 첫날 무기명 투표로 사회자를 뽑았는데 사회자에 권상로, 부사회자에 만암이 선출되었다. 승려대회에서는 종헌을 제정하고 종헌에 따라 불교계의 상징적인 지도자 교정教正을 선출했다. 선출된 교정은 박한영, 환응, 한암, 경운, 해담, 용허, 동선 등 7인이었다. 교정을 선출했음은 식민지 시대 불교계의 위상을 높이고 불교도에게는 자긍심을 심어주는 의미 있는 조치였다.

1929년 1월 3일 각황사(현 조계사)에서 조선불교선교양종 승려대회가 열렸다.

특히 백양사에서 세상에 나오지 않고 오로지 후학을 지도했던 환응 강백이 교정에 선임되었음은 여러 가지를 시사했다. 또 이날 교무원 임원으로는 교학부장 송종헌, 서무부장 이혼성, 재무부장 황경운을 선출했다. 이들은 이후 속칭 실세로 중앙종회 운영에 영향력을 행사했다.

"지금 불교를 운전하는 중심 세력은 조선불교중앙교무원에 있다. 교무원은 각지에 있는 31본산으로써 조직된 단체로서(1본산이라 하면 일정한 지역 안에 있는 수십 혹은 수백 사찰을 전부 관리하는 곳-예컨대 안변安邊 석왕사는 강원의 일부와 함남의 정평定平 이남以南 사원을 총관하며 함흥의 귀주사는 함흥 이북以北의 사원 전부와 함북 전부를 교화敎化 관리하는 곳) 여기에 3개의 부서가 있으니 교학부敎學部엔 불교전문학교 교장으로 있었던 송종헌 씨가 거거據하였고 서무부엔 이혼성, 재무부에 황경운 씨가 모두 그 책임자로 있으며 따로 교화기관인 불교사佛敎社에 한용운 씨가 있다."

《삼천리》 1932년 3월

이날 채택한 종헌은 조선불교를 선교양종이라 칭하여 선과 교로 종지를 삼겠다고 선언했다. 또 태고 스님을 종조로 모셨으며 종회와 법규위원회를 두었다. 일제가 종교활동을 철저하게 통제하고 있음에도 사찰의 대표자들이 승려대회를 개최하고 종헌을 제정하고 종회를 두었음은 실로 대단한 사건이었다. 식민지 시대에 불교계가 홀연 일어나 자주적인 자치기구를 만들었음은 불교사에 한 획을 긋는 쾌거였다. 사찰령이라는 악법 하에서도 자주적으로 불교계를 이끌어가는 법령과 이를 집행하는 기구를 만들었기 때문이었다. 승려 대표들은 사찰로 돌아가 종헌의 내용을 전하고 사찰별로 종회를 구성했다.

정신문화의 요람,
중앙불전을 세우다

1929년 3월 제1회 종회가 열렸다. 이날의 가장 뜨거운 의제는 바로 불교전수학교의 전문학교 승격이었다. 참석자들은 모두 총독부의 미온적인 태도를 성토하며 만장일치로 불교전수학교의 승격을 결의했다. 조선총독부도 더 이상 버틸 수 없었다. 마침내 1930년 4월 불교전수학교가 중앙불교전문학교(중앙불전)로 승격되었다. 불교계 염원이 이뤄진 실로 감격스러운 일이었다.

"지난 4월 7일부로 총독부 당국으로부터 중앙불교전문학교의 인가 사령장이 도 당국을 경유하여 나왔다. 조선 전토全土의 1만 법려法侶가 갈망하고 보성고보普成高普의 7백 웅도雄

徒가 요청하며 불교전수학교의 3백 학도가 갈구하던 불전의 승격 문제가 해결되었다. 이에 대하여 필자는 수무족도手舞足蹈의 그 흔희欣喜한 바를 이길 길이 없다. 그러나 일면으로는 감회가 무량하다. … 조선 불교교육의 최고기관은 이것으로써 첫걸음의 해결을 지은지라. 필자는 조선불교의 신서광新曙光의 일수一數로 보려하거니와 다시 제씨諸氏에게 빌고자 하는 바는 조선에서 민간 대학이 생기는 날에는 우리 중앙불교전문학교가 솔선하여 제일착으로 승격되어 동양문화를 대표하는 종합대학이 되도록 노력하여 주기를 갈망해 마지아니한다."

김태흡《불교》제71호〈조선불교의 신서광〉

불교계뿐만 아니라 각계에 신선한 충격을 주었다. 전통문화의 토대가 되는 불교학을 기반으로 한국문학과 동양철학을 가르치고, 또 이를 통해 한국학을 이끌 유능한 인재들을 양성할 수 있게 되었다

"조선에 고등학부가 또 하나 생겼다. 조선불교전문학교가 정식으로 인가되었다. 전 조선 각 사찰의 사업기관인 재단법인 조선불교중앙교무원이 설립한 시내 숭일동 2번지 불교전수학교는 그동안 당국에 승격 신청을 하였던 바 지난 8일에 총독부 당국으로부터 승격 인가의 정식 발표가 있어 불일간 지령이 도착하리라는 바 금번 승격과 동시에 문과만의 단과교수

單科敎授를 할 터인데 그중에도 조선의 문화를 장식한 불교학을 토대하여 순조선문학과 동양문학에 주력할 터이며 사회학과 경제 방면에는 조선의 권위를 망라하여 교수할 터이며 동교 교장에 송종헌 씨, 학감 김영수金映遂씨가 취임하였더라."

《조선일보》 1930년 4월 11일자

중앙불전은 비록 나라는 빼앗겼지만 이 땅에 연희전문(훗날 연세대학교), 보성전문(훗날 고려대학교)과 더불어 3대 전문학교 시대를 열었다. 그때 제정된 '신실信實·자애慈愛·섭심攝心·도세度世'의 건학 이념은 지금까지 이어져 동국대학교의 교훈으로 빛나고 있다.

만암은 불교전수학교가 들어선 이후 학생들과 동고동락하면서 전문학교 승격 운동에 최선을 다했다. 그리고 중앙불전으로 승격된 이후에도 교장에 선임되었다. 만암은 젊은이들에게 끊임없이 전통불교의 진수를 심어주며 민족혼을 일깨웠다. 만암은 이듬해 1931년 3월까지 교장직에 있으면서 후학들을 지도했다.

"근세 한국의 불교사상에 있어서 흥학興學 발전과 부종수교扶宗樹敎의 일념으로 시종始終을 일관하여 오신 선지식이라고 하면 누구보다도 만암대종사를 손꼽지 아니할 수 없다. 그 거룩한 일생의 행적을 살펴보건대 백양의 산문에 중흥조이시

중앙불전
교장실에서
근무하고 있는
송종헌 교장

고 현재 동국대학교의 전신인 불교전문학교의 초대 교장이시다. 그 당시에 나 자신이 노사의 문하에서 재학하여 제1회 졸업생이 됨에 이른 것이다. 노사의 고상한 성격과 열렬하신 의지는 교계와 학계에서 높이 찬양하여 숭봉하고도 오히려 남음이 있는 것을 깊이 느끼지 아니할 수 없다."

조명기 〈만암 노덕老德과 그 행상行相〉

각계의 비상한 관심과 불교도들의 염원으로 출범한 중앙불전은 개교 3년째 들어서 돌연 존폐의 위기에 봉착했다. 이번에는 외압이 아닌 내부에서 문제가 일어났다. 중앙교무원이 1923년 천도교로부터 인수한 보성고등학교를 운영해왔는데 재정 형편이 어려워 경영난에 봉착하게 되자 중앙불전과 보성

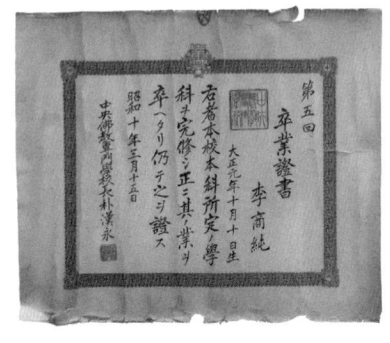

1935년에 발행된
서옹(이상순) 스님의
중앙불교전문학교 졸업증서

고보를 함께 운영하기에는 벅차다며 학교 하나를 포기하자는 의견이 고개를 들었다.

  중앙종무원은 잇달아 평의원회를 열어 이 문제를 논의했지만 결론을 내리지 못하고 안건이 표류했다. 그런 와중에 갑자기 중앙불전을 폐교하자는 쪽으로 의견이 모아졌다. 운영자금이 더 많이 소요되는 중앙불전을 없애자는 단순한 계산이었다. 이 소식을 들은 중앙불전 학생과 졸업생들이 긴급 대책회의를 갖고 이를 규탄했다. 또 교수와 직원들도 반대 입장을 표명했다. 그 맨 앞에 교장직을 물려받은 박한영 스님(1932년 11월 취임)이 있었다. 박한영은 사찰 재산이 있음에도 재정난을 이유로 중앙불전을 포기한다는 것은 있을 수 없는 일이라며 철회를 요구했다.

"중앙교무원 재단법인은 우리 불교 내에 흥학 포교로 주안 되는 중에 진실의 중심은 불전교佛專校를 완성 확장하라는 것이다. 무엇 때문에 천백 년 이래에 조선에 구백 사찰 소유 재산을 반분하여 근본교육인 불전교를 힘쓰지 않는고. … 석전사문石顚沙門(박한영)도 중앙학림 이래로 중앙교무원 재단법인의 발기자의 1인으로서 그 재단을 주창할 시에 중앙학림을 아무쪼록 승격하여 세계종립대학과 동일한 보조를 취하자면 재단법인이 아니면 안 되겠다 하여 불완전하나마 지금까지 중앙교무원이 성립되어온 것이다. 만일 불전교의 근본교육에 휴이한다 하면 근본정신을 망각하는 동시에 조선불교까지를 배탈背脫하는 것이다."

《일광》제4호, 1933년 12월

단순히 종단의 경비를 아끼려 폐교를 하겠다는 근시안적인 발상에 뜻있는 이들의 탄식이 쌓여갔다. 이 소식은 백양사에까지 들려왔다. 만암은 부랴부랴 상경했다. 그리고 전임 교장으로서 불교계를 향해 죽비를 들었다.

"우리 불교 측에서 경영할 힘이 없고 생각이 없다고 하면 다른 좋은 재단에 넘기는 것이 학교를 위해서나 사회를 위해서나 물론 당연한 일이고 좋은 일입니다. 그러나 재력이 없지 아니하고 또 경영권을 넘긴다는 것이 우리의 초의가 아니고 일부 소수의 의견이라 할진대 법률상 문제는 둘째로 (치고) 첫째 우리 불교의 수치라고 생각합니다. 더구나 새로 생긴다는 재단 자체가 의문중이라면 도무지 문제도 안 되는 일입니다. 설혹 최악의 경우를 가정해서 전 조선 본산이 일치 못한다고 하더라도 몇 군데 본산만 협력하면 재원은 염려 없습니다. 어쨌든 학교는 우리 손으로 완성해가야 할 일입니다."

《동아일보》 1934년 11월 2일자

결국 평의원회는 중앙불전과 보성고보를 모두 존속시키기로 결정했다. 이들 학교를 지켜낸 것은 만암과 박한영 같은 선승들이 있었기에 가능했다. 백양사의 두 스님이 중앙불전을 지켜냈다.

최후를 책임지는
인문학의 왕국

불교전수학교와 중앙불전은 불교학을 기반으로 한국 인문학의 본부로 솟아올랐다. 불교정신을 계승하여 한국사회 정신문화를 이끌었고, 민족사의 위기를 극복하는 담론을 생산했다. 정상급의 인문학자와 향학열에 불타는 학생들이 모여 종교, 철학, 사상, 역사, 문학 등 지식과 지혜의 등을 밝힌 학문의 왕국이었다. 그런 점에서 만암은 신학문의 체계를 세운 근대교육의 선각자였다.

제군은 현하現下 묘령의 나이로서 장차 우리 불가에 동량지재棟樑之材가 되려면 무슨 일을 해야 할 건가. 이 같은 구족상具足相을 체득하려면 옛것에 의지하거나 새것에 나아가거나 또는 진제眞諦에서 속제俗諦로 들어감을 막론하고 어느 법마다 갖추지 아니함이 없으며 어느 물건도 화化하지 아니함이 없으니 가히 세간世間 출세간出世間에 있어서 대자재大自在를 체달한 놈이라 이르겠다. 비록 이 같으나 이놈은 바로 어느 곳에 있느냐. 여기에 눈을 부릅뜨고 본 즉 법법法法이 자유롭고 물물物物이 해탈을 얻을 것이다. 만약 그렇지 않다면 어떻게 체득하겠는가. 혀를 차며 얼마 후에 이르기를,

흰 구름 사라진 곳 바로 푸른 산인데
길 가는 사람 또 푸른 산 밖에 있구려

목양산인牧羊山人 지識

《일광一光》창간호

만암은 조계종의 소의경전인 《금강경》을 가르쳤다. 금강경은 선종에서 신봉하는 대표적인 불경이다. 선종의 제6조 혜능이 경문을 듣고 발심하여 출가했다. 삼국시대부터 전래되어 스님과 신도 모두 그 말씀을 받들었다. 특히 청정한 마음으로 외적인 대상에 집착함이 없이 '마땅히 머무르는 바 없이 그 마음을 낼 것(應無所住而生其心)'이란 구절은 많은 선승들을 일

불교전수학교는
1940년에
혜화전문학교로
이름을 바꾸었다.

깨웠다. 혜능 및 여러 고승들을 깨닫게 했다. 만암이 학생들과 이 대목을 논하며 깨달음의 세계가 어떤 것인지를 설했을 것이다.

또 무주상보시無住相布施가 최고의 공덕임을 가르치고 있다. 이는 남을 도와도 그 어떤 흔적이 마음에 남아있지 않는 최상의 경지를 지칭한다. 남을 돕는 일은 얼마나 기쁘고 설레는 일인가. 누구나 선행을 하면 희열을 느낀다. 하지만 남을 돕는 일이 너무도 당연하여 아무런 느낌이 일어나지 않아야 하고, 남을 도와주었다는 사실까지도 잊어버려야 무주상보시의 경지에 이른다. 베풀었다는 생각마저 버리는 최상의 보살행이다. 만암의 평생 이타적인 삶도 《금강경》의 가르침을 받들었기 때문일 것이다.

©동국대학교

1940년에는 교명을 혜화전문학교惠化專門學校로 바꾸었다. 그 뒤 1944년 5월 30일 일본 제국의 전시동원령에 따라서 다시 한번 강제로 폐교를 당해야 했다. 그리고 1945년 10월 27일 다시 학교 문을 열었으며, 1946년 9월 동국대학東國大學으로 승격했다. 동국대학교의 건학 이념이 기특하다.

"동국대학교는 불교정신을 바탕으로 학술과 인격을 연마하고 민족과 인류 사회 및 자연에 이르기까지 지혜와 자비를 충만케 하여 서로 신뢰하고 공경하는 이상세계의 구현을 건학 이념으로 한다."

혜화전문학교를 다녔던 시인 서정주는 〈우리 고향 중의 고향이여〉라는 시에서 동국대학교를 이렇게 찬했다.

> 세계 마지막 나라 대한민국의
> 맨 마지막 정적과 의무 속에 자리하여
> 가장 밝은 눈을 뜨고 있는 모교여
> 삼세 가운데서도 가장 쓰고 짜거운 한복판
> 영원 속에 가장 후미진 서재
> 최후로 생각할 것을 생각하려는 사람들이 모여 사는
> 최후로 책임질 것을 책임지려는 사람들이 모여 사는
> 모교여
> 우리 고향 중의 고향이여

동국대학교는 숱한 일꾼들을 배출했다. 특히 인문학 분야에서는 가장 권위 있는 인문학자들이 포진해 있었고, 지혜로운 인문학도들이 모여 있었다. 지금 동국대학교는 가장 개성이 강하고 특성이 있는 학문의 요람으로 성장했다. 그속에는 만암의 기도와 원력이 스며있다.

정광학원을
세우다

해방을 맞아 우리말과 글을 찾아야 했다. 일제는 1939년부터 조선말을 쓰지 못하게 했다. 우리말이 있으되 소리 내어 말할 수 없었다. 만암은 한글만이 백성들을 깨어나게 할 수 있다고 믿었다. 글을 깨쳐야 세상 물정을 알 수가 있었다.

가장 빠른 길은 한글을 가르치는 것이었다. 한글을 가르치는 교재와 선생이 있어야 했다. 만암은 제자 서옹西翁(1912~2003)을 한글학자 이희승李熙昇(1896~1989)에게 보냈다. 서옹은 서울 청진동에 있는 조선어학회朝鮮語學會를 찾아갔다.

"스승 만암선사께서 백양사에 한글강습회를 열었으면 하십니다. 그래서 이렇듯 찾아왔습니다."

이희승은 기뻤다. 김민수金敏洙(1926~2018)를 강사로 추천했다. 11월 26일 한글강습회 개강식을 열었고, 향적전에서 강의를 시작했다. 강습회는 한 달 동안 계속되었다. 교재는 조선어학회가 펴낸 《한글맞춤법 통일안》과 한글학자 최현배崔鉉培가 지은 《한글의 바른 길》이었다.

인근 마을 36명의 청년들이 한글을 깨쳤다. 강의가 끝나면 스님들과 학생들이 어울려 해방된 조국의 미래에 관해서 얘기를 나눴다. 가슴 뛰는 순간들이었다. 함께 운문암과 영천암 등 암자에 올라가 백양사를 내려다보았다. 오가는 길에 한글 가사의 노래를 함께 불렀다. 한글도 해방을 맞이한 셈이었다.

한글강습회는 백양사뿐만 아니라 목포 정광사淨光寺에서도 열렸다. 일본 교토에 있는 정토진종淨土眞宗 동본원사東本願寺의 목포 별원別院을 해방이 되자 백양사가 인수하였고, 여기서도 청년승려들이 한글강습회를 열어달라고 요청했기 때문이었다. 만암은 이를 수락하고 강습회 운영비를 내놓았다.

만암은 여기서 그치지 않고 학교를 세우겠다는 원력을 품었다. 만암은 자신의 구상을 남녘의 사찰에 알리고 인재 불사에 동참해달라고 요청했다. 이에 백양사, 선암사, 화엄사, 대흥사, 송광사가 흔쾌히 땅을 내놓았고, 108,876평의 임야를 팔아 설립 자금을 마련했다.

"46년 1월경 송만암 스님으로부터 오라는 기별을 받고 갔더니 천은사, 화엄사, 선암사, 송광사, 대흥사 주지에게 보내는 서신을 주면서 "목포 사원에다 학교를 설립하자는 회의 소집 통지서이니 주지를 잘 설득하여 2월 회의에 참석토록 하라"는 것이었다. … 2월 회의에는 백양사, 천은사, 화엄사, 선암사만 참석하고 송광사, 대흥사는 불참하였으나 학교 설립을 결의하고 바로 학생을 모집하여 46년 3월에 동본원사에서 역사적 개교를 했던 것이다."

최태종 《화갑기념 월하담론》 1999

모두가 해방의 감격에 겨워 들떠 있을 때 만암은 나라의 미래를 그려보며 인재를 육성하는 방안을 적극 모색했다. 상좌 태종, 등암에게 목포에 내려가 학교 설립 실무 작업을 하도록 했다. 1946년 1월 중학교 설립 발기총회를 개최하고 목포 무안동 정광사에 정광중학교淨光中學校를 개교했다. 만암은 초대 교장에 취임했다. 71세에도 교육을 향한 열정은 식지 않았다. 학생들을 보고 있으면 온갖 시름이 사라졌다.

1948년 3월 1일 목포에서 광산군 송정읍 선암리 1번지로 학교를 이전하였다. 학생들이 늘어나 학급을 늘려야 했기 때문이었다. 송광사 측의 간곡한 이전 요청도 있었다고 한다.

"목포에서 2년간 학교를 경영하다가 학급 증설로 교사를 신축할 수밖에 없게 되었는데 송광사에서 중앙지로 학교를

정광중고등학교 현재 모습.
정광학원은 전남권 유일한
불교종립학교로
숱한 인재들을 배출했다.

옮기지 아니하면 참여하지 않겠다는 것이어서 부득이 현 송정리로 48년 2월에 이전했던 것이다."

최태종《화갑기념 월하담론》1999

    1948년 5월 기공식을 갖고, 1949년 4월 재단법인 정광학원을 인가받았으며, 1950년 5월 27일 학제 개편으로 4년제 중학교로 바뀌었다. 1951년 10월에는 정광고등학교가 문을 열었다.

    정광학교는 부처님의 자비정신을 바탕으로 세상을 널리 이롭게 하는 인재를 육성하고자 했다. 만암은 이러한 건학 이념을 줄곧 강조했다. 그러한 정신은 면면히 이어와 지금도 교육 현장에 스며있다. 정광학교 교사들이 발표한 성명을 보면 일선 교사들이 만암의 인재 불사 참뜻을 제대로 새기고 있음을 알 수 있다.

    "정광학원은 불교종립재단이다. 만암 송종헌 대종사께서 일제의 민족말살정책에 항거하여 민족 교육을 제창하시고, 백양사 내에 광성의숙을 설립하시어 우리글과 우리 역사를 가르쳐서 민족정신과 민족정기를 일깨우셨다. 해방 후에 만암 큰스님의 발의로 백양사, 송광사, 화엄사, 대흥사, 선암사 등 5대 종찰의 출연과 협조로 부처님의 말씀과 진리를 실현하기 위해 정광학원을 설립하셨다. 참나를 발견하여 자비심으로 보살도를 실천하고 부처님의 자비광명 속에서 착하고 바르게 살면서 애국애족의 정신으로 평화로운 사회를 실현할 유능한 인재를 양성하는 데 건학 이념을 두고 있다."

〈성명서〉 전국교직원노동조합 광주지부 정광중분회·정광고분회, 2009년 2월

    정광학원은 전남권 유일의 불교종립학교로 내실 성장을 거듭해왔고, 숱한 인재들을 배출했다. 법정法頂(1932~2010) 스님과 부루나 존자로 불렸던 박완일朴完一(1935~2018) 전국불교신도회장도 정광학교 출신이다. 만암은 틈만 나면 학교에 들러 학생들을 격려했다.

    "학교에 오시면 기숙사에 꼭 들렸어요. 학생들에게 부처님을 잘 섬기고 예불을 잘 드려야 한다고 하셨지요. 공양은 늘 학생들과 함께했어요. 경전 중에서도 《금강경》은 꼭 외우라고 하셨습니다." (조카 송영규, 2021년 구술)

    만암은 생애 전반을 '가르침'에 투자했다. 교육이 진정한 항일이고 학생들은 민족의 내일을 여는 주인공이었다. 또한 교육만이 우리나라와 불교를 일으킬 수 있다고 믿었다.

제8장 오래된 새 길, 고불총림

曼庵

고불의 길을 따라
부처님처럼

1945년 8월 15일 해방을 맞았다. 일본이 무조건 항복했다. 조선불교도 친일 행위로 종권을 장악했던 무리들이 퇴진했다. 8월 20일 김법린金法麟(1899~1964), 최범술崔凡述(1904~1979) 등이 종단 운영권을 넘겨받았다. 9월 22일 서울 태고사(조계사)에서 전국승려대회를 열어 왜색에 물든 불교를 전통불교로 복원할 것을 결의했다.

우선 일제가 한국불교를 장악하려 만든 사찰령을 폐지하고 새로 교헌敎憲을 제정했다. 대처승이 운영하던 교단 조직도 비구승 중심으로 바꾸었다. 서울에 중앙총무원을 두고 지방에 13개 교구를 두기로 했다. 초대 교정에 선과 교를 통달했던 청정비구 석전 박한영 스님을 추대했다.

해방공간은 극도로 혼란스러웠다. 나라 전체가 '친일 청산'을 싸고 진통을 거듭했다. 불교계도 예외가 아니었다. 불교 혁신을 내세운 단체들이 생겨나 저마다 목청을 높였다. 자연 독신 비구승과 대처승이 충돌했다.

일제강점기에는 대처승들이 종단과 사찰의 요직을 독점하고 있었다. 승려에게 결혼을 허용하여 해방 직후에는 전체 승려 중 대처승이 90퍼센트가 넘었다. 비구승을 찾아보기 힘들 정도였다. 비록 소수이지만 전통불교의 회복을 내세운 비구승의 주장은 불교계 안팎의 공감을 얻었다. 하지만 기득권을 틀어쥐고 있는 대처승의 저항도 만만찮았다.

불교정화를 외치는 혁신세력은 현실을 살피지 않고 급진적인 제안들을 쏟아냈다. 아예 대처승 자체를 인정하지 않으려 들었다. 전국승려대회 결과로 출범한 중앙총무원을 향해서도 비난을 퍼부었다. 혁신세력은 사찰의 토지 소유 자체도 부정하고 나섰다. 사찰 재정의 근간인 토지를 무상으로 나눠주자는 주장까지 폈다. 하지만 대처승이 모든 것을 장악하고 있는 왜정시대였기에 불가에 들어 대처승이 될 수밖에 없었던 현실적인 이유도 있었다. 혁신세력들은 이를 살피지 않았다.

한국불교는 걷잡을 수 없는 혼돈의 수렁으로 빠져들었다. 여기에 종조를 바꾸려는 움직임도 감지되었다. 있을 수 없는 일이었다. 만암이 나섰다. 이런 혼돈을 걷어내고 청정도량을 만들어가자며 백양사 중심의 종교개혁운동을 천명했다. 바로 고불총림古佛叢林 결성이었다. 고불古佛이란 석가모니 부처님과 고승들을 지칭한 것이었으니 고불들의 본래 가르침에 따르자는 취지였다. 1947년 1월 부처님 성도일(음력 12월 8일)을 맞아 인근 20여 사찰과 암자, 포교당을 규합하여 정화의 횃불을 높이 들었다. 이는 오래된 새 길이었다.

총림叢林이란 선원, 강원, 율원을 갖추고 방장의 지도하에 대중이 정진하는 종합 수행도량이다. 수행승들이 한곳에 머물며 도를 닦는 것을 나무가 우거져 숲을 이루는 모양에 비유하기도 했다. 만암은 '고불총림 결성 성명'을 발표했다.

우리 조선의 실정失政으로 일본이 침입하여 마침내 조정을 멸하고 나라를 병탄하였다. 우리 민족혼의 흔적까지 없애려 하고, 불교도 전통적 형식과 정신을 함께 사라지게 하여 소위 국가존망의 위기일발에 처한 즈음에 다행히 천리天理의 흐름으로 일본이 폐망廢亡하였다. 그 후 강토를 회복하여 건국의 기운이 짙어지고 있는데 불교는 지금까지 미혹한 구름에 가려 빛을 보지 못하고 있다. 공적 사적으로 충고를 하였으나 현 종단은 하등의 반성이 없다. 이러할진대 조선불교가 한마디로 전종전파轉宗轉派에 환부역조換父易祖의 경우에 이르러 부득

고불古佛이란 석가모니 부처님과 고승들을 지칭한 것이었으니
고불들의 본래 가르침에 따르자는 취지였다.

이 헌 교단과 절연할 것을 밝힌다. 오직 부처님의 큰 위덕광명과 우리나라 모든 고승대덕의 여광을 계승하여 한 등에서 백천 등으로 퍼져 밝혀지기를 서원하는 마음으로 아래 기록한 몇몇 동지를 규합하여 음력 12월 8일 부처님 성도일을 기하여 고불총림 결성식을 거행하고 고불총림을 새롭게 발족하기를 서원하는 바이다.

불기 2974년(1947) 음력 12월 8일 목양산인 종헌 백

만암 나이 72세였다. 그럼에도 부처님의 가르침과 조사의 정신을 계승하여 한국불교를 바로 세우겠다는 원력을 세웠다. 성명서를 읽는 노승의 목소리에 결기가 묻어있었다. 백양사 대중은 만암의 결연한 의지에 숨을 죽였다. 노승의 풍모에는 어떤 티끌도 묻어있지 않았다. 그리고 백양사는 전국 어느 사찰보다 청정한 선풍이 감돌고 있었다.

당시 만암을 시봉했던 수산지종壽山知宗(1922~2012) 스님의 회고에 의하면 그 성명서는 붓글씨로 작성하였으며, 성명서를 낭독한 장소는 백양사 향적전香積殿이었다고 한다. 당시 승려와 신도들은 만암이 중대 성명을 발표한다는 연락을 받고 100명 이상 참석하여 성명서를 낭독하는 광경을 지켜보았다. 성명서는 백양사 종무소에서 등사를 하여 배포하였으며, 참가 대중은 만암의 뜻에 동의한다는 서명을 하였다.

만암은 오래 전에 고불총림을 구상했다. 조사들의 길을 따라서 부처의 법대로 살아가보고 싶었다. 왜색에 물든 불교를 건져내고 청정비구들이 아무런 장애 없이 오로지 수선修禪에만 정진하는 총림을 만들고 싶었다.

백양사 운문암선원의 조실직을 내려놓고 서울로 간 용성 스님도 승적을 버리면서 곧바로 대각교를 창종했다. 1926년 그의 나이 63세였다. 당시에는 승려의 대처식육이 불교계 최대 논란거리였다. 결혼을 금지한 사법寺法을 놓고 첨예하게 대립했다. 이런 논란을 방관하던 총독부는 대처식육을 허용하는 쪽으로 기울었다. 이미 계산된, 불교계를 장악하려는 술책이었다. 청정비구 용성은 보고만 있을 수 없었다. 대처식육만은 막아야 한다고 총독부에 건백서를 보냈다.

"우리 부처님 세존께서 세상에 출현하신 이래로 불자대중들이 각각 법륜을 굴려서 3천 년에 가깝지만 비구가 처를 거느리고 육식을 한다는 말은 듣지 못했는데, 근래에 후안무치한 마귀권속의 무리가 마음을 오욕에 물들이고 부처님의 정법을 멸하여, 감히 대처식육을 행하며 청정한 사원을 마귀의 소굴로 변하게 해서 참선과 염불과 간경 등을 전폐全廢하므로 모든 천신이 눈물을 흘리고 땅 귀신이 모두 노여움을 내도록 하고 있습니다. … 곡식에서 생겨나 곡식을 해하는 것은 벌레이고, 불법에서 생하여 부처를 해하는 자는 승려이니, 사자 몸 안의 벌레가 사자의 살을 먹는 것과 같습니다. 승려가 된 자가 지계하고 수도하는 것은 당연한 본분사인데, 어찌 사찰법을 개정하여 아내를 거느린 자가 주지가 되도록 당국에 요청하게 합니까. 그 수치심은 혀끝으로 다할 수 없습니다."

건백서를 접수한 총독부는 용성의 의견을 받아들이지 않았다. 승려의 대처식육 문제를 불교 내부의 다툼으로 돌리며 딴전을 피웠다. 이에 용성은 2차 건백서를 제출했다.

"《사분율四分律》에는 '차라리 남근男根을 독사의 입안에 넣을지언정 여근女根 속에는 넣지 말라'라고 하셨고,《능엄경楞嚴經》에는 '그대가 삼매를 닦는 것은 본디 세속의 번뇌에서 벗어나고자 하는 것인데 음심을 제거하지 못하면 번뇌에서 벗어날 수 없다. 설령 지혜가 많고 선정이 현전하더라도 마귀의 도에 틀림없이 떨어진다'라고 하셨습니다.

《사분율》에 '사람이 머리를 자르면 다시는 태어날 수 없다'라고 하듯이 승려세계 밖으로 영원히 쫓아내는 것은 승가의 결정된 법률인데도 요즘 조선의 승려들이 대처와 식육을 감히 행하여 청정한 사원을 오염된 부정한 마귀소굴로 만들고 있고 승려 자신의 몸은 돌아보지 않으니 피눈물을 흘리며 통탄할 일입니다.

승려의 대처와 식육을 허가한다면 따로 재가 이부대중을 둘 필요가 없습니다. 대처와 식육을 엄금하여주시기를 천만 번이고 청합니다. 만약 그렇게 하지 못한다면 대처한 승려는 비구계를 취소하고 환속시켜 재가 이부대중의 지위에 처하게 하여주십시오.

현재 조선의 승려로서 아내를 거느리고 고기를 먹는 자들

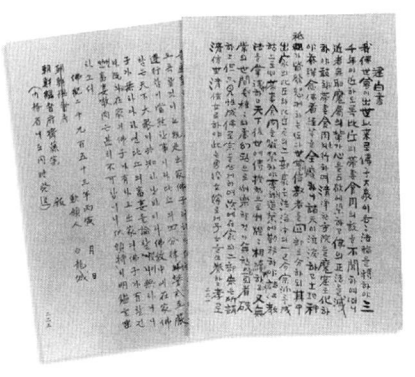

용성 스님이 제출한 건백서. 용성은 반듯한 불교 교단을 세우고 싶었다.

이 사원을 맡아 관리하므로 수행하는 납자들이나 고령의 승려들은 자연히 쫓겨나서 눈물을 흘리며 방황하게 되었습니다. 이들 수천 명의 대중이 어디에 안주할 수 있겠습니까? 자연적으로 안심될 수가 없습니다.

대처와 식육을 엄금하시든지 그렇지 않으면 지계하는 납승에게 몇 개의 본산本山을 할당해 주어서 청정한 사원을 복구하여 지계하는 승려들이 안심하고 수도하게 하여주시고, 아내가 있는 승려와 아내가 없는 승려의 구별을 정부 관계자와 일반 국민이 모두 알게 하여주시기를 온 마음으로 건백합니다."

그럼에도 일제는 용성의 의견에 아무런 대꾸를 하지 않았다. 오히려 사법 개정을 은근히 부추겼다. 그해 10월 이후 31본산 중 10여 본산이 사법을 고쳐 대처식육을 허용했고 이듬해에는 모든 사찰이 결혼한 승려가 주지가 될 수 있도록 사법을 개정했다. 용성의 포효에 어느 사찰도 공명共鳴하지 않았다. 이에 용성은 이런 불교계에 몸담고 있음이 수치스러웠다. 반듯한 불교 교단을 세우고 싶었다.

"70년 동안 걸어온 길이 오로지 진오眞悟와 대각大覺만을 찾아 걸어왔다. 그런데 합병 이후 정부에서는 불교도들에게 남녀간 혼인을 허하여주었다. 이것은 부처의 참뜻에 어그러지는 바이다. 그 뒤 나는 분연히 불교에서 물러나 '대각교大覺敎'

란 일파를 따로 형성시켰다."

용성 《삼천리》 8권 12호

  사실 이때 대처승 문제가 용성의 제안대로 정리되었다면 해방 이후 내부 다툼은 현저하게 줄어들었을 것이다. 하지만 대처승 문제는 보이지 않는 곳에서 커졌다. 돌멩이가 암석이 된 셈이다. 이미 대처승들은 재물을 모으고 몸집을 불려 사찰의 주인 행세를 하고 있었다.

  만암은 이러한 용성의 대각교 창종 배경을 누구보다 공감하면서도 승적을 버려야 하는 현실이 매우 아팠다. 용성의 청정 승단을 향한 서원이 얼마나 간절했는지 알 수 있었다. 용성의 이러한 결단은 만암에게 많은 영향을 주었다. 대처승 위주의 세속화된 불교로는 더 이상 부처의 혜명을 이을 수 없다는 판단을 했을 것이다. 새로운 가풍을 일으켜야 했다. 그것이 곧 고불총림이었다.

고불총림은
또 다른 영산회

만암은 불교계가 해방 후에도 '식민지 불교'를 극복하지 못하고 표류하고 있음에 절망했다. 개혁 방안이라는 것도 상대측을 비방하며 자신들의 입지만 살피는 것이어서 겨우 시늉만 내는 것에 불과했다. 결국 만암은 기존 교단과 단절하기로 결심했다. 부처의 가르침을 그대로 실천하는 자생적인 정화에 나선 것이다. 만암은 고불총림의 '강령綱領'과 '청규淸規'를 정하여 발표했다. 문구 하나하나에 서원을 담았다.

   고불총림 강령 서序
   옛 조사께서 '인생을 얻기가 어렵고 불법佛法을 만나기가 어렵다'고 하셨는데, 우리가 인생을 얻었으며 또한 불법을 만났으니 한마디로 '눈먼 거북이 물에 뜬 나무 구멍을 만난 기이한 인연'이라 아니할 수 없다. 동시에 국운이 불행하여 일본에 강토가 유린되어 삼천만 민족이 국혼國魂을 상실할 위기에 처하였고 불교 또한 파멸을 당하였다. 그 참담하고 어두운 형편을 말과 글로 들추어내기 어렵다.

천리天理의 순환으로 일본이 물러간 뒤 고국의 면목을 회복하기 위해 온갖 법률과 제도를 회복하는 중에 우리 불교는 아직까지 미혹의 구름으로 덮인 채 일이 더디어 동트는 빛을 볼 수 없으니 이 무슨 마귀의 장난인가. 오직 석가세존의 큰 위덕광명과 모든 고승대덕의 밝은 보배 촛불의 노을빛을 이어 한 등에서 백천 등으로 불타올라 오래도록 불멸을 마음 흐뭇하게 맹세하고, 아래에 강령을 제안하여 바른 지식과 바른 견해로 오직 깨달음을 구하는 진리 대중에게 보인다.

안으로는 출가의 본뜻을 각성하고, 밖으로는 대법운명大法運命의 좌우를 결정하여 그 인생을 얻는 가치와 불법을 만난 훌륭하고 좋은 인연에 대한 기대를 저버리지 않도록 축원하나이다.

불기 2974년(1947) 음력 12월 성도일 목양산인 종헌,

향을 사르며 삼가 쓰다

고불총림 청규(부서언附緒言)

물이 어찌 부정不淨하리오만 풍랑으로 인하여 혼탁함에 이르고 옥이 어찌 불결하리오만 먼지와 더러움으로 투명한 본질을 드러내지 못한다. 그래서 옥은 쪼고 갈아 맑고 밝게 만들고 물은 바람과 풍랑을 멈추어 그 상태를 드러낸다. 나 스스로의 마음도 또한 어느 때에 혼미함이 있으리오만 무명無明의 바람과 혹업惑業의 풍랑에 어두워 청정본연을 홀연히 잊고 생사의 언덕에 망연히 나타난다. 그래서 본 총림의 십수 조항을 나열하여 수많은 번뇌를 해탈하고 본청정本淸淨과 본원각本圓覺을 꿈에서 깨치듯 연꽃이 피는 것과 같이 일시에 꿰뚫어본다면 이것이 어찌 나의 영원한 고향이 아니며 안신입명安身立命의 경지가 아니리오. 부처님의 팔만사천 법문과 조사의 천칠백 공안도 오직 중생의 고향과 안신입명의 경지를 가리킬 따름이다. 참으로 명쾌하지 않는가.

인하여 일게一偈를 읊음

한편 총림으로 소림小林을 짓고서
몇 해나 계책이 흉금에 쌓였는가
강룡降龍의 힘으로 교문敎門을 감화感化했고
범을 풀어준 방편이 달리 깊은 것 아니라

상수동천象岫洞天에는 법설도 많았고
학암鶴巖 정상에선 선인들의 읊조림도 기쁘도다
조정祖庭은 영산회靈山會에 못지 아니하니
낱낱이 함이 없이 불심을 배우도다

본 총림에 머무는 법상法象은 다음 청규를 명심하여 준수해야 한다.

一. 입교立敎의 종지宗旨는 진리를 연구하며 생사를 해탈하여 세간·출세간에 대자재大自在를 얻고 자신과 타인을 이롭게 하는 것을 더 없는 즐거움으로 누리는 것을 목적으로 함.

一. 사원을 세울 때에는 종지를 수련하고 교화敎化함에 위치가 중요하므로 청정한 곳에 건설하여 이를 신중히 관리함.

一. 불상은 불교를 처음 세워 일체중생을 괴로움이 없는 복된 땅으로 인도하신 선각자를 아득한 세월 우러러 받들며 잊지 아니하며 정성을 다하여 공경하는 뜻을 표시함.

一. 종맥은 임제의 문손으로 태고보우太古普愚조사의 법맥을 계승한다. 즉심즉불卽心卽佛의 이치를 철저히 깨닫고 선양하여 본종 가풍에 빈틈없이 두루 미치게 함.

一. 승가는 그동안 사부중으로 나열되었으나 근기에 따라 비구승 가운데 정법正法 호법護法으로 이부二部를 나누어 둘 필요가 있음.

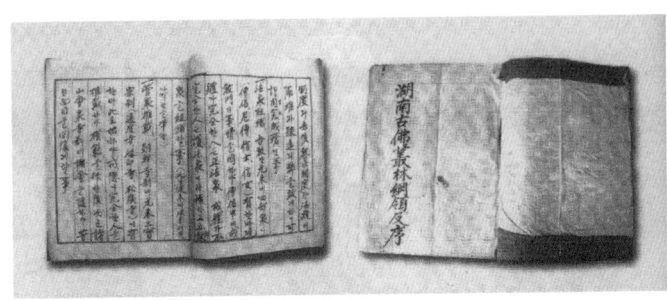

만암 스님이 친필로 쓴 고불총림 강령과 서문.
고불총림은 만암 스님이 해방공간 불교의 자생적인 정화를 추진한 결사체이다.
만암이 구상한 고불총림의 방식으로 정화가 추진되었다면
지금의 불교 모습은 무척 달라졌을 것이다.

一. 관중管衆의 후보는 종맥 계통을 자세히 살펴 지식과 덕행을 겸비하여 교화사업에 경험이 풍부하며 본 총림의 청규를 3년 이상 준수한 사람에 한함.

一. 법중法衆의 자격은 종지를 받들고 청규를 엄수하는 것에는 출재가 모두 균일해야 한다. 대중과 함께 계정혜 삼학三學을 수련하며 제세의범濟世儀範을 행하는 것에 손색이 없어야 함.

一. 법중이 날마다 쓰는 것은 평등함을 꾀하는 바 직원 일동과 승려 대중은 아래와 같이 실행함.

一. 법중의 의무는 도제양성徒弟養成, 정재저축淨財貯蓄 두

종류로 나눔.

一. 도제양성은 불법의 명맥을 영원히 무너지지 않게 하려면 인재를 양성해야 하는 즉 중등법계를 이수한 승려는 도제를 양성하는 의무가 있음.

一. 정재저축은 승려의 정명 생활이니 청정 걸식에 있어 송락과 풀 옷(松落草衣), 풀뿌리와 나무 열매(菜根木果)가 끼니를 잇고 몸을 보호하는 바탕이다. 그러나 지금 풍속이 이것만으로 규제하기 어려운지라 가급적 수행하는 시간 외에는 노동하여 자력 생활을 하여 분수에 맞게 저축하여 세재世財 법재法財가 모두 만족할 수 있도록 하는 의무가 있음.

一. 사찰 재산(常住物)의 관리는 바른 법을 펼치는 기본이 됨으로 특별히 주의하여 가능한 사용하지 않고 소임자들은 공평하고 정직하게 하여 철저한 감독의 책임을 다하여 새는 일을 방지하고 상급자들은 직접 취급을 피함.

一. 승려의 유산은 자기 노력과 외부의 조력으로 만들어진 것이라 경솔하게 처리하기 어렵다. 이후로는 본 종의 법중은 누구를 막론하고 전 재산의 2할 이상을 총림의 재산으로 하고 나머지는 제사를 위한 것과 관례에 준하여 총림에 납입함. 총림의 직무는 법중으로서는 동일한 권리가 있으나 직무는 내외의 구별이 있어 내무는 정법중, 외무는 호법중으로 책임을 나누고 그 구분은 아래와 같이 결정함. 내무 감무監務 법무

法務 감원監院 지전持殿 등. 외무 감사監事 산감山監 회계會計 서기書記 지객知客 산직山直 등.

一. 중요한 종무와 예외의 재산 출납은 항시 관례를 준하여 여러 사람의 뜻을 얻은 후 처리하되 혹 사전에 토의가 이루어지지 않았을 때는 사후라도 지체 없이 결의를 요함.

一. 법중의 득도得度는 발심한 때로, 입적入籍은 중등과를 수료한 때로 한다. 본 총림에 들어와서 3개월 이상 청규와 의무를 실행하지 않으면 어떤 승려든지 원승적原僧籍은 자연 해소된 것으로 간주함.

一. 법중은 어떤 사원의 승려든 구별 없이 본 총림에 들어와서 3개월 이상 머무르면 자연 전적轉籍된다. 혹 먼저 전적하고자 할 때는 신분과 이유를 충분히 심사한 후에 가능함.

一. 법중은 학문의 고하와 덕행의 우열을 따라 계급을 나누며 이미 정해진 법계를 철저하게 실행한다. 단, 세간 연령의 차별을 순순히 따름은 절대 금지함.

一. 법중은 안팎으로 자신을 선명하게 표시하여 복장이나 기타 행동에 종교인으로서의 체면을 준수하고 경솔하게 어떤 일을 행하거나 모호한 상태는 절대 금지함.

一. 법중의 상벌은 권선징악의 일반적인 법칙을 따른다. 1년에 한 번 7월 15일에 대중이 모두 모인 자리에서 진실과 거짓에 대한 의심을 끊고 이치를 분별하며 그릇됨과 올바름을 명

고불선원.
비구 중심의
청정 교단을
만들겠다는
만암의 서원이
깃들어 있다.

확히 한다. 공사公私 간에 교문教門의 광영光榮을 발한 자는 포상하고, 누를 끼치거나 욕을 먹는 자는 문책하여 항시 행정을 바로잡는 데 힘씀.

一. 이상의 청규를 성실히 실행할 성품이 있는 자에 한하여 입적을 허락하고 만일 이 청규를 3년 이상 실천하지 않으면 일체 공직을 불허함.

一. 이 청규는 본 총림의 노소첨원회석老少僉員會席을 통과한 날로부터 시행함.

살펴본 대로 고불총림은 태고보우 스님의 정맥을 계승한다는 것과 계율을 지킨 승려는 정법중으로, 계율을 지키지 못한 승려는 호법중으로 한다고 명시했다. 정법중은 법무, 감무 감원, 지전 등 내부의 일을 관장하고 호법중은 산감, 회계, 서기, 지객, 산직 등 외부의 일을 관장토록 했다.

불교계의 탁한 관행을 바로잡고 비구승과 대처승의 역할을 구별하여 종국에는 비구 중심의 청정교단을 만들겠다는 구상이었다. 바로 화답이 있었다. 전남지역 22개 사찰과 포교당 주지 및 비구승 등 178명이 이에 호응해왔다.

"만암 스님의 고불총림 구상은 획기적이었습니다. 선원, 강원, 율원을 경내에 두어야 한다는 통념을 깨뜨리고, 인근 사찰들의 총림 참여를 유도했습니다. 총림의 공간 개념을 넓힌 것이지요. 지금 생각해도 대단한 발상의 전환이었어요." (금강 스님)

"정화라면 할 말이 많아요. 정화의 불씨는 원래가 만암 스님이 지피신 것을 알아야 합니다. 한번은 만암 스님이 백양사에 계실 때 서울 총무원에서 공문이 왔어요. 그것이 무엇인고 하면 승적부인데 명칭이 교적부로 바뀌어서 온 거라. 만암 스님이 그것을 들고 '차차 망하는 조짐이구나'라며 탄식을 하시더군. 중앙에서 하는 일이 하나같이 왜색을 좇으니 만암 스님은 드디어 한국불교를 탈퇴한다는 선언을 하시게 됩니다. 그리곤 '옛 면목으로 돌아가야겠다'면서 고불총림을 세우시게 됩니다. 총림의 규약을 정하고 규약에 동의, 고불총림에 동참할 사찰과 스님들은 들라고 했었어요. 그 규약 내용이 아주 중요한데 간단히 소개하면 이렇습니다. 먼저 사찰을 갑, 을, 병, 정으로 분류했습니다. 그리고 절 소임도 주지, 재무, 총무, 원주, 부전 등은 독신 스님이 하도록 했고 대처승은 서기나 포교사, 학교 선생, 포교당 운영을 맡도록 했습니다.

갑종 사찰은 의무적으로 선방과 강원을 두고, 을종 사찰은 선방과 강원 중 하나를 설치하도록 했습니다. 또 대처승은 포교당을 운영할 경우 그 가족을 10리 밖에 살도록 규정했고 상좌도 새로 만들지 못하도록 했습니다. 충돌 없이 자연스럽게 정화를 하자는 것이지요."

수산 스님 《법보신문》 1994년 2월 7일자

만암은 비구와 대처승의 갈등을 수습하기 위해 대처승은 상좌를 두지 못하게 했다. 그리고 처와 식솔들은 사찰 밖에 기거하도록 했다. 그렇게 하여 시간이 흐르면 대처승은 자연 소멸되도록 유도하자는 것이었다. 만암은 자신의 구상이 가장 평화롭고도 가장 효율적인 방법이라고 확신했다. 자비의 종교라는 불교가 하루아침에 대처승을 내친다는 것은 있을 수 없는 폭거라 여겼다.

만암은 정법승과 호법승이라 이름 지어 각기 다른 소임을 맡겼다.

제9장 대웅전을 태우려면 나도 태우시오

曼庵

구름도 숲도
울었다

1950년 6월 한국전쟁이 터졌다. 만암은 백양사 고불총림 방장이었다. 방장은 총림의 가장 웃어른이다. 만암은 남녘의 백양사에는 전쟁의 화가 미치지 않을 것으로 생각했다. 아니었다. 한국전쟁은 실로 잔인했다. 특히 불교계의 피해는 상상을 초월했다.

파죽지세로 내려오던 인민군이 주춤하던 사이에 미군의 인천상륙작전이 성공을 거뒀다. 퇴로가 끊긴 인민군들은 산으로 숨어들어 저항했다. 이른바 빨치산들이었다. 국군은 그들을 토벌하겠다며 은신처가 될 수 있는 곳이면 모두 불을 질렀다. 전라도 일대의 사찰들은 거의가 남쪽 군경의 방화로 소실되었다. 빨치산의 근거지를 없애야 한다며 사찰에서 철수하라 했고, 승려들은 절을 비워주고 떠나야 했다.

중앙총무원도 부산 대각사로 옮겨갔다. 국보로 지정되었던 청평사 극락보전과 월정사 칠불보전, 송광사의 청운당이 소실되었다. 그 외에도 헤아릴 수 없을 만큼의 국가유산들이 불에 타버렸다.

"가을이었습니다. 국군 화랑 20연대 병력이 몰려왔어요. 송정리에 있던 군인들이었지요. 그때 기동대장이 중위였어요."
(가인 마을 이장 한봉운)

백양사에 한 떼의 군인들이 밀려들었다. 화랑 20연대 소속으로 송정리에 주둔하던 병력이었다. 맨 앞 지휘관은 중위 계급장을 달고 있었다. 그들은 백암산에 의젓하게 자리 잡은 암자들을 불태웠다. 운문암을 비롯하여 약사암·청류암·물외암·천진암 등이 화마에 휩싸였다.

늦가을 백암산에 단풍이 들어 그 고운 물이 경내로 떨어지고 있었다. 청정 사찰 당우에 군인들은 다짜고짜 불을 질렀다. 일순 백양사는 화염에 뒤덮였다. 그토록 아름다운 당우들이 처참하게 무너져 내렸다. 스님들과 신도들이 울부짖었다.

군인들이 대웅전으로 몰려갔다. 대웅전은 이상하게 문짝이 뜯겨나가고 바닥이 파헤쳐져 있었다. 군인들이 다가가 대웅전 안을 들여다보고 깜짝 놀랐다. 그 안에 만암이 앉아 있었다. 가사 장삼을 입고 미동도 하지 않았다. 군인들이 놀라서 만암을 끌어내려 했다. 방장 스님 만암이 소리쳤다.

"대웅전만은 안 되오. 부처님만은 지켜주시오."

"스님 나오시오."

"문짝도 뜯어내고 바닥도 파헤쳤는데 어떻게 사람이 숨을 수 있다는 말이오."

"스님 빨리 나오세요! 스님도 위험해요!"

그래도 꼼짝하지 않았다.

"나도 함께 태우시오! 나를 꼬실라버리시오!"

한참을 그렇게 대치했다. 군인들은 대웅전에 차마 불을 지르지 못했다. 대신 대장전에 몰려가 불을 질렀다. 만암은 그렇게 대웅전을 지켰다. 이런 일화는 주민들도 증언했다.

"만암 스님이 대웅전 부처님을 지켰습니다. 문짝 뜯어내고 바닥도 뜯어내라 하셨지요. 군인들이 들이닥칠 것을 예상하고 미리 준비하셨어요." (가인 마을 이장 한봉운)

대웅전과 극락전뿐만 아니라 다른 몇 개의 당우들은 화마를 피할 수 있었다. 하지만 아름다운 절은 시커먼 그을음덩어리를 뒤집어쓰고 있었다.

6.25동란으로 산내의 수십여 암자가 모두 병화兵火에 소실되고 본당과 수 개의 당우만이 남아 있으나 6, 7년간 비워두

매 비와 바람에 갈리고 씻겨 창이 망가지고 벽이 무너져 너무 쓸쓸한 요즘의 경지는 소인묵객騷人墨客으로 하여금 더욱 슬픈 감회를 일으키게 할 뿐이다.

《만암문집》〈연보 약기〉

어떻게 일으켜 세운 당우들이던가. 대중의 가슴도 무너져 내렸다. 만암은 경내를 돌아보다가 붓을 잡았다.

> 국가 동란에 산사보다 심함이 있으리오
> 천고千古의 문명이 한 불더미 속에 사라지네
> 도의道義를 뉘 갈라놓을까 때 이르면 진정되리
> 따뜻한 정 쏟는다면 일은 무사하리라
> 떴다 사라지는 골짜기 구름은 수심 어린 슬픈 빛깔이요
> 눈 속에 숨었다 나타났다 하는 달은 냉정한 얼굴이라네
> 막힌 운 지나면 터진 운 오는 것은 마땅히 있을 것이니
> 다시 영일寧日에 좋은 운수 오기만을 기대하네
> 國家動亂甚於山 千古文明一火間
> 道義誰分時可定 溫情乃務事方閒
> 谷雲吞吐悲愁色 雪月隱現冷靜顏
> 否往泰來宜有在 更期寧日運回還

만암 〈사암寺庵을 불사르라 명을 받은 국군의 입산을 보며 읊다(國軍入山命燒寺庵吟)〉

백양사의 옛 모습. 아름다운 절이 군인들의 방화로 몇 개의 당우만을 남기고 소실되는 참화를 당했다.

그런 참변을 당했지만 만암은 내일을 기약하고 있다. 좋은 날이 오면 다시 일어설 것이라고 낙관하고 있다. 불타는 백양사를 뒤로 하고 만암은 대중과 함께 마을로 내려갔다. 흐르는 눈물을 어찌하지 못했다.

절은 불타고 산도 텅 비었는데
말 없음 가운데 눈물만 줄줄 쏟아지네
어째서 이곳만 난亂이 혹심한가요
평시에 환경은 너무도 청한清閑한 곳이건만
천추千秋의 정계淨界를 부끄러서 볼 수 없고
눈에 가득한 운림雲林은 모두 안색이 변했네
궁하면 통한다는 것은 원래의 이치이니

동방의 불일佛日은 일찍 밝아 오리라

燒庵不已又空山 垂淚涓涓語默間

何故此方多酷亂 平時環境太淸閑

千秋淨界云無色 滿眼雲林摠失顔

窮則通來元理義 東天佛日早明還

만암 〈절을 비우고 산을 내려오면서 읊음(寺空下山吟)〉

  백학봉 저편의 구암사도 불에 탔다. 겨울 초입이었다. 소문은 재를 넘어왔다. 목격자들은 구암사 근처에 시신들이 널브러져 있었다고 전했다. 백양사 대중은 경악했다. 만암은 구암사 강원에서 진리에 눈을 뜨던 순간들을 떠올렸다. 영원한 것은 없지만 참으로 비통했다. 국보급 불교문화재가 한줌 재로 사라지고, 추사 김정희의 주련과 편액, 위창 오세창의 글씨도 불에 타버렸다. 진영각 고승들의 영정들도 불길을 피하지 못했다. 석전 박한영 스님이 보낸 보물급 서화와 불서 2만여 권도 한 줌 재로 사라졌다. 시를 짓는 만암의 손이 떨렸다.

한평생 사는 것 백 년도 못 되는데
어째서 보무步武도 의연宜然함 상실했던가
몸은 죽고 절은 불타 연기로 사라졌어도
뉘 사람을 원망하고 하늘을 원망하리

一世生來未百年 其何步武失宜然

殺身燒寺歸烟滅 誰可寃人又寃天

또(又)

왜구가 침입한 지 삼십육 년
교문敎門을 무너뜨림 가장 서글펐네
중은 절 잊고 부처마저 잊으매
부처의 땅은 연기로 돌아가고 눈만 하늘에 가득하구려
倭寇侵來三六年 敎門破滅最愴然
僧曾忘寺兼忘佛 金地歸烟雪滿天

만암 〈구암사가 잿더미가 되었다는 소식을 듣고(聞龜巖寺入火吟)〉

인근 마을의 피해도 엄청났다. 백양사 근처 28개 부락 중에 4개만이 불길을 피했다. 만암은 주민들을 4개 마을에 모아 놓고 함께 지내도록 유도했다.

"모두 스님의 공이지요. 스님은 척을 지지 않았어요. 그래서 서로 죽고 죽이는 싸움은 없었어요. 가난했지만 서로를 믿었어요. 스님께서 선하게 이끌어주셨기 때문입니다." (가인 마을 이장 한봉운)

한집에 4~5가구가 기거했다. 그러다보니 별일이 많았다. 다

틈이 있거나 양식이 떨어지면 만암을 찾아왔다. 그때마다 좋은 낯으로 그들을 품었다. 만암은 주민들에게 한 번도 부정적인 얘기는 하지 않았다.

"함께 고생하면 좋은 날 온다."

"조금만 참으면 난이 끝날 것이다."

다행히 인명 피해는 많지 않았다. 28개 마을 1,000명 안팎의 주민 중에서 3명만이 희생을 당했다. 기적 같은 일이었다.

제자 서옹

서옹석호西翁石虎(1912~2003) 스님은 1912년 논산에서 태어났다. 법명은 상순商純, 법호는 석호石虎이고, 자호가 서옹西翁이며, 속명은 이상순李商純이다. 12세 때 서울로 올라와 죽첨보통학교(현재 금화초등학교)를 졸업하고 양정고등보통학교에 진학했다. 17세가 되던 해 갑자기 어머니가 돌아가시고 믿고 의지했던 할아버지마저 세상을 떴다. 서옹은 당시를 이렇게 회상했다.

"마치 삶의 모든 뿌리들이 땅을 박차고 나와 벌거숭이로 시들어가는 듯한 절망이 밀려왔습니다. 아직 어린 나이에 의지의 기둥이었던 두 분을 한꺼번에 잃었으니 그 마음이 오죽

했겠습니까. 어머니는 참으로 곱고 고운 분이셨습니다."

서옹은 양정고보 교사의 영향을 받아《간디 자서전》을 구해 읽고 자서전 곳곳에 소개된 불교이야기를 접하게 된다. 그 얘기들이 예사롭지 않아서 뇌리를 떠나지 않았다. 이후 불교 서적들을 탐독하기 시작했다. 차츰 학교 공부보다는 불교에 빠져들었다. 서옹은 중앙불교전문학교에 진학했다. 하지만 진짜 중이 되겠다는 생각은 없었다. 그런데 어느 순간 마음이 바뀌었다.

"언제부턴가 이렇게 공부만 할 바에는 아예 머리 깎고 진짜 중이 되어서 좀 제대로 해봐야겠다는 생각이 들더군요. 그래서 서울 각황사에 계시는 대은 스님의 법문도 듣고 서대문 봉원사 근처 산등성이에서 여덟 시간 동안 모기에 뜯기면서 아무런 구애 없이 참선에 몰두했던 적도 있습니다.

하지만 이렇다 하게 시원한 해결책이 보이는 건 아니었습니다. 번뇌는 또 다른 번뇌를 낳고 고통은 또 다른 고통의 씨앗이 된다고 했는데 참으로 누추하고 쉽지 않은 시간이었습니다."

대은 스님은 서옹에게 백양사 만암 스님을 찾아가라고 일러주었다. 서옹의 운명이 바뀌는 순간이었다. 서옹은 1932년 백양사 산문을 넘었다. 처음에는 만암도 서옹을 못미더워했다. 중이 되지 않아도 멀쩡하게 살아갈 수 있는, 출세가 보장된 젊은이였기 때문이었다. 하지만 결국 귀찮도록 쫓아다니는 서옹을 내칠 수 없었다. 방학이 되면 백양사로 내려와 시봉을 들어도 좋다는 허락을 받았다. 서옹은 결국 만암에게서 계를 받고 불가에 귀의했다.

"지금도 그때 기억만은 한 치의 흐트러짐 없이 생생합니다. 모든 삶을 바쳐 오로지 수행의 길을 걷는다는 것이 가슴 벅차면서도 무거운 업業처럼 온몸을 내리눌렀습니다."

서옹은 1935년 일본 교토 임제대학으로 유학길에 올랐고, 1944년까지 일본 임제종 본산 묘심사 선원에서 수도했다. 만암은 제자에게 꼬박꼬박 학비를 보냈다. 제자에게 쏟은 정성이 지극했다.

"만암 스님은 평생 통장 하나 없이 사셨지요. 그때 주지 월급으로 30원을 받았는데 15원은 임제대학 서옹 스님에게 보내고 5원은 젊은 포교사에게 주고, 당신은 10원만 용돈으로 썼지요."(수산 스님)

서옹은 스승의 그러한 정성에 보답하듯이 수행에만 전념했다. 선방에서도 끝까지 용맹정진을 하며 마지막까지 남는 수행자는 서옹이었다. 이를 지켜보며 다들 생불生佛이라며 두 손을 모았다. 유학 승려들 거의가 대처식육을 하며 친일로 돌아섰지만 서옹은 반듯하게 살았다. 만암의 기대를 저버리지 않았다.

ⓒ《꽃 따라 흐르는 꽃을 본다》

서옹은 1974년 대한불교조계종 종정으로 추대되었다.
1996년에는 스승 만암이 세웠던 고불총림을
백양사에 다시 열었다.

"많은 승려들이 공비公費 또는 사비 내지 고학으로 일본 유학을 했는데, 대략 6백여 명으로 그 숫자가 추산된다. 귀국 후 이들은 당시 불교계의 중견 승려로 활약했으나 대개는 결혼을 하였을 뿐 아니라 환속한 사람도 많았고, 대체적으로 친일적인 경향을 띠는 경우가 태반이었다.

일제 말 일본에서 유학한 전 종정 서암西庵 스님에 의하면 '일본 유학을 한 승려 중 결혼하지 않은 스님은 서옹 스님과 내밖에 없다'고까지 말할 정도였으니, 해방 후 한국불교계가 비구·대처승의 정화 분규에 휩싸인 것은 필연적인 일이었다."

임혜봉 《불교사 100장면》

서옹은 1944년 귀국하여 전국의 선원을 돌아다니며 참선에 몰두했다. 그리고 백양사에서 오도송을 읊었다.

상왕은 위엄 떨치고 사자는 울부짖으니
번쩍이는 번갯불 가운데서 사邪와 정正을 분별하도다
맑은 바람이 늠름하여 하늘과 땅 떨치는데
백악산을 거꾸로 타고 겹겹의 관문을 벗어나도다

象王嚬呻獅子吼 閃電光中辨邪正

清風凜凜拂乾坤 倒騎白岳出重關

서옹의 오도송은 범인들이 해독할 수 없다. 하지만 백양사 조실로 있던 1986년 신년 법어에 이런 게송이 있다. 속인의 눈일망정 오도송과 비교해보면 많이 닮았다. 어렴풋이 깨달음의 경지가 짚인다. 물론 견줌이 위험하기는 해도.

남천선사南泉禪師는 순세順世 후에
산 밑의 한 마리 물소가 되어서 가고,
각진국사는 순세 후에
백암산 속의 한 마리 호랑이가 되어서 갔다.
두 분 큰스님이 이렇게 갔으니 이르라.
이것은 같은 것인가 다른 것인가.
잠시 있다 이르시되,
껍질을 잃어버린 호랑이는
하늘로 뛰어 나르고
바다 밑의 진흙 소는
철마를 낳았도다.
할!

서옹 〈종정 신년 법어〉

서옹의 오도송에 스승 만암은 전법게를 내렸다.

> 백암산 위의 한 사나운 범이
> 한밤중에 돌아다니며 사람을 다 물어 죽인다
> 쏴쏴 맑은 바람 일으키며 울부짖으니
> 가을 하늘에 밝은 달빛은 서릿발처럼 차가웁도다
> 白岩山上一猛虎 深夜橫行咬殺人
> 颯颯淸風飛哮吼 秋天皎月冷霜輪
>
> 만암 〈시석호장실시石虎丈室〉

만암은 서옹에게 많은 것을 가르쳐주었다. 말과 행동이 일치하는 스승에게서 서옹은 참다운 불도의 길을 깨우쳤다.

"스님은 참으로 말이 적고 태산처럼 위엄 있고 무거운 분이셨습니다. 존경을 한 몸에 받고 언행이 일치하는 실천가로도 이름이 높았습니다. 만암 스님은 불법을 생활에서 실천하는 분이었습니다. 수행에 충실하면서도 구제사업을 활발하게 하셨는데, 그런 실천이 불제자의 올바른 도리라 생각하셨기 때문입니다." (서옹 스님)

서옹은 1974년 대한불교조계종 종정으로 추대되었다. 스승과 제자가 이렇듯 똑같이 종정에 올랐으니 백양사의 경사였다. 종정 재임기간 동안 부처님오신날이 공휴일로 제정됐다. 1978년 종정에서 물러나 백양사에 주석하며 후학들의 수행

> 서옹은 1996년 스승 만암이 세웠던
> 고불총림을 백양사에 다시 열었다.
> 서옹은 고불총림의 방장으로 있으면서
> '참사람운동'을 펼쳤다.

을 지도했다.

서옹은 1996년 스승 만암이 세웠던 고불총림을 백양사에 다시 열었다. 스승이 계셨으면 참으로 기뻐했을 불사 중의 불사였다. 서옹은 고불총림의 방장으로 있으면서 '참사람운동'을 펼쳤다. 감각이 있고, 감각을 지배하는 이성이 있고, 이성보다 더 깊은 자리에 영성이 있는데, 이 영성의 자리에 살자는 것이 참사람운동이다.

"오래도록 '참사람운동'을 펼치고 있는 이유는 오늘날 우리 문명이라는 것이 생명을 잃어버리고 참된 나를 잃어버리고 불심에서 멀어져 점점 고통의 길을 걷기 때문입니다. 참사람은 종교와 철학마저도 초월하고 시간과 공간도 초월합니다. 어디든 걸리지 않고 저 구경究竟의 자리도 초월하여 자유자재입니다. 참사람 그 자리는 인간이 구경의 자리마저도 투과하여 자유자재하고 생생하고 활발발한 그 자리입니다. 그러므로 참사람이야말로 참다운 생명을 말합니다.

참사람이 되기 위한 실천 방법으로 먼저 '무상 무주의 참나를 깨달아 자비로운 생활을 합시다'라고 말합니다. 둘째로 '어디에도 걸림 없이 자유자재하여 세계 인류가 평등하고 평화스럽게 사는 역사를 창조합시다'라고 주장합니다. 셋째로는 '자기와 인류와 생물과 우주가 영원의 유일생명체이면서 각각 별개이므로 서로 존중하고 서로 도와서 집착 없이 진실하고 바르게 행하며 아름다움을 사랑하는 세계를 건설합시다'라고 부탁드립니다."

서옹《물 따라 흐르는 꽃을 본다》

"참사람은 본래 각覺한 참사람인 것이다. 새로 각覺했다는 것도 없이 본래 참사람인 것이다. 참사람은 생사도 없고, 남녀노소의 차별도 없고, 지우智愚·선악·미추·중생과 부처의 차별도 없고, 계급·민족·인종·국가 심지어 생물과 우주, 시간과 공간의 차별도 없다."

서옹《임제록 연의》

서옹은 1998년 무차대법회無遮大法會를 열었다. 무차법회란

지위고하, 남녀노소 구별 없이 모든 대중들이 평등하게 법을 묻고 답하는 자리다. 서옹이 90여 년 만에 부활시킨 무차법회에 국내외 6천여 명의 대중이 참여해 고승들의 법어를 들었다. 서옹은 무차법회를 통해 한국 참선의 국제화를 모색했다. 고유의 수행 풍토를 소개하고 참선을 통한 깨달음의 경지를 조명했다. 서옹은 외국학자들과 승려들의 질문에 거침없이 답했다. 교와 선을 섭렵한 대종장의 모습이었다.

2003년 12월 13일, 서옹은 백양사 설선당에서 좌탈입망坐脫立亡, 이른바 앉아서 열반에 들었다. 세수 92세, 법랍 72세였다. 노승이 좌탈입망하는 것은 매우 드문 일이었고, 그 마지막 모습이 언론에 공개되는 것 또한 처음이었다. 서옹은 은사 만암과 똑같은 자세로 입적했다. 언론은 근세 불교계에선 최초로 스승과 제자가 대를 이어 좌탈입망한 기록을 남겼다고 보도했다. 서옹은 입적을 예견한 듯 주지 두백 스님 등을 불러 열반송을 남겼다.

구름 낀 문에 해는 긴 데 이르는 사람 없고
남은 봄에 꽃은 반쯤 떨어졌네
한 번 백학이 나니 천 년이 고요하고
부드러운 솔바람 붉은 노을을 보내나니
雲門日永無人至 猶有殘春半落花

一飛白鶴千年寂 細細松風送紫霞

"서옹 스님은 선방 수좌들을 물샐틈없이 제접하고 가르쳤습니다. 저런 분이 한국불교에 다섯 분만 계셨으면 좋겠다는 생각을 했어요."(수산 스님)

다비식을 거행하는 날 굵은 눈발이 날렸다. 스승 만암이 열반에 들 때도 그랬다. 전국에서 3만여 명의 스님과 신도들이 몰려와 마지막 길을 배웅했다.

손상좌 수산

수산지종壽山知宗(1922~2012) 스님은 1922년 전북 순창군 복흥면에서 태어났다. 14세에 아버지, 17세에 어머니를 여의었다. 그리고 19세에 백양사로 출가했다. 이듬해 만암은 수산을 제자 법안 스님의 위패상좌로 삼았다. 자신이 아꼈던 법안은 일찍 세상을 떠났기에 사실상 만암이 수산을 받아들인 셈이었다. 그렇게 수산은 만암의 손상좌가 되었다. 만암은 사미계를 주며 지종知宗이란 법명을 내렸다. 또 훗날 수산壽山이란 법호도 주었다.

1944년 백양사 강원을 졸업한 수산은 백양사 산내 암자인 청량원에서 만암으로부터 '이 뭣고'라는 화두를 받고 정진했다. 만암은 수산에게 이렇게 일렀다.

"이 세상에 태어나서 이것저것 탐착해봐야 쓸데없다. 태어나지 않았다 여기고 '이 뭣고' 화두를 참구해보거라."

그날부터 수산은 죽었다 작정하고 수행에 몰두했다. 이후 백양사 운문암, 덕숭산 정혜사, 나주 다보사 등에서 만공·인곡·전강·고암 스님 등 당대 선지식으로부터 지도를 받았다. 마침내 다보사에서 확연히 불조의 도리가 밝아지는 경지를 경험했다. 수산은 사자후를 토해냈다.

옷소매 속에 해와 달을 거두고
손아귀에 하늘과 땅을 모아 쥐었네

袖中日月 掌握乾坤

이후에도 참선 수행을 게을리 하지 않았다. 수산은 대중 포교와 불사에도 진력을 기울였다. 이 또한 만암의 가르침이 있었다.

"출가승은 이理와 사事에 두루 밝아야 하고 대중 교화와 가람 수호에도 진력해야 한다. 그것이 부처님과 시주의 은혜를 갚는 것이다."

만암은 어려운 사찰에는 수산을 보냈다. 손상좌는 만암의 뜻을 지극정성으로 받들었다. 수산이 가는 곳마다 가람이 다시 세워졌다. 완도 신흥사, 영광 불갑사, 부안 개암사, 태백 홍복사 등 낙후된 사찰의 주지를 맡아 중창불사에 팔을 걷었다. 어려운 절, 어려운 곳에 수산이 있었다. 그야말로 '물코막이' 역할을 했다.

1949년 목포에 정혜원 선원을 열었다. 만암을 조실로, 서옹을 선원장으로 모셨다. 스님은 물론이고 일반인들도 참선을 할 수 있도록 선원 문을 활짝 열었다. 목포는 불교의 뿌리가 튼튼하지 못했다. 수산은 특히 젊은이들을 상대로 포교 활동을 벌였다. 청년들을 아끼고 자식처럼 보듬었다. 수산의 노력으로 1960~1970년대 목포지역에서는 '청년불교'가 활성화되었다.

백양사는 그런 수산을 한자리에 묶어두지 않았다. 형편이 어려우면 수산을 찾았다. 그러면 언제라도 산문을 넘었다. 대중은 수산이 나타나면 맨발로 반겼다. 1966년~1973년 사이에 세 번에 걸쳐 주지를 맡았다. 그렇게 백양사가 교구본사로서의 사격을 갖출 수 있는 토대를 마련했다. 절 살림살이가 나아지면 다시 바랑을 꾸려 어려운 절을 찾아 나섰다.

수산은 불갑사에 주석하고 있던 1998년에 선원을 개원했다. 이후 2001년부터 10년 동안 백제불교초전성지의 사격寺格을 복원하는 불사를 진행했다. 수산은 법성포에 마라난타 존자의 불교초전을 기념하기 위해 백제불교 최초 도래지 기념

성역화 불사도 병행했다. 불갑사는 인도 간다라 출신 승려 마라난타가 법성포로 들어와 창건한 것으로 알려졌다. 마라난타가 침류왕 원년(384)에 동진을 거쳐 왔으니 백제불교 초전성지인 셈이다. 《삼국사기》는 마라난타가 백제 땅으로 건너온 사실을 이렇게 전한다.

"9월에 인도 승려 마라난타가 진나라에서 들어오매 왕이 그를 맞이하고 궁에 두고 예경하니, 불법이 이로부터 시작되었다(九月 胡僧摩羅難陁自晉至 王迎致宮內禮敬焉 佛法始於此)."

이러한 복원 불사는 제자 만당滿堂 스님이 있었기에 가능했다. 만당은 1997년 주지로 부임하면서 스승의 뜻을 받들어 천년고찰의 옛 모습을 되찾기 위한 청사진을 구체적으로 마련했다.

불갑사 복원 불사에는 수산과 제자 만당 사이의 일화가 있다. 법관을 꿈꾸었던 청년 만당은 1차 사법고시에 합격한 후 불갑사에서 시험공부를 하고 있었다. 만당은 1주일에 한 번 꼴로 염화실의 수산을 찾아뵈었다. 그때마다 수산은 《불갑사사적기佛甲寺寺蹟記》를 던져주며 읽어보라고 했다. 만당이 살펴보니 불갑사는 일찍이 불광佛光을 밝히고 대승고덕을 배출한 빼어난 으뜸 사찰이었다. 특히 고려 말 각진국사가 3창불사를 했던 가람의 모습이 그대로 실려 있었다. 만당이 수산에게 물었다.

"대가람의 위용은 사라지고 왜 이리 쇠락했습니까."

"아직 인연이 닿는 수좌가 나타나지 않아서 그런 것이네."

그러면서 만당의 얼굴빛을 살폈다. 그것은 젊은 청년에게 은근히 중창불사를 부탁하고 있음이었다. 수산은 만당의 출가를 권하고 있었다. 그런 일이 잦아지자 만당은 대가람의 본래 모습을 되찾아보면 어떨까 하는 마음이 슬며시 일었다. 발심이었다.

"스님, 그럼 외람되지만 제가 복원해볼까요."

기다렸던 대답이었다. 수산은 기뻤다. 그렇게 만당은 《사적기》를 인연으로 출가를 했다. 만당은 불갑사 선방부터 스승의 뜻을 받들어 제대로 복원했다. 일머리가 뛰어난 만당을 보자 수산은 그럴 줄 알았다며 대중에게 제자를 추켜세웠다.

"전생에 불갑사에서 원을 세우고 나온 스님의 후신일거야. 만당이 있어 걱정이 없어졌어."

만당은 이후 《사적기》가 가리키는 대로 불갑사를 복원해나갔다. 마침내 불갑사는 옛 가람의 모습을 드러냈다. 어언 만당의 복원 불사 원력은 회향을 앞두고 있다.

1989년 수산은 만암이 세운 광주 정광학원 이사장에 취임해 청년 포교 및 인재 양성에 앞장서기도 했다.

만암은 손상좌에게 전법게를 내렸다.

얼마나 높은지 정상이 안보이고
사해가 일찍이 그 틈이 없네
생각이 다하고 말이 끊어진 곳에
높고 커서 한 수산만 우뚝 나타났네
高兮無見頂 四海不曾間

念盡言窮處 巍然一壽山

    수산은 평생 만암의 가르침을 실천하고 이를 후학들에게 가르쳤다. 자신이 그랬듯이 늘 은사님을 존경하라고 일렀다.
    "수산 스님은 만암 스님만 바라보셨어요. 만암 스님만 쳐다보는 해바라기였어요."(성오 스님)
    입적했음에도 세월에 바래지 않고 만암만을 지극히 섬기는 수산에게 제자 만당이 물었다.
    "항상 큰스님 말씀만 하시는데 만암 스님 깨달음의 진수는 무엇입니까."
    수산이 만당을 그윽히 쳐다보다가 말했다.
    "정말로 알고 싶은가. 이리 가까이 와보라."
    만당이 다가가자 수산이 따귀를 갈겼다. 손길이 번개처럼 빨랐다. 다시 만당이 다가가며 물었다.
    "이게 다입니까."
    그러자 다시 따귀를 때렸다. 그 소리가 커서 방 안에 가득

수산지종 스님.
손상좌 수산은
만암으로부터
'이 뭣고' 화두를 받고
정진했다.

찼다. 하지만 아프지 않았다. 흡사 명주솜으로 맞은 것처럼 가볍고 부드러웠다. 그저 좋았다. 언어도단言語道斷이고 심행처멸心行處滅이었다. 말로는 표현할 수 없고, 생각하여 짐작할 수 없는 경책이었다. 수산이 바라보는 만암은 그렇게 높고 귀했다. 만암의 견성을 어찌 말과 생각으로 옮길 수 있을 것인가. 그 후로 만당은 다시 묻지 않았다.

수산은 만암을 닮아 쓴소리를 많이 했다. 평소에는 더없이 인자했지만 법상에 앉으면 더없이 엄했다. 자신의 몸이 부처님이 되고 법당도 되지만, 잘못 살면 마구니 집이 된다며 참공부를 하라고 일렀다.

"부처님이 이심전심해서 오늘까지 마음에서 마음으로 전해 내려오는 선법이 있고, 부처님이 49년 동안 설법하신 교법이 있어요. 선시불심禪是佛心이요 교시불어敎是佛語, 곧 선은 부처의 마음이요 경전은 부처님 말씀이다 이 말이요. 그 마음 심心 자 하나를 놓고 말한 것입니다. 그러니 마음 밭에 화두 하나를 딱 박아놓고 물샐 틈 없이 몰고 나가야 해요. 그럼 언젠가는 나를 볼 수 있지. 그래서 견성이라고 그러거든.

그렇지 못하면 잡초가 일어나요. 잡초가 무엇이냐면 번뇌, 망상, 분별심이다 이거야. 좋은 종자가 자라게 하려면 잡초를 베어버려야 해. 참선 수행하는 자는 옆에서 천병만마가 몰아친다 해도 동요하지 말아야 해요."

수산은 만암이 이른 대로 언행일치와 지행일치를 강조했다. 수산에게는 언제나 백양사 가문의 따스하고도 맑은 법향이 스며 있었다. 수산은 2012년 3월 불갑사 염화실에서 입적했다. 세상 나이 91세, 법랍 72세였다.

"장난 좋아하시고 소탈하셨어요. 도인이라는 말도 싫어하셨어요. 참중이라는 말을 좋아하셨지요. 당신이 그러하니 당신처럼 맑은 스님을 좋아하셨고요. 마지막 남은 참 비구스님이 돌아가셨습니다." (무공 스님)

제자 서옹이나 손제자 수산은 만암을 빼닮았다. 만암처럼 계율을 철저히 지켰고 언행이 일치했다. 또 대중에게 한없이 자비로웠다. 자리이타自利利他를 실행하여 자비보살로 추앙을 받았다. 그리고 만암처럼 학처럼 살다가 육신의 옷을 벗었다. 입적하는 날이나 다비식 날에는 눈이 왔다. 특히 수산의 다비식 날에는 봄날(3월 11일)임에도 돌연 눈발이 날렸다. 대를 이어 참 비구의 길을 걸었던 스승과 제자 모두 열반 후에 사리를 남겼다.

제10장 당우들이 소복을 입다

제9장 | 대웅전을 태우려면 나도 태우시오

曼庵

열반

만암에게 미질微疾이 있은 지 어림 일주일이 지났다. 밤에 홀로 몸을 씻고 제자들을 불렀다. 시자에게 자신이 읽고 쓰던 경책과 지필묵, 평소 입던 옷가지들을 가져오라 일렀다. 그리고 제자들에게 이것들을 모두 나눠주었다. 제자들이 울먹거렸다.

"스님, 왜 귀한 물건들을 모두 나눠주십니까. 왜 이리 서두르십니까."

"떠날 때가 되었다. 마지막 입는 옷에는 주머니가 없구나."

제자들이 흐느꼈다. 만암이 덤덤하게 제자들을 물렸다. 칠흑 같은 밤하늘에서 흰 눈이 내렸다. 멀리서 짐승들이 울었다. 백양사 대중은 잠을 이루지 못했다.

"정녕 가시는가."

눈 내리는 소리가 감겨올 정도로 백암산은 적막했다. 그렇게 겨울밤이 깊어갔다.

1957년 1월 16일, 음력으로는 1956년 12월 16일, 만암은 향적전에서 아침을 맞았다. 눈발이 더 굵어졌다. 하염없이 쏟아졌다. 백암산이 눈에 파묻혔다. 만암의 원력이 스며 있는 당우들도 눈 속에 잠겼다. 천왕문, 범종각, 조사전, 칠성각, 우화루, 사리탑, 향적전, 명부전…. 서 있는 모든 것들이 소복으로 갈아입었다. 만암이 목숨을 걸고 지켜낸 대웅전은 입을 꼭 다물고 무겁게 가라앉았다.

제자와 신도 여덟 명이 만암 곁을 지켰다. 손제자 수산과 송영옥 조카 등이 만암에게서 눈을 떼지 않았다. 눈발이 점점 굵어졌다. 눈을 쓸던 사미승도 내리는 눈을 감당하지 못하고 빗자루를 든 채 향적전만을 바라봤다. 대중이 점심 공양을 마친 후 두 시간 쯤 지났을 때였다. 만암이 눈을 바라보며 작게 웃었다.

"눈이구나. 풍년이 들겠구나."

다시 눈에서 눈을 떼고 제자들을 바라봤다.

"갈 때가 되었다."

제자들이 눈물을 삼켰다. 고개 숙인 제자들을 바라보며 그윽한 눈길로 차례차례 쓰다듬었다.

"공부 잘해라. 백양사를 살려라."

만암이 몸을 벗었다. 좌탈입망坐脫立亡, 앉아서 숨을 거두었다. 순간 눈발이 허공에서 멈췄다. 흡사 흰 만장이 펄럭이는 것처럼 보였다.

법랍 71세, 세수 81세. 만암종헌, 백양산인, 일휴노납이 떠났다. 저 언덕으로 흰 산양을 앞세우고 떠나갔다. 남은 자들의 울음이 눈 속을 뚫고 백양사에 퍼졌다.

하늘이 무너졌다. 제자들과 신도들이 향적전으로 모여들었다. 흰 건을 쓰고 흰 상복으로 갈아입었다. 마을 사람들이 눈발을 헤치며 산문을 넘어왔다. 그분이 어떤 분인데, 가신 스님을 위해 우리가 할 수 있는 것이 무엇인가. 받기만 했는데 가신다니 막상 드릴 것이 없구나. 참으려 해도 나오는 눈물을 어찌 할 수 없네. 참말로 따뜻하신 분이여. 우리 스님 짠해서 어찌할꼬. 다음 생에도 스님과 함께 살고 싶네. 백학봉이 그런 광경을 내려다보고 있었다.

주민들이 모여 상여를 만들었다. 백암산에 올라 소나무를

법랍 71세, 세수 81세.
백양산인, 일휴노납,
만암종헌이 떠났다.

베었다. 만암을 닮아 곧게 자란 소나무들이었다. 톱질에 나무들이 눈송이를 털어내었다. 푸르고 푸른 소나무의 출렁거림이 흡사 노래 같았다. 평생 낮은 곳에서 남루하게 살았기에 마지막 길은 좋게 모시고 싶었다. 삼층 상여로 모시기로 했다. 삼층 상여는 마을에서 처음 만들어보는 것이었다. 톱질 하나, 망치질 하나에도 정성이 들어갔다. 삼층 상여는 사흘 만에 완성되었다.

영결식 날이 밝았다. 삼층 상여가 떠나갔다. 상여는 32명이 운구했다. 다비장은 큰절에서 500미터쯤 떨어져 있었다. 무릎까지 눈이 쌓였다. 그럼에도 엄청난 인파가 모였다. 목격자들은 만 명도 넘는다고 헤아려 본 것처럼 얘기했다. 상여가 다비장에 도착했음에도 행렬의 꼬리는 큰절을 떠나지 못하고 있었다.

"울지 않는 사람이 없었어요. 남녘에서 엄청난 사람들이 몰려들었습니다." (가인 마을 이장 한봉운)

흰 눈이 산을 덮고, 그 눈을 사람이 덮었다. 이윽고 연화대에 법구를 모셨다.

"나무아미타불 나무아미타불 나무아미타불…"

제자들과 신도들이 연화대 주변을 돌며 아미타불을 불렀다. 제자들이 연화대에 불을 붙였다. 흰 눈 속에 빨간 불이 타올랐다. 제자와 신도들 울음이 불길과 함께 허공으로 솟구쳤

마을 사람들이 만든 삼층 상여를 앞세우고
대중이 뒤따르고 있다.

다. 하지만 만암은 아무런 답도 하지 않았다. 인생에 어디 그 끝이 있다던가. 그 끝을 찾음이 어리석은 것 아닌가. 만암은 이리 일렀다.

> 생사는 본래 그 끝을 벗어나지 않는 것
> 괴로움과 즐거움 다름없어 다 같이 짝한다네
> 사람의 성품은 선함도 악함도 없는 것
> 화와 복은 함께 돌아 근본이 명료하도다

한편 기뻐하고 한편 슬퍼함도 꿈같이 덧없는 일
혹은 옳고 혹은 그르다 함이 어찌 참이라 하리

다비장에서도, 큰절 백양사에서도, 사하촌에서도 다비장을 향해 두 손을 모았다. 바로 그때, 만암을 태우는 다비장의 연기 너머로 홀연 무지개가 떴다. 한두 사람이 본 게 아니었다. 한겨울 눈 산 위로 떠오른 선명한 무지개.

"다비 중에 무지개가 떴어요. 제 눈을 의심했지요. 한 10분쯤 있다가 사라졌어요." (가인 마을 이장 한봉운)

다비식이 끝나고 연화대 아래 땅속에 묻어 두었던 명당수 항아리를 꺼내어 물을 비우던 손상좌 수산의 손길이 떨렸다. 물을 비워낸 항아리 속에서 반짝이며 나오지 않는 작은 물체를 발견하고 대중스님들과 함께 확인했다. 이윽고 사리 8과를 수습했다. 세상은 온통 백색인데 크고 작은 사리는 영롱했다.

曼庵

글을 마치며

부처의 길에서 멀어진 이들은
만암 스님이 무서웠을 것이다

백양사에 갈 때마다 백암산 백학봉을 올려다봤다. 학바위는 밤마다 학이 되어 내려와 하얀 날개로 경내의 삿된 것들을 쓸어낼 것처럼 보였다. 열 살에 처음 백양사 산문을 넘은 만암 스님도 백학봉을 올려다봤을 것이다. 동자승은 무슨 생각을 했을까. 어머니를 그리며 눈물을 훔쳤을 것이다. 아마 밤에는 학바위를 타고 고향집 마당에 내리는 꿈을 꾸었을 것이다. 하지만 어머니는 2년 후 세상을 뜨고 스님 가슴에 품고 있던 한 세상이 무너졌다.

"세상의 인연이 이미 박薄하고 입산한 지도 오래지 않았는데 또 이런 변을 당하게 되매 이는 바로 불문에 중이 되는 길밖에 없으니 문득 이 일을 당하여 인간 세상에 참혹한 일을 어찌 다 이르겠는가."

이 말이 스님의 일생이며 구도였다. 스님은 속명이 있을 터인데 이를 아무에게도 말하지 않았다. 그래서 속가 이름을 아무도 모른다. 그것은 어떻게든 속세의 인연들을 끊어보려는 처절한 결기였을 것이다. 이후 '중이 되는 길'에서 벗어나지 않았다. 그 길은 멀고도 험했다. 감히 그 길 위에 함께 서볼 수는 없었지만 발자취만으로도 알 수 있었다. 걸음걸음이 맑고 향기로웠다. 그리고 속인의 감각으로는 그 속에 쓸쓸함이 묻어 있었다.

저 언덕으로 넘어가신 스님을 찾아 헤맨 세월이 3년 남짓이다. 큰스님의 행장을 좇는 일은 참으로 힘이 든다. 만암 스님처럼 속뜻이 깊고 겸손이 육화된 고승은 그 삶과 사상을 엮어내기가 더욱 어렵다. 실로 힘든 작업이었지만 그럼에도 스님의 자비로운 행적들이 묘한 힘을 솟아나게 했다.

새로운 자료를 찾을 때마다, 새로운 사실을 발견할 때마다 스님의 공력이 산보다 높아서 놀라웠다. 스님은 자신의 공덕을 자랑하지 않았다. 그래서 잘 알려지지 않았다. 한국전쟁이 발발하고 군인들이 빨치산의 은신처를 없애겠다고 사찰마다 불을 질렀다. 백양사도 예외가 아니었다. 그때 스님은 대웅전에 홀로 앉아 군인들을 맞았다.

"나를 잡아가시오. 부처님만은 지켜주시오."

군인들은 스님이 어떤 망설임도 없이 목숨을 내놓자 총부리를 거두고 철수했다. 결국 부처님을 지켜낸 스님이 부처였다. 그런 일화는 세상에 알려도 되련만, 그래서 역사에 아로새겨도 좋으련만 스님은 대수롭지 않게 여겼다.

스님은 자비가 무엇인지를 깨달았던 선승이셨다. 사찰을 장악하고 정법을 어지럽히는 대처승들을 가장 호되게 꾸짖었지만 정작 불교정화를 내세워 대처승을 내치자고 할 때에는 무자비한 처사라며 단호히 반대했다. 스스로 옳다고 여기는 일에는 어떤 타협도 안했지만 약자들에게는 한없이 너그러웠다. 개혁과 정화를 내세워 부처의 길에서 멀어진 이들은 만암 스님이 무서웠을 것이다. 그 앞에 서면 부끄러웠을 것이다.

누구도 스님이 눕고 일어나는 것을 보지 못했다. 보이지 않는 곳에 스님이 계셨다. 스님이《만암 평전》을 보신다면 '내가 들

글을 마치며

어있지 않다'고 하실지 모르겠다. 무주상보시, 남을 도와도 그 흔적이 마음에 남아있지 않으니 다 잊으셨을 것이다.

만암 큰스님의 행적을 문자로 남기기에는 지혜와 필력이 모자람을 고백한다. 그럼에도 많은 이들의 울력으로《만암 평전》을 펴낼 수 있었다. 무공·만당 스님과 백양사 문중의 성원에 감사드린다. 조계종출판사와 편집진의 노고에도 감사드린다.

2025년 새해
김택근 두 손 모음

지금 읽어도 큰 울림과 가르침이 있어
《만암문집曼庵文集》(1967년 발행)에 실린
만암 스님의 글을 몇 편 가려뽑아 싣습니다.
글 가운데 일부는 지금 쓰는 말로 고친 것도 있습니다.

부록

불교담병 佛教談柄

서언序言

　불도佛道는 부언浮言이 아니요 지극히 현묘玄妙하여 의논議論을 더할 수 없다. 지금에 우리 교敎를 위해 미력微力을 바침에 있어서 언설과 문자를 더한다는 것은 가히 이르자면 본래의 취지에 너무 벗어나는지라, 욕교반졸欲巧反拙이요 조문상덕彫文傷德의 기롱을 면하기 어려울 듯하다.

　아무리 종자기鍾子期의 지음知音이 있다 하더라도 백아伯牙가 거문고를 타지 아니하면 어찌 그 소리가 아아峨峨하고 양양洋洋함을 분별하겠는가. 그러므로 염화미소拈花微笑가 이심전심以心傳心의 묘처妙處를 시정한담市井閒談이 격외종지格外宗

旨를 이루었다 했다. 그래서 소동파蘇東坡가 이르기를 '계성즉시광장설溪聲卽是廣長舌이요 산색무비청정신山色無非淸淨身이라' 즉, 시냇물 소리가 바로 광장설廣長舌이요 산빛은 청정신淸淨身 아님이 없다고 했다.

이같이 알아 체득하고 이같이 믿어 체달한다면 언언言言이 다 다른 곳으로부터 오는 것이 아니요 법법法法이 다 개중個中을 좇아가는 것도 아니다. 또한 개중個中도 별처別處도 아닌 그 곳은 어느 곳을 가리킴인가. 이를 간파하여 깨달음을 얻는다면 지금 이른바 담병談柄이라는 것도 다른 곳이 아닌 개중個中을 좇아 나오는 것이라, 따로 있지 않다는 것을 자신自信한다.

불교의 명칭名稱

불佛은 범어이니 한역하면 각자覺者요, 교敎는 도道이니 각자가 깨달은 바, 도道가 지극히 선善하고도 평등하여 물아物我의 상相이 공空하며 광대하여 심원하여 금고今古의 감感이 끊어졌다. 세간世間이나 출세간出世間에 무량 무수한 중생이 다 기국器局과 지기志氣를 따라서 공과功果를 이루면 죄가 소멸되고 복福이 생생하며 우치愚痴가 바뀌어 지혜가 이루어져 저 낙원의 동산東山과 각수覺樹의 춘방春邦에 흡연恰然히 법귀의法歸依하게 되리라 믿는다.

불교의 근원根源

나무는 뿌리가 있고 물은 근원이 있음과 같이 불교의 근원은 곧 중생심衆生心이다. 이 마음 가운데는 각覺과 불각不覺 두 가지가 있다. 불각의不覺義를 좇으면 무명無明의 일풍一風으로 망념妄念이 갑자기 일어나며, 이 망념으로 인하여 일체 근신根身(육근을 가진 몸)과 기세간器世間(유정이 사는 세계)이 일어난다.

이러한 경계가 마음에서 일어남을 알지 못하고 물아物我에 대한 집착이 견고堅固하여 탐진치貪瞋癡 등의 갖가지 조업造業이 끊임없기에 필경에는 육도六途, 사생四生 등의 육법계六法界를 윤회輪廻하게 된다. 이를 염연기染緣起라 한다.

각의覺義를 좇아 고통을 두려워하는 한 생각으로 비悲, 지智, 원願 삼심三心을 개발하여 아집我執의 마음을 멸滅하고 법집法執의 마음이 점차 사라져 삼십칠조도품三十七助道品의 훈력熏力으로 상적상조常寂常照한 참다운 경지에 이르러 성문聲聞, 연각緣覺, 보살菩薩, 불지佛地 등 사법계四法界를 성취成就한다. 이를 '정연기淨緣起'라 일컫는다.

이상 십법계十法界가 모두 중생심衆生心을 떠나서는 그 자체를 체득하지 못하는 것이다.

불교의 진리眞理

천지天地가 나와 더불어 같은 뿌리요 만물萬物이 나와 더불어 한 몸뚱이라 하니 그 일체동근一體同根의 진경眞境은 허명무상虛明無相하여 말의 길이 끊어지고 마음 갈 곳이 멸하므로 지능知能과 식견識見으로는 알 수 없는 것이다.

옛 조사가 이르기를 '고불미생전古佛未生前에 응연일상원凝然一相圓이라 석가유미회釋迦猶未會커든 가엽개능전迦葉豈能傳'이라 했으니 즉, 고불古佛이 생生하기 이전에 응연凝然하여 일상一相이 뚜렷하도다. 석가도 오히려 알지 못하였거든 어찌 가섭迦葉이 능히 전하리오 하였다.

그러므로 고금古今에 불조佛祖가 이 경우에 즈음하여서는 오직 양구良久 또는 불식不識으로 그 동정動靜과 작용을 보여 배우는 자로 하여금 스스로 증득證得하여 깨닫게 하였다. 한 마디의 말로 이르자면 '여인음수如人飮水에 냉난자지冷暖自知라' 즉 마치 사람이 물을 마실 때 차고 더운 것을 스스로 아는 것과 같다.

불교의 정신精神

정신精神이라는 말은 인생에 한限하여 일컫는 명사이다. 그렇다면 어떤 이유로 교문敎文에 쓰여졌는가? 예를 들어 인생이 만일 참다운 정신이 없다면 바로 광인狂人 아니면 우인偶人이라 산다는 기분이 없을 것이다. 바로 정신이 없다면 그 교문敎文에 천함만축千函萬軸이 쌓였다 해도 모두 진언부사陳言腐詞로 돌아가고 말 것이니 우리에게 어찌 필요함을 느끼겠는가?

이는 그렇지 않아 말마다 계박繫縛을 제거해주고(解粘去縛) 글귀마다 응병여약應病與藥 아님이 없으니 번뇌煩惱를 끊고 보리菩提를 증득하여 생사生死를 깨뜨려 열반涅槃을 증득하게 한다. 인생이면 한마디로 참다운 정신을 선천적으로 타고남과 같이 자각각타自覺覺他의 중요한 골자가 장엄莊嚴된 교문일 것이다.

불교의 방편方便

달이 중봉中峰에 숨은 것은 부채를 든 것에 비유하며, 바람이 태허太虛에 그치는 것은 나무를 움직여 깨우친다. 부채가 곧 달이 아니오 나무가 바람이 아니지만 그 달과 바람을 동경하는 사람에게는 부채와 나무를 배반하기에 마땅히 기연機緣으로 우리 중생도 자기의 본분면목本分面目을 바로 깨달아 각원覺苑에서 청풍淸風을 희롱하고 각천覺天에서 밝은 달을 탄토吞吐(삼킴과 뱉음)하는 경우는 물론이거니와 그 반면에 선열禪悅

의 음식에 기화飢火(아주 심한 시장기)가 성하고 반야의 물에 갈정渴情이 심한 경우에는 반드시 불조佛祖의 언교와 방편에 의지하여 생사애두生死崖頭에서 안신입명安身立命의 전지田地를 얻게 될 것이다.

불교의 종지宗旨

옛 조사가 이르기를 "불조출세佛祖出世가 무풍기랑無風起浪이라. 청천靑天에 벽력霹靂이 일고 평지에 파도를 일으킴이니 어째서인가?" 하였다. 나의 심성心性이 본래 원성圓成하여 단고단금亘古亘今에 덜함도 없고 더함도 없기에 인인각하人人脚下에 청풍淸風이 스쳐가고 개개면전個個面前에 명월明月이 밝도다. 처처녹양處處綠楊에 감히 말(馬)을 매며 집집마다 길이 있어 장안長安으로 통하도다. 교화자敎化者 누구이며 수화자受化者 누구이겠는가. 도솔천兜率天을 벗어나지 않고 왕궁王宮에 하강下降하였으며 모태母胎에서 나오기 전에 중생 제도를 이미 마쳤다 하니 어찌 나를 속임이리오. 한마디로 여어如語며, 불광어不狂語며, 불망어不妄語로다.

이같이 종지宗旨에 조금이라도 상응함이 있어야 교문敎門에 들어가 허생퇴사虛生退死하는 회한悔恨이 없을 것이다. 우습도다, 이것이 무엇인가?(呵呵是甚麽) 돌咄! 누핍불소漏逼不少로다.

인생관人生觀

이를 간단히 말한다면 인연因緣이라 하겠다. '인因'은 무엇인가? 바로 나의 본성本性이 그것이다. 연緣은 무엇인가? 바로 나의 작업인 염정연染淨緣이 그것이다.

그렇다면 인연의 의의意義는 무엇인가. '인因'은 종자種子와 같고 '연緣'은 물과 흙과 같으니 설령 종자가 있더라도 물과 흙의 연을 가자假藉하지 않는다면 종자가 자라지 못함과 같다. 대저 사람은 개개인 모두가 본성本性을 온전히 지니고 있으니 이 성품은 천지天地 보다 먼저이나 그 처음이 없고 천지보다 뒤라 해도 그 끝남이 없으니 바로 이를 불생불멸不生不滅이요, 부증불감不增不減이라 일컫는다.

이 성품은 사람마다 같다. 사람마다 같을 뿐만 아니라 모든 중생과 제불諸佛이 한가지로다. 제불諸佛은 일찍 정연淨緣을 좇아 본성을 여실히 수련하였기에 성품 가운데 함장含藏한 항하사恒河沙 같은 공덕功德을 무루無漏히 증득證得하여 자재自在하게 수용受用하나 우리 중생은 염연染緣을 좇아 작업에 차별이 있으므로 지우智愚·현불초賢不肖의 감보感報가 천차만별하다. 그 사정邪正의 변태變態와 진망眞妄의 형상과 선악善惡의 보응報應이 소소력력昭昭歷歷하다. 이같이 염연染緣·정연淨緣을 좇아 선善을 짓고 악惡을 짓는 것이 한량없고 끝이 없으므로 중생의 번뇌가 다함이 없다. 다함이 없기에 생사生死가 다함이 없으며 다함이 없기에 따라서 제불諸佛의 교화教化 인연因緣이 끝이 없다. 이것이 바로 인생관人生觀은 인연因緣이라 일컫는다.

생사관生死觀

산다는 것은 무엇인가? 곧 만물이 번영하는 것과 같다. 죽었다는 것은 무엇인가? 곧 만물이 조락凋落하는 것과 같다. 그렇다면 번영하는 것은 바로 조락의 근본이요 조락은 바로 번영의 근본이다.

사람의 생사生死도 그와 같아서 한마디로 지우智愚·현불초賢不肖를 막론하고 생사에 대한 관념이 경중의 차별은 있다 해도 전혀 무심하다고는 말하기 어려운 것이니 어째서인가? 이른바 우愚와 불초인不肖人의 경우에는 잠시 동안이라도 자기를 위해 무쌍無雙한 행복과 영원한 안락을 꿈꾸므로 그 삶에 대한 금성철벽金城鐵壁의 견고한 관심이 경경불기耿耿不己할 것이다.

지인智人과 현인賢人의 경우에는 어떠한 인연이든 이 몸이 이 세상에 붙어 있는 이상 초목과 더불어 함께 썩어가는 무의미한 존재라 특히 남을 위하고 자신을 위하여 도덕道德으로 일신一身을 닦고 공덕功德으로 만물을 베풀어 즐거움을 즐기고 남의 근심을 근심하니 생사의 관심은 다 같은 경우이나 그 경중의 차별은 과연 어떠한가? 사람의 생사관이 그 정도에 따라서 이같이 다르니 이는 세간상世間相에 있어서 피할 수 없는 차별이겠으나 만약 출세간상出世間相의 입지立地에서 논한다면 생사거래生死去來가 푸른 하늘에 뜬 구름이 떴다가 사라지는 것과 같다.

우리 법신法身 당체에 환화공신幻化空身의 거래去來도 이와 같다. 이른바 이 몸이 죽는다 해도 죽음을 슬퍼할 것이 없는 것이니 천강유수천강월千江有水千江月이요, 이 몸이 살아 있어도 애착愛着하지 않으니 만리무운만리천萬里無雲萬里天이로다. 이러한 인생관이 또한 같지 않겠는가.

오인吾人의 불교관佛敎觀

내가 '불교관佛敎觀'을 말하는 것은 이른바 좌정관천坐井觀天의 우愚를 면하지 못하는 바이겠으나 각기 그 지식의 심천深淺을 따라서 우열의 차이가 있으니 그 기국器局을 따라서 감득感得한 바는 같지 않을 것이다.

그러므로 나 개인의 소감 일부를 시론試論하면서 특히 '오인吾人' 두 자를 첫머리에 덧붙였다. 불교는 절대 평등이요 절대 공기公器이다. 그러므로 대각세존大覺世尊께서 소아小我를 버리고 대아大我를 성취하옵소서. 나와 남이 둘이 없는 가운데 근기에 따라 접인接引하되 이사理事와 권실權實을 설說하여 어두운 밤에 밝은 빛이 되고 길을 잃은 자에게 정로正路를 보이시는 무장애無障礙하고 청정한 혜안慧眼으로 간택揀擇이 없고 취사取捨가 끊어진 무한無限의 교화 방편은 한마디로 춘풍春風에 고하高下가 없는 것과 같도다.

그러나 춘풍은 원래 고하가 없지만 꽃가지에 길고 짧은 것이 있는 것과 같이 중생의 습기習氣가 같지 않고 성력誠力이 같지 않아 도를 이룸에 있어서 더디고 빠른 것이 천차만별이요 공功을 닦는데 우열이 각각 다르니 이는 수화자受化者에 한하여 그 세勢가 고연固然한 일이다. 원만 성취에 이르러서는 또한 절대 평등이요 절대 공기인지라 이러한 도리는 사람에게 있고 물물物에 있는 것이 아니요 유정有情에 있고 무정無情에 있는 것이 아니다.

그러므로 입세용녀入歲龍女가 헌주성불獻珠成佛함도 있고 일인발진귀원一人發眞歸源하니 시방허공十方虛空이 발진귀원發眞歸源이라 했다. 때문에 나의 불교관은 원동태허圓同太虛하여 무결무여無缺無餘며 색공불이色空不二하여 부증불감不增不減이며 무친무소無親無疎하여 물아불분物我不分이며 선악구공善惡俱空하여 원친일여冤親一如로 절대평등絶對平等이요 절대공기絶對空器라 일컫도다.

새로운 면목

　본납本納이 나이 팔순에 오랫동안 국가의 동란動亂으로 인하여 한없는 곤경을 겪는 도중에 승가에 한하여 노소老少를 막론하고 각기 명한命限에 붙여 혹 불행히 이 세상을 떠나간 그 수를 들기 어렵다. 동란이 조금 누그러진 금일今日에 모두 한자리에서 만나게 된 기연機緣은 매우 감사하며 겸兼하여 신선新鮮한 관념關念은 이 노쇠한 처지에 불후不朽의 영행榮幸을 느끼며 더욱 의지意志를 소통케 된 것이 가장 새로운 면목面目이라 하겠다.

　또 금번 회석會席은 국가로부터 사찰 보전保全을 고려하여 기왕既往 분배된 토지를 자경답自耕畓으로 환급還給하게 된 것은 불타광중佛陀光中에 신명神明이 부호俯護한 천록天祿이라 이르겠다. 다시 논론論하면 전례前例가 없는 일이매 누가 희유希有의 감격을 느끼지 아니하리오. 그렇다면 이는 불타의 원력 가운데 제천諸天이 의식衣食을 베푸는 일이라 우리 교단에 신앙을 북돋는 데 새로운 면목이라 이르겠다.

앞에서 우리는 누구를 막론하고 감격한 마음이 넘치는 때에 자연 지은보은知恩報恩의 감상이 태동할 것이다. 이것이 발휘發揮함으로 인하여 안으로 청심과욕淸心寡欲(마음을 깨끗이 하여 욕심을 적게 가짐)에 진력 분투하여 불타의 정신이 충만할 것이며 밖으로 국리민복國利民福에 긍긍업업兢兢業業하여 보국報國의 단성丹誠이 스스로 일어날 것이다. 이같이 노력하고 이같이 활동하면 무쌍無雙한 광명이 안팎으로 형조逈照할 것이다. 그리하면 우리 교단에 보은을 절규絶叫하는 정신은 새로운 면목이라 이르겠다.

옛날 우리 교단 생활은 앞으로 상주재산常住財産의 집취集聚한 유택遺澤과 밖으로 단신檀信 제가諸家의 임시원조臨時援助로 정신상의 활동에 부단不斷의 노력이 있었으나 육체적 노력은 혹 부족하다는 비난도 있었다. 금후今後로는 이 자경농自耕農으로 인하여 반농반선半農半禪의 생활과 주경야독晝耕夜讀의 고풍을 준수하여 자작자급의 미풍美風을 발휘한다. 또 옛 선사의 '일일부작一日不作이면 일일불식一日不食'의 가풍을 실천하게 되는지라 이도 우리 교단의 근로 생활을 권발勸發하는 취지에 새로운 면목이라 이르겠다.

현재 우리 교계敎界를 주찰周察하건대 거개가 산간임하山間林下에 안신입명安身立命의 생활을 도모하기 어려운 이유는 췌론贅論할 필요도 없이 도시불교都市佛敎를 재흥再興치 않으면 불타의 혜명慧命을 존속하기 어려운 경우에 처하리라. 이는 오백 년간 임하林下로 구축驅逐된 불교가 다시 대중화하여 나려羅麗의 명랑한 고풍을 계승하게 된 바라 이제 신세계에 새로운 발족을 하게 된 것이다. 이를 어찌 하루라도 등한等閑히 하겠는가. 그러하니 이는 우리 교단이 대중화할 방책상方策上 새로운 면목이라 이르겠다.

이왕 우리 불교 자체가 대중화하기 위하여 도시로 진출하여 일반사회와 접근하는 가운데 대부분 우리 법려法侶가 일율적으로 사회에 모범을 보이기 어려움은 요원燎原의 사실이니 우선 주지급과 포교사급의 청장년 강습이 급선무라고 생각한다. 이밖에 딴 계획을 주선周旋함 보다 먼저 해결해야 할 문제로서 실천에 옮기는 것이 우리 교단의 위신을 세우는 가장 새로운 면목이라 이르겠다.

왜구의 침입 이래로 우리 불교의 정법안장正法眼藏 중에 계명戒命이 피탈被奪되어 동법신同法身이 한마디로 반신불수半身不遂로 자유롭지 못하던 중 다행히 전년前年 교무회의의 현명한 제위의 고안考案으로 법체法體의 원만함을 얻었음은 또한 불일의 광명이 다시 비추리라 본다.

차제此際에 동교헌조문同敎憲條文 단서但書에 교화승단敎化僧團은 부재차한不在此限이란 예례는 당唐 현장법사玄奘法師가 규기법사窺基法師를 훼금효승毁禁效僧한 경우로 인준認準하고 저간這間 이왕 책임을 가졌던 사람은 누구를 막론하고 임면任免에 관계할 수 없으며 개정改定된 후 단但 신진인물新進人物에 제한된 것임을 거듭 천명闡明하오니 언간這間, 근 이십 년에 암흑暗黑한 불광佛光이 다시 회생하게 된 인연은 우리 교단 운영에 새로운 면목이라 이르겠다.

마치 세상에 기차의 운전은 기관사에게 매였고 선박의 운행은 선장에게 달려 있는 것과 같이 우리 교단의 운영은 대주지大住持 장로급長老級에 있는 바 현하 교단 상황을 일별一瞥하면 오랜 활동 가운데서 그 파상破傷된 험처險處를 논한다면 백공천창百孔千瘡이라, 그 적체積滯된 방면을 열거한다면 태산

거악泰山巨岳이요, 그 추진할 사업을 관망하건대 천파만퇴千波萬退임이 사실이다. 이제 시국이 점차 안정되어 가는 때임에도 우리 교문敎門은 울울鬱鬱하고 답답하여 번민煩悶을 금할 수 없던 이날 이때에 새로운 면목이라 할 수 있다.

옛 조사의 시에 '그물을 헤치고 빠져나온 어류魚類는 물속을 벗어나 건곤乾坤을 뒤덮어 진렵파미振鬣擺尾한다'는 취지는 굳센 정신과 용맹이 그와 같다면 도업道業을 쉽게 이룰 수 있다는 의미다. 지금 우리 종단도 또한 위와 같은 훌륭한 인물을 추대推戴한다면 이같이 어지럽고 복잡다단한 교해敎海를 용이容易하게 정돈整頓할 수 있을 것이다. 다시 생각하면 그런 인물이 어느 시대 어느 곳인들 없지 않겠지만 다만 그 시대 그 처지가 아님에 원인이 있다고 생각한다. 우리는 한갖 시대와 처지가 도위到違함만 희망하는 것이 가장 새로운 면목이라 할 수 있다.

이제 국가의 동란이 조금 수그러져 재건운동再建運動이 활발하게 전개되는 중이니 우리 교단도 모든 사람의 심모원려深謀遠慮를 십분발휘하여 당당히 추진하고 있는 가운데 신혼식단神昏識短하여 급백皀白을 불찰不察하겠으나 심후深厚한 불은佛恩에 우중愚忡을 견디지 못하고 조리條里가 없고 무질서한

부록

언사로 중언부언重言復言하여 몇 개 조항條項의 '새로운 면목'을 열거하여 여러분의 정청靜聽을 현란眩亂케 하여 공구막심恐懼莫甚하나이다. 끝으로 한 게송을 창창唱하니,

    서기瑞氣어린 웅장한 고을에 성스러운 가람伽藍
    문득 부처님을 만나 활연히 안광眼光이 열리도다
    덕德 높은 훌륭한 명사와 담화談話를 나누매
    일만 멧부리 일천 바위보다 귀하도다
    瑞山雄府聖伽藍 忽得仙陀開潤眼
    高德明師接話談 貴乎萬峀與千岩

    계사癸巳(1953년) 중추中秋
    일휴산인一休山人 유송乳松 염향拈香

유시諭示
제12회 정기중앙교무회定期中央教務會

오늘 자玆에 제12회 정기중앙교무회의에 임臨하여 노납老衲이 평소 소회所懷의 일단一端을 선시宣示함을 크게 기쁘게 여기는 바입니다.

적년積年의 전쟁은 이제 초헐稍歇하고 정치회담도 계속하고 있으므로 불원不遠한 장래에 남북통일의 서광曙光이 밝아오는 이때에 제덕諸德이 일당一堂에 모여 교단의 만기萬機를 공론公論하게 되오니 광대廣大한 불은佛恩에 감격무지感激無至하옵니다. 기다幾多의 의제議題로써 상의商議에 여념餘念이 없을 줄로 짐작하오나 특히 부탁할 말씀은 다음 몇 가지입니다.

첫째, 주지급住持級과 포교사급布教師級의 청장년을 재교육

해야 되겠습니다. 이왕 우리 불교가 대중화하기 위하여 도시로 진출하였으니 우리가 일반 민중의 사표가 되기 위해서는 포교布敎에 나서는 인물의 철저한 훈련이 먼저 이루어져야 합니다.

둘째, 계명戒命의 존속存續입니다. 왜정침입倭政侵入한 이래 우리 불교의 정법안장正法眼藏 중 계명戒命이 피탈被奪되어 동同 법신法身이 반신불수半身不隨가 되었던 것을 다행히 거년去年 대회에서 제덕諸德의 용단勇斷으로 법체法體의 원만圓滿을 얻게 된 것은 실로 이 나라에 불일佛日의 재휘再輝라 이르지 아니할 수 없습니다.

셋째, 전재戰災 사찰寺刹의 부흥문제復興問題입니다. 제덕諸德은 전재戰災 가람伽藍의 양상樣相과 수난受難, 법중法衆의 고민처苦悶處에 착안유의着眼留意하여 어떻게 하면 이것을 단시일 내에 복구할 수 있을까 하는 묘안기책妙案奇策을 확립하여야 될 것입니다. 그다음 노납老衲의 희망은 현하現下 칠천법려七千法侶는 청병반도淸兵半島 삼천만 대중의 기관수機關手요, 오늘의 교무의원 제덕諸德은 칠천법려七千法侶의 기관수이니 그 지위와 책임이 어떠한가를 돌아보아 옷깃을 천인千仞의 멧부리에 떨치고 발을 만리의 흐르는 물에 씻어 우리 불세존佛世

尊의 정법안장正法眼藏과 열반묘심涅槃妙心을 운용하여온 나려羅麗 이래 우리 선사고덕先師高德의 광풍제월光風霽月과 같은 정신을 충분히 체달하여 만일의 유루遺漏와 결점이 없도록 노력하여 주옵기를 바랄 뿐입니다.

끝으로 노납老衲이 노쇠한 탓으로 친히 의당議堂에 임하여 제덕과 면접상조面接相照치 못하고 멀리서 중언부언重言復言의 무사蕪辭로 대함을 못내 송구스럽게 여기며 회기 중 제덕諸德은 화기애애和氣靄靄한 가운데 제반의사諸般議事를 진중하게 심의하여 유종의 미를 거두어 주옵기를 합장하여 간절히 바라옵니다.

이상 개회開會에 즈음 일언으로 유시諭示를 가름하나이다.

서기 1953년 11월 28일
교정教正 만암노납曼庵老衲 종헌宗憲

선시宣示
제13회 정기중앙교무회

오늘 자玆에 제13회 정기중앙교무회의 개회에 임하여 평소 소회의 일단을 선시함을 크게 기쁘게 여기는 바입니다.

평화통일을 포구하던 수부壽府(제네바) 회담도 마침내 결렬決裂되어 앞으로의 풍설風雪이 자못 위급을 예고하는 듯하며 또한 우리 교단敎團의 운명도 실로 간일발間一髮의 감感이 불무不無한 이때에 의원 제덕이 일당에 모여서 중요한 안건을 논의하게 되니 이는 참으로 그 책무가 중대하다고 봅니다. 이하 몇 말씀을 부촉付囑하고자 합니다.

첫째 교헌敎憲 개정안改正案의 통과입니다. 우리 한국불교는 고선사古先師께서 수립하였던 종파가 악정의 탄압으로 인하여 폐멸되었으나 그 종풍법의宗風法儀는 그대로 존속存續되고 있으니 차제此際에 공식으로 칭종稱宗하여 법당法幢을 높이 내걸 것이니 칭종을 중심으로 교헌을 종헌으로 개정한 헌장을 통과시켜야 하고 또한 이사판리事判 동조병행同調幷行의 미풍을 현양顯揚할 모든 조처를 의결해주기 바라옵니다.

둘째, 중앙기관의 재정 기초확립입니다. 이 문제는 전란 중 농지개혁에 의한 타격으로 일조일석一朝一夕에 회복하기는 어려울 줄 아오나 이럴수록 바로 승단僧團의 협심 합력이 요청되는 바이오니 여러가지 의무금義務金 제도를 강력히 실시하도록 입법조치立法措置하여 유일의 총무원總務院을 육성시켜야 할 것입니다.

셋째, 교풍정화敎風淨化입니다. 이는 노납老衲이 여러 해를 두고 주장해온 일이오나 왜정倭政의 지배로 또한 해방 후 자유풍조自由風潮로 인하여 끝내 구현하지 못했으나 시의도래時宜到來인지 요즈음 일반의 여론이 이에 대하여 관심을 갖는 듯하니 이 교풍敎風 문제를 잘 토의하여 어쨌든 법성일우法城一隅에 계명戒命이 일루면면一縷綿綿하도록 특히 힘을 더해주기 바랍니다.

부록

넷째, 사부四部의 단결團結입니다. 전국의 법려法侶가 그 수가 오천에 불과하고 신남신녀信男信女는 무려 수백만이라고 하나 아직 유기적인 조직이 되어 있지 않으니, 금후今後 착착 연결기구를 구성하려니와 우선 법려만이라도 이전의 갑절로 친목단합하여 이 난관을 무난히 돌파하여야 되겠나이다.

근간近間 즉 칭종입헌稱宗立憲을 계기로 분종열파分宗裂派를 주장하는 법려가 있다 하나 우리 불교의 전통과 종풍으로 보아 아직은 이런 분열의 단계 까지는 이르지 아니하였으나 좀 신중愼重히 하여 더욱 단결하여 주기를 간절히 바랍니다.

끝으로 노납이 노쇠한 탓으로 친히 의당義堂에 임하여 제덕과 면접상조치 못하고 멀리서 몇 마디 무사無辭로 대함을 못내 송구스럽게 생각하며 회의 중 제덕은 화기애애한 가운데 제반 의사를 신중히 심의審議하여 유종의 미를 거두어주옵기를 간절히 바라옵니다.

이상 개회에 즈음하여 일언으로 선시宣示하나이다.

서기 1954년 6월 20일
교정校正 만암종헌曼庵宗憲

종정훈사 宗正訓辭

제14회 중앙종회 中央宗會

천시天時는 정正히 찬 기운을 발휘發揮하려 하고 국가는 정正히 다사多事한 이때에 우리 교계敎界까지 미묘한 사태로 말미암아 불시不時에 여러분을 모으게 된 것을 극히 미안하게 여기는 바입니다.

우리나라 불교가 노대老大하기도 하지만 오백여 년의 고압高壓과 사십 년간의 위도僞導로 말미암아 점차 제이第二 천성天性으로 변하여 나려羅麗 불교의 황금시대에 비하면 운니雲泥의 차差로 가위可謂 본래면목本來面目을 상실하고 있으므로 개혁이니 유신維新이니 하는 운동을 부르짖은지 오래였고 혁신정화革新淨化도 꾀하지 아니한바 아니었으니 연구年久한 적폐積弊를 일조一朝에 돈거頓祛치 못하여 해마다 탁상공론으로 돌아가게 된 것은 사실입니다. 그러나 이제 의논시대議論時代를 지내고 실천으로 옮기지 않으면 안 되는 단계에 직면하고 있습니다. 일시일각一時一刻을 천연遷延할 수 없는 위기에 도달한 것은 모두가 자성自省이 맹렬하지 못하였던 것입니다. 그러나 왕자往者는 불가진不可進이지만 작비금시昨非今是가 늦지 아니하니, 우리들은 금일의 각근하脚跟下로부터 맹연猛然히 궐기蹶起하여 정화로 나아가기를 맹약하자는 것입니다. 그러나 화합和合과 무쟁無諍의 근본관념을 떠나지 말고 원만한 공결公決이 있기를 바라마지 않는 바입니다.

서기 1954년 11월 20일
종정宗正

종정宗正의 선시宣示

제15회 중앙종회

    작년 11월 제14회 중앙종회 후 불행히도 우리 태고太古의 문손文孫은 미증유未曾有의 수난受難 밑에 일 년이 가깝도록 신교자유信敎自由의 보장을 받지 못하고 있는데 다행히도 국법의 공정한 재결하裁決下에 또다시 오늘 제덕과 함께 일당一堂에 모여 종문의 만기萬機를 재론再論하게 됨은 참으로 희흔喜欣을 금할 길 없습니다.

    돌아보건대 과거 일 년간은 불리한 환경 속에서 종문宗門의 모든 기능이 휴면休眠과 함께 종단의 질서 및 종정宗政이 문란하여진 것은 실로 통탄을 금할 수 없는데 이제 모든 조건이 우리로 하여금 화쟁和諍의 문호를 활짝 개방하도록 주선하고 있습니다. 원래 우리 한국불교는 려말조선조麗末朝鮮朝에 교리와 승단조직僧團組織으로 보아 선교와 이사양문理事兩門이 판연辦然히 별개別開되어 각기 수행과 교화로써 국가의 비업조業에 익찬翼贊하여 왔던 것입니다.

때마침 분단된 국토의 통일을 앞두고 전민족의 대동단결大同團結이 요청되는 바 우리는 각기 순교殉敎의 대의에 입각하여 대사일번大死一番의 정신으로써 허심탄회虛心坦懷하게 화동和同의 길로 발맞추어 매진邁進하기를 바라는 바입니다.

이리하여 이사양문理事兩門을 통해 운귀북雲歸北, 수류동水流東의 본연 자태로 하루 속히 돌아가기를 지도지도至禱至禱하옵니다. 화동和同에 관한 노납의 사안은 일찍 작년 종회에 제안한 바 있는데, 지금도 그 제안에는 변함이 없으니 충분히 참고하여도 무방하리라 봅니다.

서기 1956년 6월 29일

불교佛敎 조계종曹溪宗 종정宗正 송종헌宋宗憲

불교문화의
올바른 신봉信奉

 우리 불교가 고구려 소수림왕小獸林王 때에 들어와 지금 1,600여 년간 불교를 숭봉崇奉함에 있어 오직 대승불교大乘佛教요 소승불교小乘佛教가 아님을 이해하고 신봉하는 데 가치가 있는 것이다. 이를 분별하지 못한다면 맹목적 불교에 지나지 않을 것이다.

 이에 먼저 대승과 소승을 분별코자 붓을 들었으니, 즉 소승불교는 불타佛陀께서 근기가 약한 사람에게 독선기신獨善其身을 목적하여 수행으로 비구계比丘戒인 사바라이四波羅夷(음淫·도盜·살殺·망妄)와 이백오십계二百五十戒를 설하였다. 이는 소학생小學生을 지도하는 규칙과 같은 것이다.

대승불교는 중류中流 이상 겸제인물兼濟人物을 지도하고자 십중계十重戒(殺·盜·淫·妄·綺·兩·惡·食·嗔·痴)와 사십팔경계四十八輕戒를 설하였다. 이는 대학생을 지도함과 같은 것이니 이는 바로 불교의 대승과 소승을 구별하는 계단이다.

그렇다면 한국불교는 나려羅麗 이래로 오직 대승불교의 유통流通이 명확하니 즉 신라의 원효元曉·원각법사圓覺法師, 고려의 도선道詵·대각국사大覺國師, 조선조의 서산西山·사명대사四溟大師 등이 모두 겸제인물兼濟人物로서 결코 독선獨善을 주장하는 위인爲人이 아님은 중언重言을 요하지 않는다.

8.15 해방 이후에는 옛날 같이 우수한 인물을 양성하는 기관은 적지만 전사찰의 재산을 연출捐出하여 각종 사업을 경영하고 교화사업을 벌여온 것은 이것이 나라를 위하고 백성을 위한 것이니 바로 대승불교의 정신을 발휘한 것이라 할 수 있다. 또한 종단 조직이 수행과 교화를 병행함은 불타 대승문하大乘門下의 원만한 이사무애理事無碍의 방책을 취한 것이니 이상이 불교에 대한 개론槪論이다.

다음은 문화에 대하여 논하고자 한다. 현재 보존된 문화를 검토하건대 오직 불교를 존숭해온 신라와 고려의 문화요, 불교를 탄압하고 억제한 조선조에 와서는 볼만한 문화의 표징標徵이 절무絶無하니 우리 민족은 이를 염두에 두지 아니할 수 없다. 그리고 현재 정부가 우리 불교에 대하여 존중은 고사하고 압박과 멸망을 기도하는 한 우리 종단은 염려와 의구심疑懼心을 품지 아니할 수 없다.

종단사宗團事는 종단인宗團人이 구결究決할 것이어늘 저 반역反逆 외도外道 도당徒黨에 미혹되어 1,600여 년의 긴 역사를 지닌 대종교大宗敎가 국가의 동란動亂으로 인한 백공천창百孔千瘡의 상흔傷痕을 아직도 회복하지 못 한 이때에 오히려 억압과 간섭을 멈추지 않는다면 부득이 우리 7천 승려와 신도는 모두 단합하여 불의에 항거抗拒해야 할 것이니 이는 정부에 항쟁抗爭하자는 것이 아니다.

과거 조선조에 굴승배속屈僧拜俗과 국성금입國城禁入 등 박해가 심할 때에도 사찰과 사유재산에 대한 간섭이 없었고 승려가 풍찬노숙風餐露宿하며 문전탁발門前托鉢로 사찰을 중수重修 또는 창설創設하였으며 불량답佛糧畓도 매입하니 왜정倭政이 사찰령寺刹令을 반포하여 주지를 임면任免하면서부터 사찰은 점점 퇴락하였고 불량답도 매입보다 매각이 심하자 이런 폐단을 덜고자 현 정부의 간섭을 중지해줄 것을 요청한 것이다.

부록

이 요청을 받아주지 않는다면 부득이 정교분립론政敎分立論을 제창하여 세계공변世界公辯을 요요要要하는 수밖에 다른 방법이 없음을 우리 종단은 깊이 깨닫고 결정한 바 이 일만이 자존自存을 도모圖謀하는 길이다. 이는 정부에 항거하고자 하는 것이 아님을 천만 해량海諒해주옵기를 간절히 기원祈願하는 바이다.

서기 1955년 을미乙未 6월 27일
전남 장성군 백양사 일휴노납一休老衲 상上

대종정 만암대종사 사리탑비명 병서
大宗正 曼庵大宗師 舍利塔碑銘 幷序

  지난 병신년丙申年(1996) 납월臘月 16일에 대종정 만암대종사가 몰沒하니, 법랍法臘은 71세이다. 그 문도들이 다비茶毗하여 얻은 사리 팔과八果가 그 고행苦行을 증명해주고 있다. 사師의 법휘法諱는 종헌宗憲이요 만암曼庵은 그의 호인데 또는 목양산인牧羊山人이라고도 부른다. 속성俗姓은 송씨宋氏이고 관향貫響은 여산礪山이며 고창高敞에서 살았는데 아버지는 의환義煥이요, 어머니는 김해김씨金海金氏이다.

  전한前韓 고종高宗 병자丙子(1876) 정월正月 십칠十七일에 태어나 병술년丙戌年(1886)에 취운도진翠雲道珍선사에 귀의하여 출가하였는데 조계曹溪로 종지宗旨를 삼아 태고국사太古國師에게는 18세가 전해졌고 연담蓮潭에게는 육세六世이다. 구계具

戒를 받고서는 신묘년辛卯年(1891)에 장성 백양사의 주지가 되었다. 백양사는 바로 백제의 여환선사如幻禪師가 창건했는데 려조麗朝를 거쳐 조선조朝鮮朝에 이르도록 병화兵火의 피해가 혹심하여 각진覺眞·환양喚羊·소요逍遙·도암道巖 등 여러 고덕古德이 폐사가 되는 족족 복구復舊하였으나 이때에 이르러 다시 송두리째 없어지게 되었다.

사師가 종정宗政을 도맡아 다스리기 27년간 정성을 다 쏟았고 해가 바뀌기 10년 동안 육만금을 쏟아 중건重建 복구하였으며 무릇 불구佛具에 딸린 것은 크고 작고 간에 모두 갖추었다. 무진년戊辰年(1928)에는 그 일을 겸관兼管하였으며 얼마 안 되어 호남고불회총림湖南古佛會叢林을 결성하여 교계의 정화淨化를 크게 부르짖었고 임진년壬辰年(1952)에는 대종정大宗正에 추대되었다. 이에 앞서 모든 교도敎徒들이 운집하여 교적부敎籍簿를 만들었는데 사師는 당연히 비구를 위주爲主로 해야 한다고 말하고 그것을 승적부僧籍簿로 고쳤다. 또 조계종은 태고국사太古國師를 존숭하여 종조宗祖로 삼았는데 이의異意를 제기하는 자들이 보조국사普照國師로 삼아야 당연하다고 하매 사師는 그 무리들을 꾸짖어 종조의 계통은 함부로 바꾸는 것이 아니라 하여 종조의 귀정歸正을 보게 되었다. 사師는 계율을 지키기를 엄히 하고 본령本領을 통철洞徹하여 비록 산더미처럼 쌓인 사무와 행역行役의 고달픔이 있다 하더라도 반드시 한밤중에 일어나 가질跏趺하고 앉아 아침을 맞았는데 늙어서도 더욱 근실하였고 험준한 길을 발섭跋涉하여 태고국사太古國師의 유적을 찾아 배알하고 종앙宗仰하는 심회를 기울였으며 관화觀化하는 저녁에도 정녕히 유계遺戒하여 종풍宗風을 실추失墜하지 말도록 계칙戒飭하였다. 지금 그의 고제高弟 서옹종정西翁宗正이 사師 재세일在世日에 아름다운 자취를 남긴 곳은 백양사白羊寺가 으뜸이라 하여 그곳에 큰비를 세워 그 행적을 기록하고자 그 문도로 하여금 '만암집曼庵集'을 받들고 와서 나에게 명명銘을 부탁하기에 내 본래 불교의 종지宗旨에는 어두우나 그의 글을 읽어보니 청경淸勁 비측菲惻하여 모두 세속을 깨우치는 말이요, 그 사행事行을 상고해보면 경조호법敬祖護法하고 발난반정撥亂反正으로 처사處事가 지극히 공변되고 그 훈공이 참으로 홍대弘大하였다. 이에 그 작은 일은 버리고 그 큰 것만을 모아서 드러내고 이어서 명명銘에 이르기를,

   천축天竺에는 불법佛法이 있어
   현묘玄妙하고 청자淸慈한데
   조계曹溪 한 줄기가
   이에 꽃을 피웠네
   방진芳塵은 멀리 퍼져
   일찍 나려羅麗 때부터였지

저 백양사白羊寺 바라보니
우뚝 청기淸奇한 기운 흐르네
대사의 큰 덕은
창건과 인연이 겹쳤고
태고국사太古國師 드높이매
법손法孫들 기뻐하네
교법 산만하여 무너지니
모두들 외도外道로 달리도다
이민족異民族이 이 땅을 짓이기니
종풍宗風은 따라서 풍미風靡하였지
만암曼庵이 우뚝 일어나
심혈을 기울여 진작했다오
조종祖宗는 바꿀 수 없나니
도道 흩어지면 혼탁하리라
청천벽력처럼 한번 외치매
만학萬壑의 도깨비들 놀라리라
신전神殿에는 잡초 시들고
고덕古德의 그림자 자취 감췄네
소리 높여 교도를 깨우치는데
그 말씀 몹시도 맑고 슬펐지
마땅히 아낌이 없이

힘 모아 재물 거두었고
그 뛰어난 지모智謀 이루어
예전의 규모 크게 넓혔네
27년간의 세월을
엄연히 주지住持를 지키었고
참선하여 깨닫고
학문마저 겸하여 닦았다오
이에 학교의 장이 되니
대소 모두들 당연하다 여겼지
외도에 젖은 이 구하여 드높이고
골짜기 뚫어 큰길 꿰뚫었네
종정宗正에 추대되매
대중들 이의가 없었지
내 한 몸 바보가 된 듯하였고
한밤중에 홀로 일어나
무엇을 궁구하고 무엇을 생각했을까
옛것 보존하고 새로운 것 창조했으니
모든 생각 오직 여기에 있었다네
침잠沈潛하여 문장을 읊고
때로는 게송도 남겼다오
선덕先德의 유촉 두루 찾아

그 유방遺芳을 거두었다네

열반涅槃하던 저녁에도

정신은 오히려 화락하고 온화했.

팔과八顆의 빛깔 찬란하매

경도經徒는 놀라서 엿보도다

보탑寶塔은 우뚝하고

다시 큰 빗돌 다듬었지

승僧이 아니고 유자儒者인

나를 찾아 명銘을 부탁하니

외인外人이 보더라도

어찌 정사情私에 끌렸다 하리

임술년壬戌年(1982) 납월臘月 초길初吉

문학박사 진성眞城 이가원李家源 짓다

만암종헌 대종사 연보

만암당 종헌대종사 연보
曼庵堂 宗憲大宗師 年譜

1876년

전북 고창읍 중거리中巨里(현재 읍내리)에서 태어나다. (1월 17일)

1879년(4세)

아버지가 세상을 뜨다.

1883년(8세)

서당에 다니며 글을 배우다.

1885년(10세)

어머니 손에 이끌려 백암산 백양사에 들다.
취운도진 스님을 은사로 삭발하다. 법명으로 종헌을 받다.

1886년(11세)

어머니가 세상을 뜨다.

1888년(13세)
취운도진 스님을 은사로 사미계를 받다.
운문암에서 환응 스님에게 배우다.

1891년(16세)
구암사 불교전문강원에 입학하다.
설유 스님으로부터 사교를 익히다.

1895년(20세)
해인사 강원에서 대교과를 수학하다.

1897년(22세)
구암사 금강계단에서 금해 스님으로부터 계를 받다.
해동율맥을 이어받다.

1898년(23세)
백양사로 돌아오다.
환응 강백으로부터 강석을 물려받다.
다시 백양사를 떠나 선암사 대승암 강원에서 수의과를 공부하다.

1901년(26세)
대승암 선원에서 수의과 공부를 마치다.

1902년(27세)

전국의 강원에서 강의 요청이 들어오다.

강백으로 명성이 높아 제방에서 강의를 계속하다.

1907년(32세)

해인사 강원에 강주로 취임하다.

1909년(34세)

백양사에 광성의숙을 설립하다. 학장으로 한영을 모시고 학감을 맡다.

1911년(36세)

증심사에서 열린 임제종 특별총회에 참석하다.

1914년(39세)

불교진흥회 설립 총회에 백양사 주지대리로 참석하다.

물외암에서 깨달음을 얻다.

> 보배 칼을 마음대로 쓰고
> 맑은 거울은 앞뒤가 없도다
> 두 가지 모두 한 바람
> 뿌리 없는 나무에 불어 닿는다
> 寶刀轆游戲 明鏡無前後
> 兩般一樣風 吹到無根樹

만암종헌 대종사 연보

내가 날 없는 칼을 잡아
노지露地의 흰 소를 잡아서
도소주와 함께 공양을 올리니
어느 곳에 은혜와 원수가 있을꼬

吾將無刃劍 割來露地牛
屠蘇兼供養 何處有恩讐

1915년(40세)
30본산주지회의 정기총회에 참석하다.
30본산연합사무소 상치원총회에 참석하다.

1916년(41세)
백양사 48대 주지로 취임하다.

1917년(42세)
백양사 중창불사를 시작하다.

1918년(43세)
30본산연합사무소 상치원에 선출되다.

1919년(44세)
백양사 주지 취임 인가를 받다.
30본산주지총회 임원에 선출되다.

1921년(46세)
30본산주지총회서 종무원 학무부장에 선출되다.

1922년(47세)
백양사 대웅전 건립 불사를 마치고 낙성식을 거행하다.
운문암 선원을 중수하여 문을 열다.

1923년(48세)
주지 취임 인가를 받다.
신설된 조선불교중앙교무원에 주지 평의원으로 선출되다.

1924년(49세)
석존사리탑을 대웅전 뒤편에 건립하다.

1926년(51세)
조선불교중앙교무원 7인 이사에 선출되다.
이후 7년 동안 연임하다.

1927년(52세)
중창불사를 회향하고 위당 정인보가 지은 사적비를 세우다.

1928년(53세)
불교전수학교 교장에 취임하다.
《일광》 창간호에 〈시불전학생示佛專學生〉이란 글을 발표하다.

1929년(54세)

조선불교승려대회에서 종헌제정위원에 선출되다.

속개된 회의에서 의장에 선출되다.

3일차 회의에서 조선불교중앙교무원 교학부장에 선출되다.

회의에서는 교정으로 김환응, 박한영, 방한암 등 7인을 추대하다.

1930년(55세)

불교전수학교가 중앙불교전문학교로 승격되다.

이에 불교전수학교 교장을 퇴임하다.

이어서 중앙불교전문학교 초대 교장에 취임하다.

주지 취임 인가를 받아 다시 백양사 주지로 부임하다.

1931년(56세)

중앙불교전문학교 교장직을 사임하다.

1932년(57세)

재단법인 조선불교교무원 평의원 이사에 선출되다.

1934년(59세)

주지 취임 인가를 받다.

경영난에 봉착한 중앙불교전문학교를 폐교하려는 움직임이 있자 상경하여 이를 저지하는 데 앞장서다.

중앙불교전문학교 이사장에 취임하다.

1937년(62세)
전남5본산연합회 이사로 선출되다.

1939년(64세)
주지 취임 인가를 받다.

1941년(66세)
《불교》 신년호에 〈삼보는 곧 화합의 뜻〉이라는 제목의 기고문을 발표하다.

1943년(68세)
주지 취임 인가를 받다.
가을에 〈금강암중수기〉를 짓다.

1945년(70세)
백양사에 해방등이 사천왕상을 조성·봉안하다.
백양사에 한글 강습소를 열어 한글을 가르치다.

1946년(71세)
목포에 정광중학교를 세우고 교장에 취임하다.

1947년(72세)
고불총림을 설립하다.

1948년(73세)
정광중학교 초대 이사장에 취임하다.

1950년(75세)
한국전쟁 발발로 백양사 산내 암자와 당우들이 소실되다.
군인들이 대웅전을 방화하려 하자 홀로 법당에 앉아 대웅전을 지켜내다.

1951년(76세)
조선불교 제3대 교정에 취임하다.

1952년(77세)
교정 유시를 통해 불교정화의 방법을 제시하다.
이사판 제도를 도입, 수행승과 교화승의 공존을 통한 점진적인 정화운동을 주창하다.

1953년(78세)
불교가 나아갈 길을 제시한 〈새로운 면목〉을 발표하다.

1954년(79세)
조계종 종정에 취임하다.
종조를 바꾸려는 무리를 꾸짖다.
북한산 태고사 부도 앞에서 호곡하다.
종정직을 내던지고 백양사로 돌아오다.

1955년(80세)

〈불교문화의 올바른 신봉〉을 발표하여 정부의 불교에 대한 편향적인 정책과 부당한 간섭을 질타하다.

1956년(81세)

〈대한불교 문제에 대한 제언〉을 발표하여 환부역조의 종조 바꾸기 등 정화운동의 문제점을 통렬하게 꾸짖다.

1957년

1월 16일(음력 1956년 12월 16일) 원적에 들다.

참고 문헌

만암 외 《만암문집》 백양사고불총림, 1997

김광식 《아! 청담》 화남, 2004
김상영 외 《정토학 연구 제40집》 한국정토학회, 2023
김순석 《백년 동안 한국불교에 어떤 일이 있었을까?》 운주사, 2009
김택근 《성철 평전》 모과나무, 2017
김택근 《용성 평전》 모과나무, 2019
김택근 《천재들의 스승, 석전 박한영》 동국대 출판문화원, 2022
김풍기 《선가귀감, 조선불교의 탄생》 그린비, 2013
금강 외 《만암 종헌대종사의 생애와 역사적 위상》 백양사, 2023
독립신문 강독회 《독립신문 다시 읽기》 푸른역사, 2004
불교성전편찬위 《불교성전》 대한불교조계종, 2021
백용성 《백용성대종사 총서 1》 동국대학교 출판부, 2016
버튼홈스, 이진석 옮김 《1901년 서울을 걷다》 푸른길, 2012
범해각안, 김두재 옮김 《동사열전》 동국대학교 출판부, 2015
서옹 《물 따라 흐르는 꽃을 본다》 다른세상, 2001
서옹 《절대 현재의 참사람》 불교영상회보사 출판부, 1988
서옹 《임제록 연의》 아침단청, 2012
성철 《백일법문 상·하》 장경각, 2007
성철 《돈황본 육조단경》 장경각, 2006
성철 《한국불교의 법맥》 장경각, 2001
아손 그렙스트, 김상열 옮김 《스웨덴 기자 아손, 100년 전 한국을 걷다》 책과함께, 2010

연관 편저 《학명집》 성보문화재연구원, 2006

윤청광 《마지막 입는 옷에는 주머니가 없네》 언어문화, 1993

이용범 외 《동국대학교 백년사 1》 동국대학교, 2006

이중표 외 《묵담》 묵담대종사 문도회

이지관 편저 《가야산 해인사지》 가산불교문화연구원 출판부, 1992

임혜봉 《불교사 100장면》 가람기획, 2006

자현 《탄허의 예언과 그 불꽃같은 생애》 민족사, 2021

정병삼 《한국불교사》 푸른역사, 2020

조계종 교육원 《조계종사 근현대편》 조계종출판사, 2015

최남선, 심춘독회 엮음 《심춘순례》 신아출판사, 2014

탄허 《부처님이 계신다면》 교림, 2021

한국사연구회 편 《한국사연구입문》 지식산업사, 1982

황현, 허경진 옮김 《매천야록》 서해문집, 2006